职业教育殡葬相关专业系列教材

BINZANG WENSHU XIEZUO

# 殡葬文书写作

林福同　朱文英　主编
孙树仁　主审

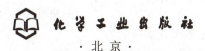

## 内容简介

《殡葬文书写作》共分三部分：第一部分即第一章，主要叙述殡葬文书写作的基础技能；第二部分按照逝者从临终到葬后祭祀完整的殡葬活动顺序，针对其中每一环节可能需要的殡葬文书写作服务依序编排，形成第二章至第九章；第三部分针对殡葬服务单位日常管理实务所涉及的文书工作需要，形成第十章至第十一章。

本书打破了传统教材的归类方法和编写方法，立足殡葬行业的文书写作技能需要，吸收殡葬行业实务专家的意见和建议，紧密贴合现代殡葬服务的发展动向，跟进传授新知识，使之更加符合一线服务单位的实际需求，具有较强的针对性和实用性。

本书适合职业院校现代殡葬技术与管理专业、陵园服务与管理专业师生作为教学用书使用，也可供行业相关工作者查阅和参考。

### 图书在版编目（CIP）数据

殡葬文书写作/林福同，朱文英主编.—北京：化学工业出版社，2019.10（2024.5重印）
职业教育殡葬相关专业系列教材
ISBN 978-7-122-35754-0

Ⅰ.①殡⋯ Ⅱ.①林⋯ ②朱⋯ Ⅲ.①祭文-写作-中国-职业教育-教材 Ⅳ.①K892.22

中国版本图书馆CIP数据核字（2019）第260358号

---

责任编辑：吴江玲　章梦婕　刘　哲　　　装帧设计：王晓宇
责任校对：宋　玮

---

出版发行：化学工业出版社（北京市东城区青年湖南街13号　邮政编码100011）
印　　装：涿州市般润文化传播有限公司
787mm×1092mm　1/16　印张13¼　字数301千字　2024年5月北京第1版第2次印刷

购书咨询：010-64518888　　　　　　　　　售后服务：010-64518899
网　　址：http://www.cip.com.cn
凡购买本书，如有缺损质量问题，本社销售中心负责调换。

---

定　价：55.00元　　　　　　　　　　　　　　　　　　　　　版权所有　违者必究

# 职业教育殡葬相关专业系列教材

## 编撰委员会

**主　　编**　邹文开

**副 主 编**　何振锋　孙树仁　孙智勇　马　荣　卢　军　张丽丽

**委　　员**（按照姓氏汉语拼音顺序排列）

毕爱胜　樊晓红　郭海燕　何秀琴　何振锋　胡　玲
黄汉卿　姜　笑　林福同　刘　凯　刘　琳　卢　军
吕良武　马　荣　牛伟静　亓　娜　沈宏格　孙树仁
孙智勇　王　静　王立军　魏　童　邬亦波　肖成龙
徐　莉　徐晓玲　余　廷　翟媛媛　张丽丽　赵志国
郑佳鑫　郑翔宇　钟　俊　周卫华　周晓光　朱文英
朱小红　邹文开

# 职业教育殡葬相关专业系列教材

# 审定委员会

**主任委员** 赵红岗

**副主任委员** 何振锋 孙树仁 肖成龙 孙智勇 朱金龙

**委　　员**（按照姓氏汉语拼音顺序排列）

　　　　　曹丽娟　何仁富　何振锋　刘　哲　齐晨晖　孙树仁
　　　　　孙智勇　王　刚　王宏阶　王艳华　肖成龙　杨宝祥
　　　　　杨德慧　杨根来　赵红岗　朱金龙

# 《殡葬文书写作》编审人员名单

**主　　编**　林福同　朱文英

**副 主 编**　刘荣军　翟媛媛　黄伙莺

**编写人员**（按照姓氏汉语拼音顺序排列）

　　　　　　黄伙莺（福建省福州市殡仪馆）

　　　　　　李真珠（福建省民政学校）

　　　　　　林福同（福建省民政学校）

　　　　　　刘荣军（长沙民政职业技术学院）

　　　　　　罗盛强（福建省福州市殡仪馆）

　　　　　　曾丽文（福建省厦门市殡仪馆）

　　　　　　翟媛媛（北京社会管理职业学院）

　　　　　　朱文英（四川省成都市殡仪馆）

**主　　审**　孙树仁（北京社会管理职业学院）

# 序 一

　　殡葬服务是基本民生保障工程。随着经济社会的快速发展，人民对美好生活的需求日益提升，百姓对殡葬服务水平和质量提出了更高的要求。"逝有所安"是民生之本。让逝者安息，给生者慰藉，为服务对象提供人文化、个性化服务亟须提上议事日程。目前，我国每年死亡人口上千万。截至2020年年底，全国共有殡葬服务机构4201个，殡葬服务机构职工8.6万人。殡葬从业人员的数量和素质势必影响着殡葬服务的水平和质量。人民群众对殡葬服务日益高质量、多样化、个性化的需求，给殡葬从业人员提出了更高的要求和期待。

　　党的十九大报告提出，"完善职业教育和培训体系，深化产教融合、校企合作"，为新时代职业教育发展明确了思路。2019年1月，国务院印发了《国家职业教育改革实施方案》，把职业教育摆在教育改革创新和经济社会发展全局来进行谋划，指出"职业教育与普通教育是两种不同教育类型，具有同等重要地位"，开启了职业教育改革发展的新征程，提出了深化职业教育改革的路线图、时间表、任务书，为实现2035中长期目标以及2050远景目标奠定了重要基础。方案中尤其提出"建设一大批校企'双元'合作开发的国家规划教材，倡导使用新型活页式、工作手册式教材并配套开发信息化资源"，更为殡葬专业系列教材编写工作指明了方向。

　　从殡葬教育发展现状来看，我国现代殡葬教育从无到有，走过了二十多年的发展历程。全国现有近十所院校开设现代殡葬技术与管理专业，累计为殡葬行业培养了近万名专业人才，在提升殡葬服务水平和服务殡葬事业发展方面起到了关键作用。殡葬教育取得成绩的同时，也存在诸多问题，如全国设置殡葬专业的院校尚未有一套专门面向职业院校学生的教材，不能满足新时代殡葬事业发展的需要，严重制约了殡葬教育的发展和殡葬专业人才的培养。

　　在这样的背景下，北京社会管理职业学院生命文化学院、现代殡葬技术与管理专业教学指导委员会启动了系列教材编写工作，旨在服务于全国各职业院校现代殡葬技术与管理专业的教学需要和行业从业人员的培训需求。教材编写集结了院校教师、行业技能大师、一线技术能手以及全国近四十家殡葬企事业单位。多元力量的参与，有效保障了系列教材在理论夯实的同时保证案例丰富、场景真实，使得教材更加贴近生产实践，具有更强的生命力。将系列教材分三批次出版，有效保障了出版时间的同时深耕细作、与时俱进，使得教材更加紧跟时代发展，具有更强的发展性。本套教材是现代殡葬教育创办以来首套专门为职业院校学生和一线从业人员编写的校企一体化教材。它的编写回应了行业发展的需要以及国家对职业教育发展的定位，满足了殡葬职业教育的实践需求，必将有效提升殡葬人才的专业素质、服务技能以及学历水平，对更新和规范适应发展的殡葬专业教学内容、完善和构建科学创新的殡葬专业教学体系、提高教育教学质量、深化教育教学改革起到强有力的促进作用，也将推动殡葬行业的发展，更好地服务民生。

在这里要向为系列教材编写贡献力量的组织者和参与者表示敬意和感谢。感谢秦皇岛海涛万福集团有限公司、石家庄古中山陵园、天津老美华鞋业服饰有限责任公司等几家单位，积极承担社会责任，资助教材出版。

希望系列教材能够真正成为殡葬职业教育的一把利器，推进殡葬职业导向的教育向更专业、更优质发展，为培养更多理论扎实、技艺精湛的一线高素质技术技能人才作出积极贡献，促进殡葬教育和殡葬行业健康快速发展。

全国民政职业教育教学指导委员会副主任委员

北京社会管理职业学院党委书记

邹文开

# 序 二

生死是宇宙间所有生命体的自然规律。殡葬作为人类特有的文明形式，既蕴含着人文关怀、伦理思想，又依托于先进技术与现代手段。我国的现代殡葬技术与管理专业自20世纪90年代创立，历经20多年的发展，已培养上万名殡葬专业人才，大大推进了我国殡葬事业的文明健康发展。然而，面对每年死亡人口上千万、治丧亲属上亿人的现实，全国殡葬专业每年的培养规模不足千人，殡葬专业人才供给侧与需求侧结构性矛盾突出。要解决这一矛盾，就必须不断提升人才培养的能力，切实加强推进殡葬专业建设。

格林伍德在《专业的属性》一书中指出，专业应该具有的特征包括"有一套系统的理论体系；具有专业权威性；从业者有高度认同的价值观；被社会广泛认可；职业内部有伦理守则。"这样看来，殡葬教育要在职业教育层面成为一个专业，教材这个"空白"必须填补。目前，我国尚没有一套专门面向职业院校的殡葬专业教材。在教学实践中，有的科目开设了课程但没有教材，有的科目有教材但内容陈旧，严重与实践相脱离；目前主要应用的基本是自编讲义，大都沿用理论课教材编写体系，缺少行业环境和前沿案例，不能适应实际教学需要。

加强教材建设、厘清理论体系、提升学历层次、密切产教融合，真正做实做强殡葬职业教育，培养更多更优秀的殡葬专业人才，以此来回应殡葬行业专业化、生态化高速优质发展的需要，以此来回应百姓对高质量、个性化、人文化殡葬服务的需求，这是教育工作者义不容辞的使命。"建设知识型、技能型、创新型劳动者大军""大规模开展职业技能培训，注重解决结构性就业矛盾"，十九大报告为职业教育发展指明方向。"职业教育与普通教育是两种不同教育类型，具有同等重要地位""建设一大批校企'双元'合作开发的国家规划教材"，《国家职业教育改革实施方案》为职业教育发展圈出重点。党的二十大报告指出，"统筹职业教育、高等教育、继续教育协同创新，推进职普融通、产教融合、科教融汇，优化职业教育类型定位"。

"殡葬"不仅要成为专业，而且殡葬专业是关系百姓"生死大事"、关系国家文明发展的专业。我们要通过殡葬人才培养，传递保障民生的力量；要通过殡葬人才培养，传播生态文明的观念；要通过殡葬人才培养，弘扬传统文化的精神。而这些作用的发挥，应当扎扎实实地落实在教材的每一章每一节里，应当有的放矢地体现在教材的每一字每一句中。就是带着这样的使命与责任，就是怀着这样的情结与期待,现代殡葬技术与管理专业教学指导委员会启动了"职业教育殡葬相关专业系列教材"的编写工作。计划分三批次出版面向职业院校学生和一线从业人员的殡葬专业系列教材。教材编写集结了殡葬专业教师和来自一线的行业大师、技术能手,应用了视频、动画等多媒体技术,实行了以高校教师为第一主编、行业专家为第二主编的双主编制。2018年4月,在北京社会管理职业学院召开第一次系列教材编写研讨会议;2018年7月,在黑龙江民政职业技术学校召开第二次系列教材编写研讨会议;2018年10月,在北京社会管理职业学院召开第一次系列教材审定会议;2019年4月,在北京社会管理职业学院召开第二次系列教材审定会议;2019年12月,在北京社会管理职业学院召开第三次系列教材审定会议。2022年3月10日,由于疫情影响,以腾讯会议的方式召开系列教材推进研讨会,明确了教材最终出版的时间要求。踩住时间节点,强势推进工作,加强沟通协调,统一思想认识。我们在编写力量、技术、过程上尽可能地提高标准,旨在开发出一套理论水平高、实践环境真实、技能指导性强,"教师乐教、学生乐学、人人皆学、处处能学、时时可学"的教学与培训用书。殡葬系列教材编写一方面要符合殡葬职业特点、蕴含现代产业理念、顺应新时代需求、传承优秀传统文化,从而优化专业布局和层次结构,另一方面应体现"政治性""文化性""先进性"和"可读性"的原则,全面推进素质教育,弘扬社会主义核心价值观,培养德、智、体、美、劳全面发展的社会主义事业建设者和接班人。

希望此次系列教材的推出能够切实为职业教育殡葬专业师生及行业一线从业人员的学习研究、指导实践提供支持,为提高教育教学质量、规范教学内容提供抓手,为锻炼师资队伍、推动教育教学改革作出贡献,为发展产业市场、提升服务水平贡献人才。

在此特别感谢秦皇岛海涛万福集团有限公司、石家庄古中山陵园、天津老美华鞋业服饰有限责任公司三家单位,他们都是行业中的佼佼者。他们在积极自我建设、服务社会的同时,以战略的眼光、赤子的情怀关注和支持殡葬教育,为此次系列教材编写与出版提供资金支持。感谢化学工业出版社积极参与教材审定,推动出版工作,给予我们巨大的支持。

**现代殡葬技术与管理专业教学指导委员会常务副主任委员**
**北京社会管理职业学院生命文化学院院长**
**何振锋**

# 前 言

长期以来，职业院校的现代殡葬服务技术与管理专业一直面临着没有专门的殡葬文书写作教材的困境。各个院校为了满足教学需要，只能依靠课任教师自编的相应教材进行授课。这些教材，虽然在一定程度上填补了这方面的空白，但是在内容上参差不一、缺乏系统，在针对性和适应性上与职业院校的教学实际、学生现状等存在着较大的差距。鉴于此，笔者在广泛调研的基础上，组织了一批职业院校教学经验丰富的写作教师、殡葬行业实务专家，结合职业院校学生未来岗位以及行业现有岗位的需要，编写了这本教材，以求更好地满足教学需要。

总体来说，本书具有如下几个特点：

一是以实际情境为本，围绕能力训练展开知识传授。全书共分为三个部分：第一部分即第一章，主要叙述殡葬文书写作的基础技能；第二部分按照逝者从临终到葬后祭祀完整的殡葬活动顺序，针对其中每一环节可能需要的殡葬文书写作服务依序编排，形成第二章至第九章，假设相应的工作情景，提出相应的学习要求，提升学生相应文书的写作能力；第三部分针对殡葬服务单位日常管理实务所涉及的文书工作需要，形成第十章至第十一章，拓展学生入职之后处理日常事务的文书写作能力。这打破了传统教材的归类方法和编写方法，具有较大的创新性。

二是在文种选择上，突出实用性。本书依据各地常用的殡葬文书写作格式以及《党政机关公文处理工作条例》编写而成，立足殡葬行业的文书写作技能需要，对古今常用的各种殡葬文书进行详细的介绍，突出训练职业院校学生有关现代殡葬文书的写作技能。在文种确定时，吸收了殡葬行业实务专家的意见和建议，密切跟踪现代殡葬服务的发展动向，收集现代殡葬文书的新内容，跟进传授新知识，使之更加贴近一线服务单位的实际需求，具有较强的针对性和实用性，同时也便于学生在未来工作中有针对性地查阅和参考。

三是在编写体例上，具有领先意义。在第二至第十一章中，以"情景导入"入手，在介绍理论的同时，辅以"范例赏析"，供学生参考和借鉴；"学习自测"部分则供学生巩固和提高。

本书由林福同、朱文英主编，孙树仁主审。具体编写分工为：第一章、第四章、第五章，由林福同编写；第二章、第三章、第九章，由翟媛媛、罗盛强编写；第六章，由朱文英编写；第七章、第八章，由刘荣军编写；第十章、第十一章，由李真珠、黄伙莺、曾丽文编写。

本教材在编写过程中，限于编者理论水平和经验有限，书中难免会有疏漏之处，恳请读者提出宝贵的意见和建议，使之更加完善。我们惟愿这本教材能为广大师生和相关工作人员提供一种新的思路和选择。

林福同

2022年1月

# 目录 CONTENTS

## 第一部分

### 第一章 殡葬文书写作基础 ………………………………………………………… 003
#### 第一节 殡葬文书的含义、特点及分类 …………………………………………… 003
一、殡葬文书的含义 …………………………………………………………… 003
二、殡葬文书的特点 …………………………………………………………… 003
三、殡葬文书的分类 …………………………………………………………… 004
四、学习殡葬文书写作的意义 ………………………………………………… 005
#### 第二节 殡葬文书写作的基本要素 ………………………………………………… 006
一、内容要素 …………………………………………………………………… 006
二、形式要素 …………………………………………………………………… 007
#### 第三节 殡葬文书写作的能力要求 ………………………………………………… 010
一、殡葬文书写作能力的含义及其特点 ……………………………………… 010
二、获取信息的能力 …………………………………………………………… 011
三、处理信息的能力 …………………………………………………………… 011
四、表达信息的能力 …………………………………………………………… 012

## 第二部分

### 第二章 临终嘱托文书的写作 ……………………………………………………… 017
#### 第一节 遗嘱 ………………………………………………………………………… 017
一、遗嘱的含义 ………………………………………………………………… 017
二、遗嘱的订立 ………………………………………………………………… 018
三、遗嘱的执行、变更、撤回 ………………………………………………… 019
四、见证人的资格 ……………………………………………………………… 020
五、遗嘱的形式 ………………………………………………………………… 021
六、订立遗嘱的格式及写作要求 ……………………………………………… 022
七、订立遗嘱必须注意的事项 ………………………………………………… 023

第二节　生命契约·····················································025
　　　　一、生命契约的含义···············································025
　　　　二、生命契约的订立···············································026
　　　　三、生命契约订立的有效要件·····································027
　　　　四、生命契约的履行、变更、解除·································027
　　　　五、生命契约的格式及写作要求···································029

# 第三章　告丧文书的写作·················································031
　　第一节　讣告的含义、分类及形式·····································031
　　　　一、讣告的含义····················································031
　　　　二、讣告的意义····················································032
　　　　三、讣告的内容····················································033
　　　　四、讣告的分类及形式············································033
　　第二节　一般式讣告···················································035
　　　　一、一般式讣告的写作格式·······································035
　　　　二、一般式讣告的写作要求·······································035
　　　　三、一般式讣告写作应注意的事项································035
　　第三节　公告式讣告···················································037
　　　　一、公告式讣告的写作格式·······································037
　　　　二、公告式讣告的写作要求·······································038
　　　　三、公告式讣告写作应注意的事项································038
　　第四节　新闻式讣告···················································039
　　　　一、新闻式讣告的写作格式·······································039
　　　　二、新闻式讣告的写作要求·······································039
　　　　三、新闻式讣告写作应注意的事项································039
　　第五节　传统式讣告···················································041
　　　　一、传统式讣告的写作格式·······································041
　　　　二、传统式讣告中文字的解释····································042
　　　　三、传统式讣告写作应注意的事项································044
　　第六节　丧帖··························································045
　　　　一、丧帖的含义····················································045
　　　　二、丧帖的内容····················································045
　　　　三、丧帖的制作及写作格式·······································045
　　　　四、丧帖制作及写作应注意的事项································046

# 第四章　吊唁文书的写作·················································048
　　第一节　唁电··························································048

一、唁电的含义与特点 ································································· 048
　　二、唁电的类型 ············································································ 049
　　三、唁电的写作格式及应注意的事项 ·············································· 049
第二节　唁函 ······················································································ 051
　　一、唁函的含义与特点 ································································· 051
　　二、唁函的分类及内容 ································································· 052
　　三、唁函的写作格式及应注意的事项 ·············································· 052
第三节　丧礼慰问信 ············································································· 055
　　一、丧礼慰问信的含义及用途 ························································ 055
　　二、丧礼慰问信的内容及其措辞 ···················································· 055
　　三、丧礼慰问信的写作格式及注意事项 ··········································· 056

## 第五章　哀悼文书的写作 ································································· 058
第一节　奠文 ······················································································ 059
　　一、奠文的含义 ············································································ 059
　　二、奠礼仪式简介 ········································································ 059
　　三、奠文的内容与特征 ································································· 060
　　四、奠文的写作格式及应注意的事项 ·············································· 060
第二节　悼词 ······················································································ 070
　　一、悼词的含义 ············································································ 070
　　二、悼词的分类 ············································································ 070
　　三、悼词的内容与特征 ································································· 071
　　四、悼词的写作格式及应注意的事项 ·············································· 072
第三节　逝者生平 ················································································ 076
　　一、逝者生平的含义 ····································································· 076
　　二、逝者生平的内容和特征 ··························································· 076
　　三、逝者生平的写作格式及注意事项 ·············································· 077
第四节　发引文 ··················································································· 079
　　一、发引文的含义 ········································································ 079
　　二、发引文的写作格式及注意事项 ················································· 079

## 第六章　丧事致谢文书的写作 ···························································· 082
第一节　答谢词 ··················································································· 082
　　一、答谢词概述 ············································································ 082
　　二、答谢词的内容与结构 ······························································ 083
　　三、答谢词的写作技法及应注意的事项 ··········································· 083
第二节　丧礼感谢信 ············································································· 088

  一、丧礼感谢信概述 ········································· 088
  二、丧礼感谢信的内容与结构 ······························· 088
  三、丧礼感谢信的写作技法及应注意的事项 ··················· 089

## 第七章　致哀文书的写作 ········································· 092

### 第一节　挽联 ················································· 092
  一、挽联及其用途 ········································· 092
  二、挽联的分类 ··········································· 093
  三、挽联的写作技法 ······································· 094
  四、挽联的书写及应注意的事项 ····························· 096
  五、常见挽联范例 ········································· 097

### 第二节　挽带 ················································· 101
  一、挽带及其用途 ········································· 101
  二、挽带的内容 ··········································· 101
  三、挽带的制作及写作格式 ································· 101
  四、挽带写作应注意的事项 ································· 101
  五、挽带实例 ············································· 102

### 第三节　挽幛 ················································· 102
  一、挽幛及其用途 ········································· 102
  二、挽幛的内容 ··········································· 102
  三、挽幛的制作及写作格式 ································· 103
  四、挽幛写作应注意的事项 ································· 103
  五、挽幛实例 ············································· 103

### 第四节　挽幅 ················································· 105
  一、挽幅及其用途 ········································· 105
  二、挽幅的内容 ··········································· 105
  三、挽幅的制作及写作格式 ································· 105

### 第五节　铭旌 ················································· 106
  一、铭旌及其用途 ········································· 106
  二、铭旌的内容 ··········································· 106
  三、铭旌的制作及写作格式 ································· 106

## 第八章　墓葬文书的写作 ········································· 108

### 第一节　墓碑文 ··············································· 108
  一、墓碑文的含义 ········································· 108
  二、墓碑文的种类 ········································· 109
  三、墓碑文的写作格式及要求 ······························· 110

四、墓碑文写作的称谓 ……………………………………………………… 111
   五、墓碑文写作实例 ………………………………………………………… 112
  第二节　墓志铭 ………………………………………………………………… 112
   一、墓志铭概述 ……………………………………………………………… 112
   二、墓志铭的写作格式及要求 ……………………………………………… 113
   三、墓志铭写作实例 ………………………………………………………… 113

## 第九章　祭祀文书的写作 ……………………………………………………… 115
  第一节　通用祭文 ……………………………………………………………… 115
   一、祭文的含义 ……………………………………………………………… 115
   二、祭文的内容与特征 ……………………………………………………… 116
   三、祭文的分类 ……………………………………………………………… 117
   四、祭文的写作格式及要求 ………………………………………………… 117
   五、祭文写作的注意事项 …………………………………………………… 118
  第二节　诔辞与哀辞 …………………………………………………………… 124
   一、诔辞的含义 ……………………………………………………………… 124
   二、诔辞的特征 ……………………………………………………………… 124
   三、哀辞的含义 ……………………………………………………………… 125
   四、哀辞的特征 ……………………………………………………………… 125

# 第三部分

## 第十章　会议文书的写作 ……………………………………………………… 131
  第一节　通知 …………………………………………………………………… 132
   一、通知的概念及特点 ……………………………………………………… 132
   二、通知的类型 ……………………………………………………………… 132
   三、通知的结构和写法 ……………………………………………………… 133
   四、注意事项 ………………………………………………………………… 133
  第二节　开幕词 ………………………………………………………………… 135
   一、开幕词的概念及特点 …………………………………………………… 135
   二、开幕词的类型 …………………………………………………………… 135
   三、开幕词的结构和写法 …………………………………………………… 136
  第三节　讲话稿 ………………………………………………………………… 138
   一、讲话稿的概念及特点 …………………………………………………… 138
   二、讲话稿的类型 …………………………………………………………… 138
   三、讲话稿的结构和写法 …………………………………………………… 139

第四节　闭幕词 ························································································· 142
　　一、闭幕词的概念及特点 ········································································ 142
　　二、闭幕词的类型 ················································································· 142
　　三、闭幕词的结构和写法 ········································································ 142
第五节　纪要 ····························································································· 145
　　一、纪要的概念及特点 ··········································································· 145
　　二、纪要的类型 ···················································································· 145
　　三、纪要的结构和写法 ··········································································· 146
第六节　简报 ····························································································· 148
　　一、简报的概念及特点 ··········································································· 148
　　二、简报的类型 ···················································································· 148
　　三、简报的结构和写法 ··········································································· 149
第七节　通报 ····························································································· 151
　　一、通报的概念及特点 ··········································································· 151
　　二、通报的类型 ···················································································· 152
　　三、通报的结构和写法 ··········································································· 152
第八节　殡葬礼仪策划文案的撰写 ································································· 155
　　一、殡葬礼仪策划文案撰写的前提条件 ···················································· 155
　　二、殡葬礼仪策划文案的写作结构 ··························································· 156
　　三、殡葬礼仪策划文案撰写应注意的事项 ················································· 157

# 第十一章　日常事务常用文书的写作 ················································· 164

第一节　请示 ····························································································· 165
　　一、请示的概念及特点 ··········································································· 165
　　二、请示的类型 ···················································································· 165
　　三、请示的结构和写法 ··········································································· 166
第二节　批复 ····························································································· 168
　　一、批复的概念及特点 ··········································································· 168
　　二、批复的类型 ···················································································· 168
　　三、批复的结构和写法 ··········································································· 168
第三节　介绍信 ·························································································· 171
　　一、介绍信的概念及特点 ········································································ 171
　　二、介绍信的类型 ················································································· 172
　　三、介绍信的结构和写法 ········································································ 172
第四节　备忘录 ·························································································· 173
　　一、备忘录的概念及特点 ········································································ 173

二、备忘录的类型 ······ 174
　　三、备忘录的结构和写法 ······ 174
  第五节　邀请信 ······ 176
　　一、邀请信的概念及特点 ······ 176
　　二、邀请信的类型 ······ 176
　　三、邀请信的结构和写法 ······ 177
  第六节　海报 ······ 178
　　一、海报的概念及特点 ······ 178
　　二、海报的类型 ······ 179
　　三、海报的结构和写法 ······ 179
  第七节　感谢信 ······ 181
　　一、感谢信的概念及特点 ······ 181
　　二、感谢信的类型 ······ 181
　　三、感谢信的结构和写法 ······ 181
　　四、注意事项 ······ 182
  第八节　总结 ······ 183
　　一、总结的概念及特点 ······ 183
　　二、总结的类型 ······ 183
　　三、总结的结构和写法 ······ 184
  第九节　述职报告 ······ 187
　　一、述职报告的概念及特点 ······ 187
　　二、述职报告的类型 ······ 188
　　三、述职报告的结构和写法 ······ 188

## 参考文献 ······ 193

# 第一部分

- 第一章 殡葬文书写作基础

# 第一章 殡葬文书写作基础

## 学习目标

**知识目标**

1. 了解殡葬文书的含义、特点及分类。
2. 掌握殡葬文书写作的基本要素。

**能力目标**

形成初步运用殡葬文书各要素的能力。

**素养目标**

培养语言建构与运用、思维发展与提升、审美鉴赏与创造、文化传承与理解等素养，提升殡葬文化服务的综合能力，为深化殡葬改革、发展殡葬事业做出贡献。

## 第一节 殡葬文书的含义、特点及分类

### 一、殡葬文书的含义

写作，是人们在感受、认识客观事物的过程中，用语言符号把思维结果有选择地记录、表达出来的创造性的精神活动。

文书写作，是以实用为目的的写作。文书，是机关、企事业单位、社会团体或个人在从事职业活动中使用的，用以处理工作事务、传播信息、表达意愿或情感，按照一定的惯用体式和要求撰写的具有实用性的书面文字材料。

殡葬文书是殡葬服务单位或殡葬服务对象在有关殡葬活动中使用的，用以处理殡葬事务、传播信息、表达意愿或情感而撰写的具有一定惯用体式的书面语言或实用文体。

### 二、殡葬文书的特点

**1. 功用性**

文书的主要任务是解决实际问题、讲求实效，所以功用性是文书最大、最本质的特点。

殡葬文书是为解决殡葬活动中的某个问题或疏通某一情感服务的，它所选择运用的每一具体文种都体现出很强的实用价值，因而具有更强烈、更鲜明、更直接的功用性。

### 2. 针对性

殡葬文书写作有着明确的目的，它是为处理和解决丧事活动中的实际问题而进行的。因此，它有着明确的特定接受对象，有强烈的针对色彩。从文种选择、格式安排到语词运用，都要针对写作目的、对象等而有所选择与取舍。

### 3. 时效性

殡葬文书具有很强的时代性、及时性、作用时间的有效性。殡葬文书既要与现实紧密结合，紧跟时代、适应时代的变化与要求，又必须在一定时限内完成写作任务，以免影响作用的发挥。殡葬文书只在一定时期内产生直接作用，一旦写作目的实现了，其直接效用就会随之消失，文本就变成了档案资料。所以，殡葬文书的写作必须及时、适时。

### 4. 规范性

规范性主要表现在殡葬文书的文体结构、写作格式都比较固定，这都是在长期的殡葬活动使用中逐渐形成的约定俗成的惯例格式，包括书写、行款式样、结构环节、习惯用语、称谓、签署等，或由国家明文规定，使得各种文体清晰醒目、界限分明，便于写作、阅读、处理。对于殡葬文书的规范格式，要重视遵守，不可任意变动。

### 5. 真实性

殡葬文书要求作者严格按照事物的本来面目进行写作，绝不允许虚构或凭空想象。真实是殡葬文书写作的生命所在。只有真实地向社会各方面传递相应的信息，它的文体价值才会有效地实现，否则就会失真。所以，殡葬文书就其风格而言，内容必须实事求是，语言要质朴真挚、富有情感。

## 三、殡葬文书的分类

殡葬文书的种类繁多。由于划分标准不同，它的分类也不尽相同。根据丧事办理过程的阶段区分，可分为举丧文书、治丧文书、哀悼文书、祭奠文书。根据殡葬文书使用功能的不同，可分为如下几类：

（1）临终嘱托文书　是指逝者于生前依法对其遗产及其他事务所作的个人处分，或委托相应的殡葬服务机构处理自己逝世之后的丧事，并由此产生的一系列文书。这类文书只有在逝者死亡时才会发生法律效力，包括遗嘱、生命契约等。

（2）告丧文书　是指逝者亲属或生前所在单位向亲友及有关方面报告丧事的文书，包括讣告、讣闻、丧帖等。

（3）吊唁文书　是指吊唁者因故不能亲临丧家吊唁逝者，而向丧家发出的表示哀悼、慰问的吊唁文书，包括唁电、唁函、丧礼慰问信等。

（4）哀悼文书　是指在遗体告别过程向逝者表示哀悼、缅怀与敬意的悼念性文书，包括奠文、悼词、逝者生平、发引文等。

（5）丧事致谢文书　是指逝者的亲属对逝者生前的领导、同事、亲朋好友表示感谢的专用文书，包括答谢词、丧礼感谢信等。

（6）**致哀文书**　是指哀悼逝者、治丧奠祭时专用的文书，其实质作用是代替奠祭用品，包括挽联、挽幅、挽带、挽幛、铭旌等。

（7）**墓葬文书**　是指铭刻在墓碑或附葬的砖、石、金属板等器物上，用以介绍、悼念、缅怀逝者的专用文书，包括碑文、墓志铭等。

（8）**祭祀文书**　是指祭祀时哀悼、祝祷、追念逝者的专用文书，包括通用祭文、诔辞、哀辞等。

（9）**殡葬礼仪策划文书**　是指殡仪策划人根据客户的需求、逝者个体的知识涵养及生活背景、殡葬服务单位能够提供的服务环境及条件等所进行的策划创意，为丧家选择和决断而设计制作并准备实施的标准格式文书。

（10）**会议文书**　是指围绕殡葬服务单位组织进行讨论研究、工作总结、工作决策、工作部署、经验交流和处理其他事务等各种会议活动而展开形成的各种文书的总称，包括会议通知、闭幕词、会议讲话稿、会议纪要、会议简报、通报等。

（11）**日常事务文书**　指殡葬服务单位处理日常事务和用以沟通信息、礼仪社交、总结经验、规范行为的文书。它们虽然也用于办理公务，但却无特定的体式、法定的行政效力及严格的行文规则，包括请示、批复、介绍信、备忘录、邀请信、海报、感谢信、工作总结、述职报告等。

## 四、学习殡葬文书写作的意义

（1）**有利于提升学习者自身的综合素质**　听、说、读、写能力是现代人才应该具备的四大素养，其中以写作能力最能检测一个人的综合素质，因此越来越多的殡葬服务用人单位将文书写作作为接纳人才的重要素质之一。学习殡葬文书写作，可以提高学习者在言语交际、文字表达、遣词造句、思维训练方面的优势，开阔视野，拓展知识面，优化知识能力结构，对将来在殡葬服务岗位上的发展更有裨益。

（2）**有利于殡葬服务的转型升级**　殡葬服务实质是生命文化服务，其本质是通过一定技能操作进行的文化服务，即通过对逝者一生的"盖棺定论"，将逝者生前功德做一个最终的、肯定的归纳总结，并经"慎终追远"式的活动，达到安抚生者，使人们在坦然面对生与死的转折的同时，进一步认识生命的真谛，珍惜生命并端正自己的人生观、价值观。而要凸显殡葬文化服务的本质，是需要一系列的文书载体，殡葬服务人员的殡葬文书写作能力是不可或缺的，由此在理念上必须转变目前殡葬服务的定位，在技能进一步升级的基础上，大力提升文化服务能力，尤其是殡葬文书撰写服务能力，其要求是没有最高，只有更高。因此，从服务单位角度而言，提高殡葬文书撰写能力是提升殡葬服务水平的内在要求。

（3）**有利于殡葬改革的深化发展**　1956年至今的殡葬改革，核心是推行火葬，根本目标是节约土地及森林，保障后人的可持续发展空间及资源，这是殡葬改革的较低层次要求，殡葬改革不会至此停滞。随着殡葬改革的深入发展，在火葬得到人们广泛接受的基础上，生态、科学、人文等理念将逐步取而代之成为殡葬改革的核心，殡葬文化服务的本性将日益得到重视，其内涵及形式将随着社会经济文化的发展而不断与时俱进，殡葬文书写作服务将日渐成为推动殡葬改革深入发展不可或缺的重要手段。因此，殡葬文书撰写能力与水平的提高是促进殡葬改革深化发展的外在需要。

## 思考题

1. 简述殡葬文书的含义与特点。
2. 简述殡葬文书的分类。
3. 简述学习殡葬文书写作的意义。

# 第二节　殡葬文书写作的基本要素

写作包含主题、材料、结构、语言及其表达方式、修辞等基本要素。殡葬文书写作同样也具有内容和形式两方面的基本要素。

## 一、内容要素

殡葬文书写作的内容要素是指其所具有的主题和材料。

### 1. 主题

主题是作者通过文章的具体材料所表达的中心思想或基本观点，是作者的意图、主张或看法在文章中的体现。主题是统帅全篇文章的灵魂，它决定文章是否有价值、衡量写作是否成功。对于殡葬文书也是如此。因此，殡葬文书的材料选择、取舍，结构的安排、语言的运用、文体的选择、表达的方式等，都要受主题的制约，由此在主题的统领之下，整合为一个互相协调的统一体。

尽管殡葬文书的主题随不同文种有不同要求，但对所有的殡葬文书有着共同的要求，即正确、鲜明、集中、深刻。

（1）**正确**　就是要符合党和国家有关殡葬改革的方针政策，符合有关殡葬管理的法律法规，符合各地民俗的客观情况，能够正确反映客观事物的本质规律，对殡葬服务起积极作用。殡葬文书文稿，首要的问题是主题正确，它决定着文稿的质量和价值。如果主题错误，会给服务带来负面影响乃至损失。

（2）**鲜明**　就是文章的基本思想、作者的态度都要表述和交代得明确清楚，绝不含糊其词，模棱两可。这就要求殡葬文书写作者头脑要清楚，思维要敏捷，对事物要有明确的认识，在表达时不出现歧义。在悼亡颂德过程中，必须实事求是，不要过于浮夸、文不符实。

（3）**集中**　就是殡葬文书的主题要单一、突出，即"一意贯底"，把文章的基本观点集中、突出地表现出来，把中心思想写深、写透。对于某些篇幅短小的文书，如发引文、挽联等，要做到"一文一事"，不能表达多种意图。对于那些内容比较复杂、篇幅较长的文书，主题也要集中，就是说，虽然其具体观点可能不止一个，但这些观点在一篇文章中应存在一种内在的逻辑联系，它们共同表达一个中心思想。比如，一篇经验总结，具体经验可以有好几条，但这几条经验应围绕一个核心共同表达某种观点。

（4）**深刻**　就是要求殡葬文书的主题不能停留在表面事实的罗列上，要从事实中归纳出观点，提炼出思想。这当然是对那些思想内容比较复杂、篇幅较大的殡葬文书而言，如殡葬礼仪策划文案、工作总结等，此类文书的主题要做到思想深刻，要能反映某种规律性的问题，帮助人们达到对某一客观事物的深刻认识。

总之，殡葬文书的主题在表达上应该采取直截了当的方式，开门见山、直奔主题。它要求单一、正确。意多则文乱，文书应集中表述一个事件，围绕一个主题，否则将不知所云。

### 2. 材料

殡葬文书材料是指写进文章的事实、依据以及相关背景资料，它既不同于议论文中证明论点的论据，也不同于记叙文以及文学作品中的题材。犹如一幢建筑物，主旨是设计者的建筑理念和风格，材料便是符合设计风格的砖瓦水泥。

材料是构成文章内容，形成、支撑并表达主题的各种事实与理论。善于从材料出发，注意让材料说话，才能言之有据、言之有物，写出内容充实、丰富、有较强说服力的文章。

从材料本身的形态来看，事实与理论是材料的两大类型。如果再作进一步划分，事实则是事件与情况、实物与现象等，理论则有方针、政策、规定及概念、原理、学说等。从材料的来源来看，有第一手材料和第二手材料之分。不同类型的材料往往要通过不同的途径获取，第一手材料即事实材料主要通过观察、调查等实践获取。第二手材料也即理论材料主要通过查阅文献或调查集中获取。材料真实是实用型文章的生命，同时又是使文章具有真实性的首要条件。有力是实用型文章的材料所应具备的另一个特点。有力首先是说材料要能为主题所统帅，而不是游离于主题之外，或同主题相悖。其次要求所用材料为主题的表达所必需，而不是可有可无。

材料是为体现主题（殡葬文书的中心思想）而准备的，主题必须依据材料来说明和支撑，两者必须高度统一。

## 二、形式要素

形式要素是指结构、语言、表达方式等要素。

### 1. 结构

殡葬文书的结构，是指根据表达主题的需要，对材料进行处理安排。其作用就是将各个部分统一起来，把内容和形式统一起来，使文章成为一个有机的整体，实现其实用的目的。

（1）殡葬文书常见的层次安排　有总分式、并列式、递进式三种。

① 总分式。文章结构形态之一，分别表述与总结表述相结合而构成系统的结构方式。总分式结构可分为先总后分式和先分后总式。总分式通常用于篇幅较长的文书，如殡葬礼仪策划文案、工作总结等。

② 并列式。亦称横式结构。文章中几个层次之间的关系是平行的。这样的结构方式通常按空间或场面的转换安排层次，如综合简报、通讯报道中的事件通讯，常把不同时期、不同部门的动态情况，按同一主题，采用并列结构方式进行综合报道；或按材料的性质归类安排层次，在殡葬礼仪策划文案、契约等文体的写作中，多采用此种类型；或按中心论点的若干侧面提炼各个分论点，从不同的角度共同论证中心论点，许多说理性文体常用此种方式。

③ 递进式。也叫纵式结构。文章是以时间为推移或从因到果等逻辑关系逐层深入展开的结构形式。情况通报、事件通讯等文体也常用此种方式。

**（2）殡葬文书常用的开头方式**

① 以"维"开头。"维"是助词，作发语词用，无其他意义。奠文、祭文、诔辞、哀辞、墓志铭等常用。

② 原因目的式。交代写作动机、缘由和目的，常用"为了……""……为此""因为……""由于……""鉴于……"等介词作为文章开端之语，公文中常用这种开头方式。

③ 根据式。交代写作根据，增加文章的权威性，常用"根据……""按照……""遵照……""经……决定""经……通过"等介词组成的介词短语作为文章开端之语，在公文、规章制度、计划、调查报告中多用这种开头方式。

④ 引述式。引述对方的来文或来函，作为拟写文章的依据，公文中的复函、批复常用此方法开头。

⑤ 结论式。开头先提出结论性意见，下文再具体解释、说明、阐述。

⑥ 概述式。将全文主要内容在开头部分简要介绍出来，便于读者了解文章的基本内容，海报、总结、殡葬礼仪策划文案等常用此开头方式。

**（3）殡葬文书常见的结尾方式**

① 祝祷式。如"××一路走好！""×××安息吧！""×××同志永垂不朽！"等，多用于悼词、现代奠祭文章。

② 悲号式。以"呜呼哀哉"等抒发无可奈何之情的悲号之词为结尾形式，如奠文、诔辞等。

③ 敬恭式。以"伏惟尚飨"结尾，在奠、祭等文辞中多见。

④ 总结式。运用简洁明了的语言，概括全文内容或得出结论，进一步加深读者印象。

⑤ 要求式。向受文者发出指示，提出要求和希望。

⑥ 祈请式。请求有关部门的批准、支持或协助。

⑦ 号召式。发出希望和号召，指明方向，激励读者。

## 2. 语言

**（1）语言的表述要求** 殡葬文书的语言，明显不同于文学作品的语言。特别是殡葬实务文书的语言，与其他文书的语言也有明显的不同。殡葬文书的语言运用，根据不同文体，必须遵循下述要求。

① 准确恰当。殡葬文书的语言表述必须符合客观实际，符合逻辑，符合语法修辞的规范。

② 严谨庄重。具体要求：使用规范化的书面语言；使用含义明确且具有限定性的词语；使用专用词语。

③ 朴实得体。朴实，即文风要朴实无华，语言实在，强调直接叙述，不追求华丽辞藻，也不用进行形象描写，更不用含蓄、虚构的写作技巧；得体，即用词适应不同文种的需要，说话有分寸、适度。

④ 简明生动。殡葬文书的用语必须简明、精练，用尽可能少的文字浓缩大量的信息，做到言简意赅。

**（2）殡葬文书写作专用语**

① 称谓词

A．死亡的别称。有自然色彩的、感情色彩的、政治色彩的、宗教色彩的、近代西方色彩的等，可谓异常丰富。从中我们可以看出，"死亡"涉及的词汇之多、含义之深、用词之考究、感情之丰富，可谓非常之讲究了。

现就殡葬活动中所知常见的摘录如下：千古、作古、逝世、病故、病逝、亡故、殁世、下世、谢世、过世、寿终、百年、百年之后、长眠、长往、长辞、安息、老了、走了、去了、不在了、离开了、过去了、过世了、走远了、长眠了、不行了、作古了、做老人了、辞去人世、与世长辞、与世长别、与世长去、辞别人世、辞别人间、溘然长逝、仙逝、仙游、升天、归天、归西、归阴、故去、往生等。

由于逝者的具体情况不同，对死的别称也有一些具体的讲究："寿终"指六十岁以上老人的正常死亡，其中男在家去世谓"寿终正寝"、女在家去世谓"寿终内寝"，男或女在外去世谓"外寝"。"疾终"指逝者死于疾病。"夭折"或"夭昏"指逝者英年早逝。"终于"或"卒于"是指逝者死于非命，如自杀、车祸、溺水等。

B. 第一人称。在殡葬实务文书中，经常会出现一些殡葬活动专用的第一人称用词，集中罗列如下：父亡，逝者子（女）自称"孤子（女）"或"孝男（女）"；母亡，自称"哀子（女）"或"不孝男（女）"；父先死、母后死，自称"孤哀子（女）"；母先死、父后死，自称"哀孤子（女）"。岳父（母）亡，男则自称"愚婿"。夫亡，妻自称"未亡人"；妻亡，夫自称"杖期夫"。其他直系后辈对逝者可根据辈分前缀加"孝"字，如孝孙、孝曾孙等。参与悼念活动的亲朋好友对逝者的自称，可在关系前缀加"愚"字，如愚友、愚师、愚兄等。

C. 第三人称。"该"字在文中使用广泛，用于指代人、单位或事物。

D. 对亡父、亡母的称呼。称呼亡父为"先父"或"先（显）考"；称呼亡母为"先母"或"先（显）妣"。丧榜中"显"和"先"之分：逝者之上没有长辈（包括父母、岳父母），下要有孙子辈，才能称"显"，否则称"先"，男女都一样。也有学者认为除上述条件外，只要有另一方健在就只能称"先"，只有双方都不在世了才可称"显"。称呼已故岳父（母）为"岳考（妣）"。称呼亡祖父为"先祖父"或"先（显）祖考"；称呼亡祖母为"先祖母"或"先（显）祖妣"。根据辈分往前推算，称呼也以此类推。

② 领叙词。常用的有根据、按照、为了、接……、前接（近接）……、遵照、敬悉、收悉、惊悉、查、为……特……、……现……如下等。领叙词多用于文章开端，引出法规、政策或上级文件等作为行文的根据或事实依据，也有的用于文章中间，起前后过渡、衔接的作用。

③ 追叙词。用以引出所追叙事实的词。写作中有时需要简要追叙有关事件的办理经过，为使追叙的内容自然，通常使用追叙性词语，如业经、前经、均经、即经、复经等。

④ 承转词。又称过渡用词，是承接上文、转入下文时使用的关联或过渡词语，主要用于陈述理由及事实，引出作者的意见和方案等。承转词的使用不仅有利于文辞简明，而且能起到前后照应的作用，如为此、据此、故此、鉴此、综上所述、总而言之、概言之等。

⑤ 祈请词。又称期请词、请示词，用于向受文者表示请求与希望，如希、即希、敬希、请、望、敬请、烦请、恳请、要求等。

⑥ 商洽词。又称询问词，用于征询对方意见和态度，具有探询语气，如是否可行、妥否、当否、是否妥当、是否同意、意见如何等。

⑦ 受事词。即向对方表示感谢、感激时使用的词语，如蒙、承蒙等。

⑧ 命令词。即表示命令或告诫语气的词语，目的在于增强公文的严肃性与权威性，引起受文者的高度注意，如着、着令、特命、责成、令其、迅即、切切、毋违、切实可行、不得有误、严格办理等。

⑨ 目的词。直接交代行文目的的词语。用这类词简明、直接地表示行文目的，以使受文者正确理解并按时办理，如请批复、请复函、请批示、请告知、请批转、请查照办理、请遵照办理、请参照办理、望周知、请备案、请审阅等。

⑩ 表态词。又称回复用语，即针对对方的请示、问函，表示明确的意见时使用的词语，如应、应当、同意、不同意、准予备案、请即试行、按照执行、可行、不可行、迅即办理等。

⑪ 结尾词。即置于正文最后，表示正文结束的词语。有用以结束上文的词语，如特此报告、特此通知、特此批复、特此函复、特此函告、特予、此致、谨此、此令、此复等；有再次明确行文的具体目的与要求的词语，如……为要、……为盼、……是荷、……为荷等；有表示敬意、谢意、希望的词语，如敬礼、致以谢意、谨致谢忱等。

### 3. 表达方式

（1）叙述　叙述方式有顺叙、倒叙、插叙、分叙等。文章中叙述事件的发展过程、介绍单位或逝者的基本情况，一般都用顺叙，即按时间先后顺序来叙述，倒叙、插叙、分叙等用得较少，只在通讯、消息、调查报告的写作中才用。

（2）说明　说明在殡葬文书写作中使用广泛，如解说词、广告词、说明书、简介等，借此解释、剖析事理。

（3）议论　调查报告、简报、总结、通报等文体，经常在叙述事实、说明情况的基础上，用议论表明对人物、事件、问题的评价。指示、决议、纪要等公文，也常用议论来阐明党和国家的方针、政策，让下级机关和群众理解和执行。

**思考题**

1. 简述殡葬文书写作的基本要素。
2. 简述殡葬文书语言运用必须遵循的要求。

## 第三节　殡葬文书写作的能力要求

### 一、殡葬文书写作能力的含义及其特点

写作能力是语言能力的一种，指个体的书面语言表达能力，包括写作思维、搜集材料、观察分析、审题立意、布局谋篇、选词造句、模仿范文、修改作文等能力。

所谓殡葬文书写作能力，亦即殡葬服务或管理过程中必须具备的具有格式化的书面语言表达能力。殡葬服务人员在日常工作中需要接触大量的文书写作任务，这些文书往往具有业务范围广、主题内容杂、客户或领导要求高、起草难度大等特点。因此，写出既符合要求又能给人以美感的文书材料，是一个优秀殡葬服务人员的必备技能。除了需要大量的知识积累和长期的写作锤炼外，殡葬服务人员也可以通过掌握文书写作的思路和流程以提升文书写作能力。

## 二、获取信息的能力

获取信息的能力，是作者根据需要和写作对象，主动并适当地选择采集方式，有效、快速地获取写作材料的重要能力。这也是写好殡葬文书的先决条件。

### 1. 提高揣摩、沟通能力

在这一步中必须明确几个问题：领导交代任务的实质或者客户对文书服务的需求核心是什么？行文的目的何在？行文要求如何？行文重点放在哪里？这一步的关键是要善于揣摩领导或客户的意图。因为文书写作是一种指令性写作，只要把客户（领导）的意图吃透并充分表达出来，材料就是基本成功的。揣摩客户（领导）意图的方法是听、记、消化。"听"就是在接受任务时集中精力听客户（领导）讲意图；"记"就是把客户（领导）讲的内容尽可能原原本本地记下来，以备写作时查阅；"消化"就是在听和记的基础上，充分理解客户（领导）提出的问题和观点，既要站在全局上去理解，因为客户（领导）交付的任务不可能讲得很细致、很全面，大都是要点式的，又要参照客户（领导）的思想去理解，一般情况下，客户（领导）提出的问题都是经过长时间的实践和思考得出的结论。

### 2. 提高采集信息能力

这是殡葬文书写作的根据，没有材料就好比"巧妇难为无米之炊"。采集信息，要求作者有目的、有计划地从个性有别的实践者那里和从书籍报刊等资料中获取有价值的信息。收集材料首先必须考虑表达主题的要求，围绕主题收集真实、准确、新鲜、典型的能反映事物本质特征的资料；其次必须明确收集材料的途径和方法。可以从现有的资料中收集，如逝者生前基本情况及主要成绩、单位基本情况及重点工作任务等，以了解有关情况；也可以深入工作的第一线，收集第一手"活"资料，以便反映工作中的动态信息；还可以从国家的政策法规中收集，为拟写相应的文书寻找更多的权威性依据。采集方式一般有观察、调查、考察、问卷、统计、座谈会、现场会、检索文献、整理上报材料和系统地读书学习等，尤其是调查法，它是写作获取有价值信息的主要途径和方法，是一种有目的、有计划、有准备的观察、感受活动，也是作者应具备的一种能力。调查者在调查时必须根据调查的目的、范围、时间，选用合适的调查方法，这样才能收到事半功倍的效果。

 ## 三、处理信息的能力

通过观察、感受、采集，获得了大量的信息材料，这固然是写好文章的基础。但要写好一篇高质量的文章，还需要对已获得的信息材料进行有效处理。

### 1. 提高分析综合能力

分析综合能力，是指写作主体对信息材料进行分解，剖析过程中揭露事物内在矛盾，分清信息内容的主次，锁定关键信息，从而从整体上把握事物本质和内部规律的一种能力。那么，培养此能力首先要通过感知活动，经观察、感受和采集获得信息材料，并进而产生写作动机，形成写作主旨，这就是一个分析综合的过程。可以说，写作的全过程是一个分析综合的过程，只有经过反复多次的分析和综合，才能完成写作用材的选择。这个步骤是文书写作成功与否的关键，旨在确定一篇文章的主题思想、表达次序、各部分内容之间的衔接配合关系，实际上已经为确立主旨和拟定提纲创造了前提和条件。加强分析综合能力的训练，除了坚持写作实践本身之外，阅读分析也是一种十分有效的手段。

### 2. 提高抽象概括能力

所谓概括，是指思维由个别到一般的过程。思维在揭示事物的本质和内在规律性的关系时，主要是由抽象和概括的过程实现的。在对材料进行分析综合的基础上，根据表达的需要，再次对材料进行分析综合，同时在分析综合过程中对材料进行分类比较、抽象概括，从而抽象出能满足表达主旨需要的主要材料和与表达主旨相关的次要材料，在此基础上再加以概括，尤其是对次要材料的概括，概括的程度越高，其表达的简缩化就越能体现这样的思维结果，在表达上就收到了直陈直述、简洁明了的效果。表达次序是文书写作布局合理性的重要体现：一是善于提纲挈领，按照公文主题搭建提纲，拟定框架，反复斟酌布局结构的合理性；二是善于归纳整合，在把握文书整体结构的基础上，按照诉求重要性科学合理划分文章层级，使受众能通过标题基本判断行文逻辑。文章各部分内容之间的衔接配合关系通过素材的平衡、恰当的转折和流畅的过渡来实现，确保各个层级紧密衔接，减少文章的突兀感和生硬感。

## 四、表达信息的能力

### 1. 提高语言表达能力

殡葬文书写作在用语表达上讲究准确、简明、平易、庄重，这就需要作者具备相应的表达能力。

语言是思想的外衣、信息的载体、交际的工具。语言准确除了指用词造句恰当、贴切、得体外，还有其特殊的含义，即专业术语和行业术语的大量使用，会增强文章语言的准确性。所以平时要多留意和积累一些特定的学科、专业领域或社会行业的意义确定的专门性词语。

任何文章的语言，都应当具有简明性。那么在写作时就要用尽可能少的语言材料，把尽可能多的信息明明白白地传递给读者。要体现语言简明，可采用固定词语或惯用语，也可选择字数少、内容含量大的词，造句要简短，概括力要强，表达意思要明确，读起来要上口。

语言平易要求用语通俗、易懂、明白、通畅，反对用那些浮华夸饰、矫揉造作的词语，不要说空话、套话，但是绝不是说不许运用合理的修辞手法，许多合理的修辞法运用得好，更显得清新、朴实。

文章特别是用于工作的文书大都应当带有一种庄重的风格，殡葬文书就是如此。这种内容上的庄重性和严肃性，是要用语言表达出来的，所以要做到语言庄重、严肃。首先要言辞有力，少用那些软绵绵的词；其次语气要坚决肯定，不能含糊其词、模棱两可；最后要多用书面语，培养文章的语体感，从而学会条理清晰地表达。

### 2. 提高把握读者心理的能力

读者是文章信息传递的接受对象。读者对文章内容理解得准确、快捷与否，会直接影响文章的办事效率。读者以什么样的心态去看文书，对文书内容是否乐意接受，对文章办事效率的提高也显得非常重要。因此，作者要有把握读者阅读和接受心理的能力，要具备强烈的读者意识。为此，作者在写作之前要深入群众生活，了解他们的喜恶。当然，在提高殡葬文书写作能力的同时，还要以端正学习态度为前提，养成多读、多练、多改的习惯。理论的东西，学得再好、再多，如果不和实践相结合，也只是纸上谈兵，解决不了实际问题。对于殡葬文书服务人员，写好殡葬文书的一个颠扑不破的真理就是多实践，参加培训，阅读书籍，参加座谈等，只有互相取长补短，才能真正提高写作水平。

### 思考题

1. 简述殡葬文书写作能力的含义与特点。
2. 简述殡葬文书语言运用必须遵循的要求。

**PPT课件**

# 第二部分

- 第二章　临终嘱托文书的写作
- 第三章　告丧文书的写作
- 第四章　吊唁文书的写作
- 第五章　哀悼文书的写作
- 第六章　丧事致谢文书的写作
- 第七章　致哀文书的写作
- 第八章　墓葬文书的写作
- 第九章　祭祀文书的写作

# 第二章

## 临终嘱托文书的写作

> **学习目标**
>
> 📖 **知识目标**
> 1. 掌握遗嘱的含义、特点、订立要求、形式、格式及写作要求。
> 2. 掌握生命契约的含义、订立要求、格式及写作要求。
>
> ➡️ **能力目标**
> 1. 能够为客户提供遗嘱订立的指导及撰写服务。
> 2. 能够根据殡葬服务机构的要求撰写生命契约的样稿。
>
> 📋 **素养目标**
> 熟悉与遗嘱、生命契约相关的民事法律法规,具备创新意识和担当精神,勇于践行"民政为民、民政爱民"的理念,不断拓展殡葬服务的新领域。

> 💡 **情景导入**
>
> 秋冰女士是一位优秀的人民教师,由于长期积劳成疾、久治不愈以至于病入膏肓,临终之前面对心爱的丈夫和即将进入大学深造的独子,面对自己热爱的教育事业,心里满满都是不舍。为了比较理想地处理自己身后之事,她想立一份遗嘱并将自己的丧事全部委托殡仪馆办理。
>
> 作为殡仪馆委派的工作人员,请你协助秋冰女士订立一份遗嘱和一份生命契约。

## 第一节 遗嘱

### 一、遗嘱的含义

所谓遗嘱是指遗嘱人生前在法律允许的范围内,按照法律规定的方式对其遗产或其他事务所作的个人处分,并于遗嘱人死亡时发生效力的法律行为。遗嘱不需要经过其他任何人的同意就能产生效力。但法律也同时规定,遗嘱应当对尚未娩出的胎儿、缺乏劳动能力又没有生活来源的继承人保留必要的遗产份额。

遗嘱具有以下特点。

（1）**遗嘱是单方法律行为**　即遗嘱是基于遗嘱人单方面的意思表示即可发生预期法律后果的法律行为。

（2）**遗嘱人必须具备完全民事行为能力**　限制行为能力人和无民事行为能力人不具有遗嘱能力，不能设立遗嘱。

（3）**设立遗嘱不能进行代理**　遗嘱的内容必须是遗嘱人的真实意思表示，应由遗嘱人本人亲自作出，不能由他人代理。如是代书遗嘱，也必须由本人在遗嘱上签名，并要有两个以上见证人在场见证。

（4）**遗嘱是要式法律行为**　一般情况下，遗嘱必须是书面的，只有在遗嘱人生命垂危或者在其他紧急情况下，才能采用口头形式，而且要求有两个以上的见证人在场见证，危急情况解除后，遗嘱人能够以书面形式或录音形式立遗嘱的，其所立口头遗嘱失效。

（5）**遗嘱是遗嘱人死亡时才发生法律效力的行为**　因为遗嘱是遗嘱人生前以遗嘱方式对其死亡后的财产归属问题所作的处分，死亡前还可以加以变更、撤销，所以，遗嘱必须以遗嘱人的死亡作为生效的条件。

（6）**如果遗嘱人没有事实死亡**　在具备相关的法律条件下，经有关利害关系人的申请，由人民法院宣告死亡的，遗嘱也具有法律效力，利害关系人可以处分遗嘱当事人的财产。如果在短期内遗嘱人重新出现，那相应的财产可以退还遗嘱人；如果时间较长，比如超过两年以上以及财产出现了无法退还的情况，则受益人应当对遗嘱人的基本生活在其受益的范围内提供帮助，但法定义务人不受此限。

## 二、遗嘱的订立

遗嘱的有效要件包括形式要件和实质要件。遗嘱有效的形式要件，是指遗嘱的形式符合法律的规定。遗嘱的形式若不符合法律的要求，也就不能视为有效。这里所说的遗嘱有效要件，仅指遗嘱有效的实质要件。

### 1. 遗嘱人须有遗嘱能力

遗嘱能力是指自然人依法享有的设立遗嘱，依法自由处分其财产的行为能力。遗嘱为民事行为，设立人必须有相应的民事行为能力。依我国现行法规定，只有完全民事行为能力人，才有设立遗嘱的行为能力即遗嘱能力，不具有完全民事行为能力的人不具有遗嘱能力。因此，遗嘱人须为完全民事行为能力人。根据《中华人民共和国民法典》（后简称《民法典》）的规定，无行为能力人或者限制行为能力人所立的遗嘱无效。遗嘱人是否具有遗嘱能力，以遗嘱设立时为准。在设立遗嘱时，遗嘱人有遗嘱能力的，其后虽丧失遗嘱能力，但遗嘱不因此失去效力。反之亦然。所以，实践中，尤其要注意危重病人立遗嘱必须是在精神状况及认知能力良好的状态下进行。

### 2. 遗嘱须是遗嘱人的真实意思表示

遗嘱必须是遗嘱人处分其财产的真实意思表示，因为意思表示真实是民事行为有效的必要条件。遗嘱是否为遗嘱人的真实意思表示，原则上应以遗嘱人最后于遗嘱中作出的意思表示为准。受胁迫、欺骗所立的遗嘱无效；伪造的遗嘱无效；遗嘱被篡改的，篡改的内容无效。

**3. 遗嘱不得取消尚未娩出的胎儿、缺乏劳动能力又没有生活来源的继承人的继承权**

根据《民法典》第一千一百五十五条、第一千一百五十九条的规定，遗嘱应当对尚未娩出的胎儿、缺乏劳动能力又没有生活来源的继承人保留必要的遗产份额。这一规定属于强行性规定，遗嘱取消尚未娩出的胎儿、缺乏劳动能力又没有生活来源的继承人的继承权的，不能视为有效。遗嘱人未保留尚未娩出的胎儿、缺乏劳动能力又没有生活来源的继承人的遗产份额，遗产处理时，应当为该继承人留下必要的遗产，剩余的部分，才可参照遗嘱确定的分配原则处理。继承人是否缺乏劳动能力又没有生活来源，应按照遗嘱生效时该继承人的具体情况确定。胎儿娩出时是死体的，保留的份额按照法定继承办理。

**4. 遗嘱中所处分的财产须为遗嘱人的个人财产**

遗嘱既然是遗嘱人处分其个人财产的民事行为，就只能就遗嘱人个人的合法财产作出处分。遗嘱人以遗嘱方式处分了属于国家、集体或者他人所有的财产的，遗嘱的该部分内容，应认定无效。

**5. 遗嘱须不违反社会公共利益和社会公德**

遗嘱若损害了社会公共利益或者其内容违反社会公德，为无效。

## 三、遗嘱的执行、变更、撤回

**1. 遗嘱的执行**

所谓遗嘱的执行，是指在遗嘱发生法律效力以后，为实现遗嘱人在遗嘱中对遗产所作出的积极的处分行为以及其他有关事项而采取的必要行为。换句话说，遗嘱的执行是为了实现遗嘱内容所进行的必要行为。

遗嘱继承是由设立遗嘱和遗嘱人死亡两个法律事实所构成，它分别具有设立效力和执行效力。设立遗嘱符合上述法律规定的有效条件，即受到法律的保护，具有设立效力。遗嘱人一旦死亡，他所设立的遗嘱即具有执行效力，由继承人按照遗嘱的内容继承遗产。遗嘱人可以在遗嘱中嘱托继承人中的一人或数人执行遗嘱；如果没有此项嘱托，则全体继承人以平等地位参与遗嘱的执行。为了保障未成年的继承人和不在继承开始地点的继承人的利益，遗嘱人可以嘱托继承人以外的其他个人或者组织充当遗嘱执行人，负责执行遗嘱。遗嘱执行人通常是遗嘱人所信赖的、能体现遗嘱人意愿的无利害关系人，他在执行嘱托任务时，继承人无权对遗产进行处分。

遗嘱自遗嘱人死亡之日起开始执行，其过程大致如下。

① 出示遗嘱，向有关人员公布遗嘱内容。

② 编制遗产清册，并予宣布。

③ 继承人或其他人对遗嘱没有争议时，将遗产按遗嘱的要求进行处理。

遗嘱一般由遗嘱继承人来执行。但是根据我国《民法典》的规定，遗嘱人也可以指定遗嘱执行人，负责执行遗嘱。也就是说，遗嘱执行人既可以是法定继承人，也可以是法定继承人以外的人。《民法典》之所以要规定法定继承人以外的人可以作为遗嘱执行人，是因为遗嘱继承人、利害关系人执行遗嘱难免会有偏向，从而引起纠纷，尤其是当遗嘱继承人有数人，或者遗嘱的内容涉及将财产遗赠给国家、集体和其他公民时，依靠法定继承人或利害关系人自己去处理，往往易生弊端。为了妥善解决这一问题，保护遗嘱人利益和遗嘱继承人、受遗赠人及其他利害关系人的利益，我国《民法典》规定了遗嘱执行人制度。遗嘱执行人一般以公正、有威信的亲友担任为宜。

遗嘱执行人负责保管遗产，并有权提起关于排除妨害继承的诉讼以及参与有关的诉讼活动。如果遗嘱人生前没有指定遗嘱执行人，或者执行人拒绝接受，或者执行人不称职，则可以由全体继承人参加执行遗嘱；也可以由利害关系人申请，由人民法院指定或撤销遗嘱执行人。

### 2. 遗嘱的变更、撤回

遗嘱的变更是指遗嘱人依法改变原先所立遗嘱的部分内容。遗嘱的变更包括以下两个方面：遗嘱继承人或受遗赠人改变、数额或项目的变更。

遗嘱的撤销是指遗嘱人取消原先所立遗嘱的全部内容。

由于遗嘱是死因行为，因此立遗嘱人在其死亡之前随时可以变更和撤销遗嘱。《民法典》规定，遗嘱人可以撤回、变更自己所立的遗嘱。具体的变更与撤销有明示与默示两种。

**（1）明示变更、撤回** 立遗嘱人可以通过明确的意思表示将其所立遗嘱撤回和变更，但是撤回和变更公证遗嘱的意思表示必须经公证处重新公证才有效。自书、代书、录音、口头遗嘱，不得撤回、变更公证遗嘱。

**（2）默示变更、撤回**

① 立遗嘱人立有数份遗嘱的，且内容相互抵触的，以最后所立的遗嘱为准，推定后立遗嘱变更或撤回前立的遗嘱，但公证遗嘱的变更和撤销须以公证遗嘱的方式进行方有效。

② 立遗嘱人生前的行为与遗嘱的意思表示相反，而使遗嘱处分的财产在继承开始前灭失、部分灭失，或所有权移转、部分移转的，遗嘱视为被撤销或部分被撤销。

## 四、见证人的资格

### 1. 遗嘱见证人应当具备的条件

**（1）具有完全民事行为能力** 按照《民法典》的规定，年满18周岁以上的自然人为成年人，成年人为完全民事行为能力人，可以独立实施民事法律行为。已满16周岁不满18周岁的未成年人，以自己的劳动收入作为其主要生活来源的，在法律上视为完全民事行为能力人。具有完全民事行为能力的自然人，方可具备遗嘱见证人的资质，但是限制行为能力人和无行为能力人则不能作为遗嘱见证人。

**（2）能够理解遗嘱的内容、懂得遗嘱所有文字的人** 有些人虽然具有完全的民事行为能力，但没有从事遗嘱见证活动的能力，则视为不具备条件。

**（3）与继承人、遗嘱人没有利害关系** 因为有利害关系的人更有可能受其利益的驱动而做不真实的证明。

**2. 哪些人不能作为遗嘱见证人**

**（1）无民事行为能力人、限制民事行为能力人** 前者不能辨认自己的行为，不能以自己的名义参加民事活动并享有民事权利和承担义务，后者则是其民事行为能力受到限制，二者均不是完全民事行为能力人，不能参与订立遗嘱这类较复杂民事活动。如果他们在场，其见证不具有法律效力。

**（2）继承人、受遗赠人** 他们与遗嘱有直接的利害关系，一般来说，他们在场不利于遗嘱人在不受外界影响的情况下按照自己的意愿处分财产。因此，法律规定继承人、受遗赠人不能作为遗嘱见证人。

**（3）与继承人、受遗赠人有利害关系的人** 与继承人、受遗赠人有利害关系的人，由于利益关系的影响，难以保证其证明的客观性、真实性，所以这些人也不能作为遗嘱见证人。根据有关司法解释，继承人、受遗赠人的债权人、债务人，共同经营的合伙人，也应当视为与继承人、受遗赠人有利害关系，不能作为遗嘱见证人。

## 五、遗嘱的形式

合法的遗嘱形式有五种：公证遗嘱、自书遗嘱、代书遗嘱、录音遗嘱、口头遗嘱。

**1. 公证遗嘱**

公证遗嘱指遗嘱人经公证机关办理的遗嘱，是先由遗嘱人亲自书写（或者代书），签名，注明年、月、日，然后到公证机关办理公证手续。办理遗嘱公证需要立遗嘱人亲自到户籍所在地的公证机关申请办理，不能委托他人办理。依公证程序，遗嘱人要在公证员面前，亲笔书写遗嘱。公证员要对遗嘱的真实性、合法性进行认真审查，如遗嘱人有无行为能力，是否出于遗嘱人的真实意思，有无重大误解或强迫、欺诈等情况；遗嘱内容有无违反国家政策、法律和社会公德，以及有无损害未成年人和无劳动能力的继承人的合法权益的情况等。在确认其有效性后，由公证员出具"遗嘱证明书"附在遗嘱的后面。经过当事人申请，公证机关可以代为保管遗嘱，同时具有为遗嘱人保守秘密的义务。遗嘱经过了公证后就具有了法律效力，继承开始后，就按公证的遗嘱实施继承，如果发生纠纷，就按公证遗嘱解决。

**2. 自书遗嘱**

自书遗嘱是指由遗嘱人亲笔书写，不需要见证人在场见证，而且遗嘱人只要粗通文字，就可以根据自己意志随时设立遗嘱，既简便易行，又节省费用，同时又可以保守秘密。因此我国《民法典》把自书遗嘱作为法定形式之一。首先，设立自书遗嘱必须由遗嘱人亲笔书写全文，同时自书遗嘱还必须是正式的文书，遗嘱人生前在日记中或信件中所涉及的关于自己死后财产如何处理的打算，不应视为自书遗嘱；其次，自书遗嘱必须由遗嘱人亲笔签名，签名的意义，既可以表明遗嘱是何人所立，也便于对遗嘱是否出于遗嘱人之真实意愿进行查证；最后，自书遗嘱要注明订立的年、月、日，以表明遗嘱人订立该份遗嘱的准确时间，这样就能够审查确定遗嘱人在订立该份自书遗嘱时是否具有民事行为能力，进而确定该份遗嘱是否具有法律效力。

### 3. 代书遗嘱

代书遗嘱是指因遗嘱人不能书写而委托他人代为书写的遗嘱。我国《民法典》第一千一百三十五条规定："代书遗嘱应当有两个以上见证人在场见证，由其中一人代书，并由遗嘱人、代书人和其他见证人签名，注明年、月、日。"因此，代书遗嘱必须符合以下条件：首先，遗嘱人由于某种原因不能书写，必须委托他人代书，如遗嘱人因病或不识字而不能亲笔书写遗嘱；其次，须由遗嘱人指定两个以上见证人在场见证，在代书遗嘱过程中，必须由遗嘱人口述遗嘱要点，然后由见证人中的一人代书，写成后向遗嘱人宣读；最后，经遗嘱人认定无误后，由遗嘱人、代书人和其他见证人签名，并注明年、月、日。

### 4. 录音遗嘱

录音遗嘱是指遗嘱人口述内容并用录音器材录制保存的遗嘱。以录音形式设立的遗嘱，应当有两个以上的见证人在场见证。见证的方法可以采用书面或录音的形式，录音遗嘱制作完成后，应当场将录音遗嘱封存，并由见证人签名，注明年、月、日。

### 5. 口头遗嘱

口头遗嘱指在紧急情况下，遗嘱人以口头形式设立的遗嘱。所谓紧急情况指的是病危、天灾、战争等情况。由于口头遗嘱有容易被篡改和伪造，死后无法查证的缺点，所以《民法典》作了限制性规定：一是必须在危急情况下才能使用；二是设立时必须有两个以上见证人在场；三是危急情况解除后，遗嘱人能用书面或录音形式设立遗嘱时，所立口头遗嘱无效。

##  六、订立遗嘱的格式及写作要求

### 1. 遗嘱相关的格式

根据我国《民法典》的相关规定，公民可以在生前订立遗嘱来处理自己所有的财产以及其他事务。遗嘱相关的格式内容如下。

（1）本人身份的说明　身份证号码、住所、近亲属情况。

（2）本人委托的遗嘱执行人的说明　身份证号码；授权委托书；住所；指定遗嘱执行人与本人的关系，如有任何利害关系应注明不影响其执行人效力；指定后备执行人；确认的签名包括各种签名字体的示范。

（3）本人遗嘱法律效力的说明　法律依据；身体状况、精神状况、行为能力；遗嘱人的真实意思表示，未受胁迫、欺骗所立；遗嘱内容真实、合法；所处分的财产为个人所有；给尚未娩出的胎儿、缺乏劳动能力又没有生活来源的继承人保留了必要的份额；遗嘱人所提供的遗嘱或者遗嘱草稿的形成时间、地点和过程；是自书还是代书；是否本人的真实意愿；有无修改、补充；对遗产的处分是否附有条件；代书人的情况，遗嘱或者遗嘱草稿上的签名、盖章或者手印是否其本人所为。

（4）本人财产的说明　基准日、项目、房产、存款、股票、汽车、现金、投资、所内、债权等，相关合同、产权证及凭证，以前是否曾以遗嘱或者遗赠扶养协议等方式进行过处分，有无已设立担保、已被查封、扣押等限制所有权的情况。

（5）**本人保险的说明**　收益人基本情况、监护人、遗嘱执行人、相关合同单证理赔方法。

（6）**本人相关事务的执行**　债权债务、财产分配、个人用品（汽车、电脑、书籍、信函、照片）给相关人员的信函呈送。

（7）**以前订立遗嘱的情况**　如立有数份遗嘱而内容有抵触的，以最后的遗嘱为准。

（8）**签名及日期**。

**2. 遗嘱的写作要求**

遗嘱一般没有统一的格式，但在实践中，其常见的写法如下。

（1）**订立遗嘱的目的**　应首先写明"我订立本遗嘱，对我所有的财产作如下处理"。

（2）**对财产的具体处理**　应写明财产的名称、数量及其所在地；遗留给何人，具体写明由哪一个人继承哪些财产，也可按财产写明。

（3）**遗嘱人的要求和遗嘱的处置**。

（4）**立遗嘱人、证明人、代笔人签名盖章**　应写明订立遗嘱的时间、地点等。

由于立遗嘱人的具体情况不同，遗嘱的写法不一定拘于以上格式，但必须是具有法律效力的。

## 七、订立遗嘱必须注意的事项

① 遗嘱人必须要有完全民事行为能力。

② 遗嘱的内容必须合法。内容不合法的遗嘱主要有三种情况：遗嘱取消了缺乏劳动能力又没有生活来源的继承人的继承权；遗嘱没有为胎儿保留必要的继承份额；遗嘱内容违反其他法律。

③ 遗嘱人所订立的遗嘱必须是其真实意思表示。遗嘱人在神志不清的状态下所订立的遗嘱为无效遗嘱。

④ 在所有遗嘱形式中，公证遗嘱法律效力最高，其次是自书遗嘱，所以协助订立遗嘱时，须了解遗嘱人之前是否订立过其他形式的遗嘱。

⑤ 订立自书遗嘱，全部文字都要本人亲自手写，尽量不要用电脑打印，更不能让别人根据自己的口述意思来打印遗嘱。

⑥ 订立处理财产的遗嘱，只能处分属于自己的那份财产，不能把夫妻共同财产当成个人财产进行处分。

⑦ 订立遗嘱时，尽量把所有财产都写出来，房产写明门牌号，存款写明哪家银行和账号，债权和债务也明确具体的人，以及数额，这样就便于继承人去查取。

⑧ 如果是夫妻同时写遗嘱的，不要两个人写在一起，要分开写。

⑨ 在订立遗嘱时，可以同时进行录音录像，和遗嘱一并保存，这样更能避免是否是本人真实意思，以及是否具备行为能力方面发生的争议。

⑩ 遗嘱用说明的方法表述，应按照遗嘱本身内容要求有层次地进行说明。结构顺序：应先说明为什么要立遗嘱，财产如何处理，再说明其他要求。对财产的处理，应按继承的顺序先后排列，伦次得当。内容取舍要恰当，必要的一点不可缺，多余的话一句不可有。文字要明晰精练。

## 范例赏析

**例1：**

自书遗嘱范文

遗嘱人姓名：　　　年龄：　　　民族：　　　户籍所在地：

身份证号码：

我在此立遗嘱，对本人所有的部分财产，作如下处理：

（一）我自愿将下列归我所有的财产遗留给甲（应当是法定继承人之一）：（是房产的，写明权属证书号及房产地址、面积等详情；是其他财产的，写明财产详情。）

我遗留给甲的财产，属于甲个人所有。

（二）我自愿将下列归我所有的财产遗留给乙（应当是法定继承人之一）：（是房产的，写明权属证书号及房产地址、面积等详情；是其他财产的，写明财产详情。）

我遗留给乙的财产，属于乙个人所有。

本遗嘱委托丙（姓名、年龄、民族、户籍所在地、身份证号码）为执行人。

本遗嘱一式两份，一份由本人收执，一份由委托执行人丙保存。

**例2：**

代书遗嘱范文

立遗嘱人姓名：

身份证号码：

住址：

民族：

性别：

年龄：

为了防止遗产继承纠纷，特请张甲和李丙作为见证人，并委托××××律师代书遗嘱如下：

一、由于本人经常出差且患有高血压，为防止意外死亡和遗产继承纠纷，特立本遗嘱。

二、本人现有主要财产如下：

1. 坐落于××市××南路××××号××大厦××××室房屋一套，面积180平方米。

2. 建设银行定期存款30万元及利息，账号：987654321。

3. 沃尔沃S40轿车一辆，车牌号：沪A-×××××。

4. 股票若干，××证券公司，账号：123456。

三、对于上述财产，本人处理如下：

1. ××大厦××××室房屋由妻子×××继承。
2. 建设银行定期存款30万元及利息由女儿×××继承。
3. 沃尔沃轿车由儿子×××继承。
4. ××证券的股票由母亲×××继承。
5. 其他财产由妻子×××继承。

四、希望大家尊重本人的遗愿，和平处理遗产继承事宜。

五、本遗嘱一式三份，由张三、李四、王五各保存一份，具有同等法律效力。

立遗嘱地点：

立遗嘱人：（签字） 年 月 日

代书人：（签字） 年 月 日

见证人：（签字） 年 月 日

见证人：（签字） 年 月 日

**学习自测**

请根据前述【情景导入】资料，模拟协助秋冰女士立一份遗嘱。

# 第二节 生命契约

## 一、生命契约的含义

生命契约（以下简称"契约"）也即生前契约，是当事人生前就自己或亲人逝世后如何开展殡葬礼仪服务，而与殡葬服务公司订立的合约。服务内容包括临终关怀、遗体接送、灵堂搭建、入殓、治丧协调、奠礼准备、丧礼执行、告别仪式、火化、安葬及相关后续服务等。

"生前契约"的概念源自英国的遗嘱信托，于20世纪初引入美国，发展成为以消费者为导向的专业服务行业。在欧美，现通称为"生前殡葬计划"或"预付殡葬合约"，在美国的普及率高达90%以上。第二次世界大战后日本将美国成熟的"生前契约"制度引入国内并迅速普及，现普及率早已超过70%。

此后，我国台湾地区殡葬业普遍采用"生前契约"。即当事人在生前规划自己逝世后的殡葬礼仪事务，与殡葬经营公司订立一份类似保险的契约书，这一份契约书可视为个人生涯规划、居安思危的举措，而经营生命契约书的公司则是把殡葬礼仪服务中零星的工作整合转化为契约内容，以保险方式出售给消费者。近几年，个别经营性殡葬服务单位将"生前契约"引入大陆殡葬行业，将传统文化与现代服务理念相结合，制定定制化的殡葬服务契约——生命契约，旨在打造更加规范的行业准则及更完善的服务系统。

生命契约的推行，助力人们实现人生的圆满。人们在有生之年，预先按照自己的意愿做好身后事的规划，并通过契约方式得以保障，可以避免自己身故之后亲人在伤心之余还要面对种种烦琐的事宜，给亲人留下一个平静的回忆过程，接受既成事实，有助早日走出悲伤，同时也为自己的人生画下完美的句号。但由于生命契约属于商业契约，与殡葬的民生公益要求存在着衔接差距，殡葬行业及社会公众对其有着一定程度的争议，而目前生命契约在部分地区已有所开展，故本节作出介绍，仅供学习者思考。

 ## 二、生命契约的订立

生命契约实际就是一份预期的、类似于保险的殡葬服务合同，所以其订立与其他服务性合同的订立是相同的。生命契约的订立是指缔约当事人为达成协议，相互为意思表示进行协商并达成合意一致的过程。

《民法典》第四百七十一条规定："当事人订立合同，可以采取要约、承诺方式或者其他方式。"依此规定，生命契约的订立一般包括要约和承诺两个阶段，当事人为要约和承诺的意思表示均为契约订立的程序。要约是指一方当事人（殡仪馆或保险公司）以缔结契约为目的，向对方当事人（客户）提出契约条件，希望对方当事人接受的意思表示。发出要约的一方称要约人，接受要约的一方称受要约人。承诺是指要约人同意接受要约的全部条件而缔结契约的意思表示。要约内容必须具体确定，必须是特定人所为的意思表示，必须向相对人发出，经受要约人承诺，要约人即受该内容约束。承诺的内容必须与要约的内容一致，契约的内容以承诺的内容为准。契约订立过程，须有双方或多方当事人，须有当事人之间的意思表示的互动，须为特定当事人之间为缔约而为意思表示。同时，在契约协商过程中，所有当事人都应遵循守法、自愿、公平、诚实信用等原则。只有这样，契约的订立才合规合法，才有意义。

需要注意的是：生命契约属于格式合同，又称标准合同、定型化合同，是指当事人一方预先拟定契约条款，对方只能对条款内容表示全部同意或者不同意的合同。它具有以下特征：

① 契约的要约向公众发出并且规定了在某一特定时期订立该合同的全部条款。
② 契约的条款是单方事先制定的。
③ 契约条款的定型化导致了对方当事人不能就合同条款进行协商。
④ 契约一般采取书面形式。
⑤ 契约条款的制定方具有绝对的经济优势或垄断地位，而另一方为不特定的、分散的消费者。

因此，生命契约虽然具有节约交易时间、事先分配风险、降低经营成本等优点，但同时也存在诸多弊端。由于生命契约限制了合同自由原则，生命契约的拟定方可以利用其优越的经济地位，制定有利于自己而不利于消费者的合同条款。例如，拟定方为自己规定免责条款或者限制责任的条款等。所以，不断完善生命契约，规定哪类不利于生命契约条款非制定方的条款无效、规定条款制定方的提示义务和说明义务，进一步规范生命契约，保护条款非制定方的利益。

### 三、生命契约订立的有效要件

（1）**订约主体存在双方或多方当事人** 所谓订约主体是指实际订立契约的人，他们既可以是未来的契约当事人，也可以是契约当事人的代理人，订约主体与契约主体是不同的，契约主体是指形成契约关系的当事人，他们是实际享受契约权利并承担契约义务的自然人与法人。

（2）**双方当事人订立契约必须是"依法"进行的** 所谓"依法"签订合同，是指订立契约要符合法律、行政法规的要求。由于契约约定的是当事人双方之间的权利和义务关系，而权利和义务是依照法律规定所享有和承担的，所以订立契约必须符合法律、行政法规的规定。如果当事人订立的契约违反法律、行政法规的要求，法律就不予承认和保护，这样，当事人达成协议的目的就不能实现，订立契约也就失去了意义。

（3）**当事人必须就契约的主要条款协商一致** 所谓协商一致，就是指经过谈判、商讨后达成的相同的、没有分歧的看法。

（4）**契约的成立应具备要约和承诺阶段** 要约、承诺是契约成立的基本规则，也是契约成立必须经过的两个阶段。如果契约没有经过承诺阶段，而只是停留在要约阶段，则契约未成立。契约是从契约当事人之间的交涉开始，由契约要约和对此的承诺达成一致而成立。

 ### 四、生命契约的履行、变更、解除

#### 1. 生命契约的履行

从契约成立的目的来看，任何当事人订立契约，都是为了能够实现契约的内容。而契约内容的实现，有赖于契约义务的执行。当契约规定的义务被执行时，就是契约当事人正在履行契约；只有当事人双方按照契约的约定或者法律的规定，全面、正确地完成各自承担的义务，当事人订立契约的目的才能得以实现，契约才能因目的实现而消灭。因此，契约的履行是契约目的实现的根本条件，也是契约关系消灭的最正常的原因。

执行契约义务的当事人，一般情况下是契约双方当事人，但在特殊情况下也可以是当事人以外的第三人。执行契约义务的行为一般情况下都表现为当事人的积极行为，如按照契约规定的费用交付，完成契约规定的服务项目等。但在特殊情况下，消极的不作为也是契约的履行，如保密义务的执行。当事人完成契约义务的整个行为过程，不仅包括当事人的依约交付行为，还应包括当事人为完成最终交付行为所实施的一系列准备行为。

执行契约的义务，按契约订立的要求，须是全部契约义务都应执行，这是契约的完全履行。但是，契约义务的执行有时间上的先后顺序，允许一项一项地执行，这是契约的部分履行；契约存在的客观环境不同，有可能契约的部分义务无法执行，这是契约的不履行；契约当事人的主观认识并非一致，实际中有的当事人不执行契约规定的义务，这也是契约的不履行。无论是完全没有履行，或是没有完全履行，均与契约履行的要求相悖，当事人均应承担相应的责任。

### 2. 生命契约的变更

契约是由双方或多方当事人自行约定，对某一民事活动进行约束的一种文书，依据法律规定成立的契约是具有法律效力的，但契约是可以变更的。

契约的变更，是指契约依法成立后尚未履行或尚未完全履行时，由于客观情况发生变化，使原契约已不能履行或不应履行，经双方当事人同意，依照法律规定的条件和程序，对原契约条款进行的修改或补充。

契约的变更应具备以下内容。

第一，须经当事人协商一致，方可变更契约。这里所讨论的契约变更，仅指当事人之间的协议变更，不包括人民法院或者仲裁机构根据当事人的请求，变更或撤销因欺诈、胁迫或者乘人之危、重大误解、显失公平而订立的契约的法定变更。

第二，契约的变更，是指对原契约关系的内容作某些修改或补充，是对契约内容的局部调整。

第三，契约的变更会形成新的债权债务内容。由于契约变更，当事人不能完全按原契约的内容来履行，而应按变更后的权利义务关系来履行，但这并不是说在契约变更时，必须首先消灭契约关系。事实上，契约的变更是指在保留原契约实质内容的基础上，产生一个新的契约关系，它仅仅是在变更的范围内使原权利义务关系发生变化，而变更之外的权利义务关系仍继续有效并应履行。所以说，契约变更只是使原契约关系相对消灭。

### 3. 生命契约的解除

契约解除是指契约有效成立之后，根据法律规定或因当事人一方的意思表示或者双方的协议，使基于契约发生的民事权利义务关系归于消灭的一种法律行为。契约解除具有以下特点。

第一，契约解除适用于有效成立的契约。它有两方面的含义：其一，是指契约成立之后、履行完毕之前，存在契约解除的问题；其二，对于无效和可撤销的契约，不存在契约解除的问题，此类契约应由契约无效或撤销制度来调整。依法成立的契约对当事人产生约束力，订约双方必须按契约的约定行使权利履行义务。但在实际生活中，因某些事由致使契约的履行成为不必要或不可能的情况不可避免地时有发生，因此，契约的解除也就同样不可避免。

第二，契约解除必须具备一定的条件。契约解除的条件有法定和约定两种形式。所谓法定解除条件，是指当事人一方在法定解除契约的条件成立时，直接行使解除权而事先不必征得对方当事人的同意，主要成因有两个方面：一方面是客观原因造成不能实现契约目的；另一方面是当事人一方根本违约而导致契约的解除。所谓约定解除条件是指在契约成立后、履行完毕前，当事人可以通过协商，双方达成协议而解除契约。在实践中，有的是在订立契约时就约定了解除契约的条件，当约定的条件成立时，契约就可以解除；有的则是在契约履行过程中，双方经协商一致同意解除契约。

第三，契约解除的效力及法律后果。契约解除时，如果该契约尚未履行，则解除具有溯及力，基于契约发生的权利义务关系全部消灭，当事人双方终止契约的履行即可。如果契约已部分履行，由于契约的解除而致使失去效力，所以当事人受领的给付也就失去法律根据，因而受领人有恢复原状的义务。在恢复原状困难或不可能时，权利人有权要求义务人采取其他补救措施。契约解除后，致使原契约中双方当事人之间所形成的法律关系归于消灭，当事人不必再履行契约所约定的债权债务，但这并不意味着原契约的所有条款都失去效力，当事人与契约有关的权利义务并不一定全部完结，契约中有关结算和清除条款仍继续有效并应继续履行。如果在契约终止前，一方当事人的行为给对方造成了损失，受损害方在契约终止后，仍然有权请求赔偿。

## 五、生命契约的格式及写作要求

《民法典》第四百七十条规定："合同的内容由当事人约定，一般应包括以下条款：（一）当事人的姓名或者名称和住所；（二）标的；（三）数量；（四）质量；（五）价款或者报酬；（六）履行期限、地点和方式；（七）违约责任；（八）解决争议的方法。当事人可以参照各类合同的示范文本订立合同。"

根据《民法典》的规定，以及参照服务合同的示范文本，生命契约的格式大体为：

（1）**标题**　　居中注明"××生命契约""××往生契约""××生前契约""××服务合同书"，与正文之间空一行。

（2）**契约主体**　　也就是当事人，分甲方、乙方。甲方为客户方，必须将其姓名、身份证号码、住所详细地址、通信地址及电话号码写清楚；乙方为服务方，必须将其单位名称、身份证号码、处所地址、联系方式及传真与电话号码写清楚。

（3）**声明**　　说明甲乙双方是经过平等自愿协商后才签订本协议的。

（4）**服务内容**　　通常包括服务质量承诺、甲乙双方的权利义务等。因为服务内容涉及项目及细节说明内容太多，故常单列成表，作为附件，对契约主体内容进行补充，因此常写成"乙方同意向甲方提供附件×所列的服务"。

（5）**服务费用的支付**　　包括金额、支付及结算方式。

（6）**服务的变更**　　包括变更的前提条件、变更的费用调整等。

（7）**违约责任和争议的解决方法。**

（8）**其他**　　主要对契约的未尽事宜作补充说明。

（9）**落款和日期**　　也就是甲乙双方签章及契约最终签署的年、月、日。

在制定契约时，当事人就质量、价款或者报酬、履行地点等内容没有约定或者约定不明确的，可以协议补充；不能达成补充协议的，按照合同有关条款或者交易习惯确定。当事人就有关契约内容约定不明确，依照前述规定仍不能确定的，适用下列规定：

① 质量要求不明确的，按照国家标准、行业标准履行；没有国家标准、行业标准的，按照通常标准或者符合契约目的的特定标准履行。

② 服务费用应当依法执行政府定价或者政府指导价的，按照规定履行；如果不明确的，按照订立合同时履行地的市场价格履行。

③ 履行地点不明确的，在履行义务一方所在地履行。

④ 履行期限不明确的，甲乙双方可以随时要求履行，但应当给对方必要的准备时间。

⑤ 履行方式不明确的，按照有利于实现契约目的的方式履行。

《民法典》上的"八大条款"并非每个合同都必须具备的"必备条款""主要条款"，缺少了其中的一个或几个条款，并不当然导致一个合同不成立或者不生效。

格式条款是当事人为了重复使用而预先拟定的，并在订立合同时未与对方协商的条款。采用格式条款订立合同的，提供格式条款的一方应当遵循公平原则确定当事人之间的权利和义务，并采取合理的方式提请对方注意免除或限制其责任的条款，按照对方的要求，对该条款予以说明。违反提请注意义务的，该格式条款不生效。对格式条款的理解发生争议的，应当按照通常理解予以解释。对格式条款有两种以上解释的，应当作出不利于提供格式条款一方的解释。下列情形中的格式条款无效：

① 提供格式条款一方免除其责任、加重对方责任、排除对方主要权利的。

② 造成对方人身伤害的；因故意或者重大过失造成对方财产损失的免责条款。

③ 一方以欺诈、胁迫的手段订立合同，损害国家利益；恶意串通，损害国家、集体或者第三人利益；以合法形式掩盖非法目的；损害社会公共利益；违反法律、行政法规的强制性规定。

上述这些有关格式合同条款的规定，是我们在制定生命契约时必须要掌握的。此外，我们在起草生命契约文稿时，一定要做到逐字逐句认真斟酌。契约字句无需华丽，重在适用、实用，不留歧义，要特别谨慎。

 学习自测

1. 简述生命契约订立的有效要件。
2. 简述生命契约的写作格式。

PPT课件

# 第三章 告丧文书的写作

## 学习目标

**知识目标**
1. 了解讣告的含义、分类及形式。
2. 掌握一般式讣告、公告式讣告、新闻式讣告、传统式讣告的写作格式及撰写要求。
3. 掌握丧帖的制作方法、写作内容及注意事项。

**能力目标**

能够按照客户要求,提供相应的讣告制作及撰写服务。

**素养目标**

具有良好的科学与人文素养,加强理论联系实践,与时俱进,将殡葬文化和现代殡葬理念运用于殡葬服务,不断提升人文殡葬服务的水平和质量。

### 情景导入

原北湖县第三中学高级教师秋冰女士,心脏病突发,经抢救无效,于2018年3月30日20时45分在北湖县医院去世,终年45岁。秋冰女士葬礼定于4月6日在北湖殡仪馆举行,4月6日上午8:30~9:30,先举行家奠仪式,9:30~10:30,举行追悼会仪式。

请协助秋冰女士家属或其生前工作单位指定的工作人员或有关机构,撰写一般式讣告、公告式讣告、新闻式讣告、传统式讣告以及丧帖。

## 第一节 讣告的含义、分类及形式

### 一、讣告的含义

讣告,也称讣文或讣闻。"讣"的原意是指报丧、告丧,"告"就是让人知晓。讣告就是告知某人去世消息的一种丧葬应用文体,是由逝者家属或者所属单位组织的治丧委员会或者治丧小组向其亲友、同事、社会公众公布某人去世消息的文书，张贴在特定区域，也有通过报纸、电台、电视荧屏等更大范围加以告示的。

讣告作为丧葬礼仪的文书之一，在先秦时期就已存在。

死生，是人之大事，必须将某人死亡的消息迅速地告诉他亲近的人，所以上古都用"赴"字。依照《说文解字》注释，先秦讣告中"讣"字写作"赴"，取急疾之意。然而那时讣告并不那么轻松快捷，而是一件很辛苦的事情。《仪礼·既夕礼》中则有："赴曰：'君之臣某死'。"东汉经学家郑玄这样注解："赴，走告也。"由此可知，最早的报丧中"走"和"告"是同等重要的，这主要是因为古代通讯不如现在便捷，任何消息（包括丧亡的消息）都必须由专人日夜兼程、千里迢迢地"奔赴""告知"。

后来，"讣"的意义又慢慢引申为"报丧的文字"，如唐代柳宗元《虞鸣鹤诔》："祸丁舅氏，漂沦海沂，捧讣号呼，匍匐增悲。"这样一来，"讣"就脱离了"赴"的急疾奔赴原意，演变成了报丧的文书。

##  二、讣告的意义

讣告的文化意义深远，主要体现在以下三个方面。

### 1. 邀逝者的生前亲友前来与逝者见"最后一面"

古人认为，死亡并不意味着消亡，它只是人在现世生活的终结。死亡，是人生在世的最后一站，标志着从此脱离现世。在逝者完全脱离现世之前，家人和亲朋好友要精心为他打点行装，举行送别仪式。从此，逝者和生者天人永隔，这一面之后，尸体会被装入棺材，称"入殓"，便切断了生者和逝者的联系，让生者缅怀逝者，也让逝者安宁地离开人世。

### 2. 邀请亲友们前来襄助丧事，将丧事办得体面一些

吊唁者通常要带些财物前来助丧，贫困没有财物者则帮忙干活，以力助丧。《谷梁传》中记载"赗者，何也？乘马曰赗，衣衾曰襚，贝玉曰含，钱财曰赙。"用一辆车四匹马助葬叫赗，用衣服被褥助葬叫襚，用贝壳玉璧放在逝者口中助葬叫含，用金银钱财助葬叫赙。《公羊传》也有这样的记载："丧事有赗，赗者盖以马，以乘马束帛。车马曰赗，货财曰赙，衣被曰襚。"《注》曰："赗犹覆也，赙犹助也，皆助生送死之礼。"《谷梁传·隐三年》："归死者曰赗，归生者曰赙"。赠送给逝者的叫赗，赠送给生者的叫赙。由此可知，自春秋以来，办丧事都有赗，即奔丧的人都要向逝者赠送礼物来使丧事办得更加体面。

在中国传统的观念中，葬礼是一件大事，丧事不是由家庭几个成员就能完成的，而是需要整个家族成员的参与，甚至是旁人的帮忙。葬礼是公开性的活动，也是一次社会群体聚合的机会，通过丧事的处理达到家庭和谐、家族内部和睦、邻里之间互助的效果。

### 3. 邀亲友前来含有"死亡验定"的意思，以此证明逝者确系正常死亡

一般若是妇女死亡，第一要务是告知其娘家人。女性家长咽气之后，其离世的消息只有在长子登门告知其娘家人后，才能按照远近亲疏关系通知其他的亲属。在传统汉族父系制家庭中，女儿的出嫁象征着女儿脱离原本生活的家庭；出嫁也使得婆家家庭接纳一个外来者参

与家庭生活。女儿通过婚姻脱离娘家，但与娘家仍然有千丝万缕的联系，女儿在婆家生活直至其去世的这段时间里，娘家人有义务协助女儿完成出嫁后所经历的各种人生礼仪，这其中也包括"死亡验定"。

## 三、讣告的内容

现代丧葬礼仪活动中所使用的讣文多称讣告，讣告的写法是在旧式丧帖的基础上变化而来，采用现代汉语书面语，简化了书写格式，摈弃了一些陈腐的内容。这样一来，讣告就变得通俗简洁、郑重庄严，更符合现代汉语的文法，易于被大家理解和接受。

新式讣告的主要内容如下。

（1）**标题** 讣告或讣闻、启事等。

（2）**正文** 逝者姓名、职务、身份，逝者逝世原因、时间、地点，逝者的生存年寿，丧葬礼仪的时间、地点，讣告丧讯语。

（3）**具名** 主丧者姓名或称呼、讣告发布时间。

（4）**附注** 主丧者联系地址、联系电话。

## 四、讣告的分类及形式

### 1. 讣告的分类

按告知范围的大小，讣告可以分为一般式讣告、新闻式讣告和公告式讣告。一般式讣告的告知范围最小，一般采用发送、张贴或登报的形式。新闻式讣告以新闻报道的形式扩散，告知范围较广。公告式讣告一般用于党和国家领导人或者著名人士，告知范围最广。

### 2. 讣告的形式

讣告的形式主要有三类：第一类是由丧家发出的讣告，第二类是由治丧委员会发出的讣告，第三类则为新闻单位发出的新闻性讣告。

（1）**由丧家发出的讣告** 按中国传统，丧家主持丧事活动称为"家奠"。"奠"，指从逝者去世到葬前期间对逝者的祭祀活动。"奠"和"祭"的意思大致相同。安葬以后的祭祀活动，就直接称"祭"而不再称"奠"。因此，丧家在逝者灵堂上通常写一个斗大的"奠"字。

（2）**由治丧委员会发出的讣告** 现代城市兴起，社会发生了很大的变化，人际交往频繁。公部门，即政府、社区、企业、学校、政党、团体等，是相对私部门而言的。这一社会变化影响到了治丧，当某人去世后，由该人生前所在的公部门组成"治丧委员会"为之治丧，讣告也由该委员会发出。此即第二类讣告形式。由某一公部门主持的治丧则被称为"公奠"，即公部门的奠祭。

由于逝者的职位不同，主持治丧的公部门的级别也不同，因而，此类讣告及其治丧的规模各不相同。

某单位、社区、团体的某人去世，由专门组成的治丧委员会写出讣告，多张贴于单位、社区的张贴栏内或醒目处，用以通知相关人等。用白纸写，也可加黑粗线条作边框。

国家重要人物去世，由国家最高部门组成的治丧委员会发出讣告，随这一讣告而来的治丧规模，构成了旧称"国葬"的规模。国葬，又称国丧。现在，指国家最高领导人去世后所举行的治丧活动，为一国最高规格之丧礼。

**（3）新闻单位发出的新闻性讣告**　新闻性讣告在形式上属新闻报道，但内容上侧重于对外公示某人物的去世，具有讣告性质。

上述三类讣告形式，只是作为发出的形式不同加以区分。在实际生活中，它们可以同时使用。比如，某人去世，其家属对亲友发送第一类讣告；单位可以发布第二类讣告；新闻单位也可以发布新闻性讣告。讣告中，逝者年龄较大，如50岁以上，习惯上用"享年"，60岁以上可用"享寿"；50岁以下可用"终年""得年"等。

此外，讣告的书写或印制也可分为三种形式。

**（1）柬帖式**　可选用一面32开或16开白卡纸，通栏横排正文。标题居中置正文上面，字体要略大于正文，正文字体大小一致，可参看例1的排法。柬帖的封文一般不用另行印制，使用普通素色信封即可。如需特制，可在寄信人姓名地址一栏印上治丧者的具体称呼，用黑色印制。

**（2）布告式**　一般选用白色纸张，用墨笔抄写讣告全文，具体格式同例1。纸张的大小视布告栏的具体情况而定。

**（3）报刊新闻式（或称丧启）**　格式同例2，讣告全文加黑框。

例1：

---

讣告

中国××协会××省分会理事、××省师范大学××系教授××先生因病医治无效，于××××年××月×日下午五时三十分在××市人民医院逝世，享年八十岁。

××先生的遗体告别仪式谨定于×月×日下午×时××分在××市殡仪馆举行。有前来吊唁和赠送花圈者，请按时前往。

谨此讣闻

××先生治丧办公室
××××年×月×日

---

例2：

---

××先生追悼会启事

××（注：地名）××先生朴实真诚，笃行拔俗，廉顽立懦，化遍朋从，治教育则归于至情，研语文则时获创见，受者悦服，听者惬心，虽未以宗师自期，而实为举世所仰。不幸于××××年×月××日下午×时××分病殁××寓所，丧耗乍传，识与不识者同深伤痛。爰定于×月×日下午×时，在××市××路××寺集会追悼，致敬精魂，祈其永息，兼励后死，交勉精修。凡愿参与者，务希准时命驾。花圈挽联等物，系属浮文，为先生生时所弗喜，宜推其意，概勿惠赐。同人拟募集"××先生纪念金"，别有文启，倘荷赞许，幸各解囊。此启。

××先生治丧委员会
××××年×月×日

---

**学习自测**

1. 简述讣告的意义。
2. 简述讣告的类别及形式。
3. 简述适合于秋冰女士的讣告形式及理由。

# 第二节 一般式讣告

 **一、一般式讣告的写作格式**

一般式讣告是最常见的一种,它的主要内容包括以下五个方面。

① 在开头一行中间写"讣告"二字,或在讣告前冠以逝者名字,如"×××讣告",字体要大于正文的字,也可以给标题字加黑,并位居版面正中靠上方的位置。

② 写明逝者的姓名、身份、因何逝世、逝世的日期、地点、终年岁数。"终年"也有写为"享年"的,意思是说享受过有生之年。"终年"则指死时已活到多少岁;"享年"一般用于自己的长辈或人们所敬重的老者。"终年"的用法较广泛,不带有感情色彩。

③ 简介逝者生平,这是指逝者生前重大的、具有代表性的经历,并不是履历表的复写。

④ 通知吊唁、开追悼会的时间、地点。

⑤ 落款署明发讣告的个人或团体的名称,以及发讣告的时间。

 **二、一般式讣告的写作要求**

讣告的语言要求准确、简练、严肃、郑重。时代变化了,有些带有极强书面语味道的词语,在行文时要适当更换。如用"先父""先母"代替过去的"先考(先严)""先妣(先慈)"。讣告必须使用黑色,四周加黑框,以示哀悼。

**三、一般式讣告写作应注意的事项**

凡讣告的用纸,依据我国的传统忌用红色,一般在白纸上书黑字即可。

一般式讣告需在告别仪式之前尽早发出,以便逝者亲友及时地做出必要的安排和准备(如备花圈、写挽联)。

**范例点评**

例1:家属发布的讣告

> ## 讣告
>
> 　　先父×××因病医治无效，于2014年7月11日10时30分病逝于医院，享年80岁。兹定于7月15日上午10时在××殡仪馆举行遗体告别仪式。谨此讣告。
>
> ×××哀告<br>2014年7月12日

（评语：本讣告有两个失误之处，一是病逝于哪家医院未明，二是在××殡仪馆的哪个礼厅举行遗体告别仪式不明。）

**例2：单位发布的讣告**

> ## 讣告
>
> 　　×××同志因长期患肝硬化，经多方治疗无效，于2013年3月2日上午10时30分在医院逝世，终年66岁。
>
> 　　×××同志自进厂以来，工作一贯负责，积极肯干，多次被评为先进工作者，深受全厂职工的尊敬和好评。他的病逝，使我厂失去了一位好同志。为了寄托我们的哀思，兹定于3月5日上午10时在本厂礼堂开追悼会，望×××同志生前同事及亲朋好友届时参加。
>
> ×××同志治丧委员会<br>2013年3月3日

（评语：本讣告有三个失误之处。一是病逝于哪家医院未明；二是"逝世"与"终年"不匹配；三是在本厂礼堂开追悼会，到底是什么厂不明，会给逝者的其他亲朋参加追悼会带来困难。）

**例3：治丧委员会发出的讣告（一）**

> ## 讣告
>
> 　　中国共产党的优秀党员、忠诚的人民卫士×××、×××、×××、×××、×××、×××、×××同志，肩负国家使命，在赴××执行××任务时突遇××，于北京时间××××年×月××日×时××分许壮烈牺牲。
>
> 　　有关丧事安排另行通告。
>
> ××××××治丧委员会<br>××××年×月××日

（评语：本讣告是通讯式讣告，因有关丧事安排未定，仅发布烈士牺牲信息。）

**例4：治丧委员会发出的讣告（二）**

> **讣告**
>
> 著名演员××于×月××日不幸因病去世，××治丧委员会委托×××发表讣告，全文如下：
> 　　为纪念我们的好朋友，受广大观众喜爱的优秀演员××先生，定于××××年×月×日上午9:30～11:00在×××殡仪馆第×告别室举行××先生遗体告别仪式。
>
> 　　　　　　　　　　　　　　　　　　　　　　　　　　　　××治丧委员会
> 　　　　　　　　　　　　　　　　　　　　　　　　　　　　××××年×月××日

（评语：本讣告也是通讯式讣告，只告知社会公众有关××的丧事安排信息。）

**学习自测**

请协助秋冰女士的家人拟定一份秋冰女士去世的一般式讣告。

# 第三节　公告式讣告

## 一、公告式讣告的写作格式

公告式讣告比一般式讣告要隆重、庄严得多。用于生前具有广泛社会影响的人物，这种讣告往往是根据逝者的职务、身份，由党和国家或一定级别的机关、团体等作出决定发出的，它往往是由公告本身及其他文件（消息）共同组成一个完整的讣告。

公告式讣告在内容上与一般式讣告基本无异，但在结构安排上有显著不同，主要为了彰显其庄严隆重的性质。

公告式讣告的写法一般有以下几项。

### 1. 公布消息

（1）**标题**　　标题由发文单位、团体的名称和文种名称共同构成。这一点同一般式讣告不同，公告前冠以发出单位的名称，而一般式讣告前为逝者的姓名，如"中国共产党中央委员会、中华人民共和国全国人民代表大会常务委员会、中华人民共和国国务院　公告"。

（2）**正文**
① 要求写明逝者的职务、姓名、逝世原因、时间、地点以及享年岁数。
② 对逝者的简单评价和哀悼之辞。

（3）**落款**　　署明公告时间。发文单位已在标题显示，故省去发文单位的名称。

以上公告虽然不是由治丧委员会发出的，但却是讣告中不可缺少的组成部分。

### 2. 治丧委员会公告

这是讣告的核心部分，交代一些主要事宜，具体写法如下：

(1) 标题　用粗体大写字写明"×××同志治丧委员会公告"字样。

(2) 正文　写明对丧事的安排及具体要求。如要写出吊唁或瞻仰遗容的具体时间地点、参加人，具体召开追悼会的时间地点，以及追悼会召开时的其他事宜，诸如社会各界、机关单位、人民群众团体的吊唁活动安排等。

(3) 结尾和落款　公告结尾要注明"特此公告"字样，同时在右下方署明公告发布日期。

### 3. 公布治丧委员会名单

治丧委员会名单的安排通常分两部分。一部分是治丧委员会领导成员名单，一般按职务排序；另一部分是全体治丧委员会名单，一般以姓氏笔画排列。要交代清治丧委员会成员人数。

## 二、公告式讣告的写作要求

公告式讣告由"公布消息""治丧委员会公告""治丧委员会名单"等几部分共同组成一个完整的讣告，因此各部分要同时公布于众。

## 三、公告式讣告写作应注意的事项

公告式讣告是以国家行政公文中的"公布消息"形式，向国内外公开发布的中央和国家级领导人逝世的信息。公告发布单位或单独发布或联合发布，或授权可发公告的新闻媒体发布，使用级别较高，不可乱用。

**范例赏析**

例：

中国共产党中央委员会<br>
中华人民共和国全国人民代表大会常务委员会<br>
中华人民共和国国务院　公告

中国共产党中央委员会、中华人民共和国全国人民代表大会常务委员会、中华人民共和国国务院以极其沉痛的心情宣告：我国爱国主义、民主主义、国际主义和共产主义的伟大战士、杰出的国际政治活动家、中华人民共和国××（注：职务）×××同志因患××××病，于××××年×月××日××时××分在××逝世，享年××岁。

×××同志的逝世，是我们国家和全国人民的损失，决定为×××同志举行国葬，以表达我国各族人民的沉痛悼念。

×××同志治丧委员会已经成立。

我国爱国主义、民主主义、国际主义和共产主义的伟大战士×××同志永垂不朽！

××××年×月××日

（评语：本讣告是公告式讣告中"公布消息"部分的典型范例。）

**学习自测**

1. 简述公告式讣告的写作格式。
2. 秋冰女士的讣告能否采用公告的形式？为什么？

# 第四节　新闻式讣告

## 一、新闻式讣告的写作格式

新闻式讣告通常作为一则消息在报纸上公布，在较大范围内告知逝者逝世的消息，报道的对象一般有一定的级别。有一定声望的人士逝世后，家人或媒体常以这种形式让大众知晓。一般发表在与逝者的影响范围相适应的报纸、电台或电视荧屏上，有时还配有逝者的遗像。具体格式如下。

（1）标题　标题一般有两种形式：一种由文种名称组成，在头一行中间写上"讣告"二字；另一种由逝者名和文种名称共同构成，如"××先生讣告"。标题字体一般要略大于正文字体，或者给标题字加黑。

（2）正文　首先写明逝者的姓名、身份、死因、逝世的日期、具体时间、地点、终年岁数；然后简单介绍逝者生平，以及在政治、学术、艺术、技术方面的主要成就；最后告知吊唁、追悼会的时间、地点、接送车辆安排等其他有关事宜。

（3）结语　常用"特此讣告""谨此讣闻"。

（4）落款　署明发讣告的单位、团体的全称或个人姓名，以及发讣告的时间。

## 二、新闻式讣告的写作要求

这种讣告形式，有的虽未写明是讣告，但它明显是专为报丧而发的消息。有的还简要介绍逝者的生平，对逝者生前某方面的成就和党、国家对他的评价做较详细的介绍。这些内容本来可以在悼词中表现，但由于现在不少老同志生前嘱咐丧事从简，不开追悼会，只好简要地写在讣告中。

这种新闻报道式的讣告近似于悼词，它有两方面的作用：一是报道某人已经去世的消息；二是表彰逝者生前的业绩与表示党和国家对逝者的哀悼。这种新闻报道式的讣告应遵循消息写作的一般要求，如标题、导语等要按照一般报道的格式进行写作。

## 三、新闻式讣告写作应注意的事项

**1. 体现规格，注意用词**

在一些党和国家领导人及国内外的重要人物逝世后，这类讣告通常是由党和国家机关、团体、组织做出决定的，并以公告和宣告的形式出现在新闻媒体上。这类讣告新闻一般规格很高，用词讲究，体现出了社会对这一事件的重视程度，通常需要标明公告或宣告的单位名称和逝者的姓名，公布逝者逝世的消息。同时在用词上，由于题材敏感，新闻式讣告不要采用委婉的词语，例如"慈母""亲爱的""仙逝"等词汇，这些用在挽联和悼词中比较合适，而在新闻式讣告中则显得不伦不类。

### 2. 名人讣闻，选材恰当

在新闻媒体中，名人始终是记者追踪的对象。因此，一些名人的逝世和意外死亡往往也会成为媒体的主要报料。所谓"名人"指的是在某一领域有重大影响、知名度、公共影响力的人物。需要指出的是这里逝者的经历是其代表性的经历，而不是其个人履历的复写。采写名人讣闻，是一个敏感和复杂的问题，什么内容可以写、什么内容不可以写，都十分讲究。

**范例点评**

例1：

> ## ××部副部长×××遗体告别仪式在京举行
>
> ×××同志因病于××××年××月××日××时××分在北京逝世，享年××岁。××日上午，××部机关、直属事业单位干部职工以及社会各界人士怀着沉痛的心情，向安卧在鲜花翠柏中的××部副部长、部党组成员×××同志遗体作最后的告别。×××同志遗体告别仪式在×××公墓大礼堂举行。
>
> ×××同志逝世后，×××、×××等党和国家领导同志，分别以不同方式对×××同志逝世表示深切哀悼，并向×××同志亲属表示慰问。全国政协副主席×××；××部部长×××，副部长×××、×××、……参加告别仪式。
>
> ×××同志在××年的革命生涯中，忠诚党的事业，忠于党和人民，坚定地与党中央保持高度一致，刻苦学习并自觉实践邓小平理论和"三个代表"重要思想，积极落实科学发展观和习近平新时代中国特色社会主义思想，认真贯彻党的路线方针政策，解放思想，开拓进取，兢兢业业，无私奉献，以忘我的工作精神，扎扎实实地抓好工作开展，在分管和负责的领域取得了显著成绩，赢得广大干部群众的称赞。
>
> 在××部工作××年期间，×××同志始终坚持把维护和发展群众的根本利益作为出发点和落脚点，始终坚持以民为本、为民解困、为民服务的理念，围绕推动新时期××工作的进步、促进××事业的发展，殚精竭虑，鞠躬尽瘁，做了大量卓有成效的工作，为××事业发展作出了很大贡献。

（评语：本讣告是新闻报道式讣告的典型范例。）

例2：

## 讣告

××市原政协委员×××同志因病医治无效，不幸于××××年××月××日×时×分在××市逝世，终年九十岁。

今定于××××年××月××日×时在××火葬场火化，并遵×××先生遗愿，一切从简。特此讣告。

××市政协

××××年××月××日

（评语：本讣告失误之处在于，"逝世"与"终年"不匹配，应将"终年"改为"享年"。）

请简述新闻式讣告的写作要求及应注意的事项。

# 第五节 传统式讣告

## 一、传统式讣告的写作格式

民间传统常用的讣告形式多以一般式为主，且大多都是以亲属承丧人为主体撰写讣告。大致格式如下。

（1）开头一个大书的"讣"字。

（2）另起一行写幕设某地某处（即停灵、灵堂处）。

（3）写正文，基本格式如下。

独占一行：不孝男××（子名），罪孽深重，不自殒灭，祸延。

又独占一行：显考/妣（父死称考，母死称妣）。

再另起行：××（逝者，前可写职务履历），恸于××××年×月×日×时寿终正/内寝（父死称正寝，母死称内寝）。距生于××××年×月×日×时，享年×岁。不孝男××（子名）随侍在侧，亲视含殓，即日遵礼成服，兹于××××年×月×日开奠、×月×日发引。伏冀。

另起一行，小字横写，可用红字：寅、年、世、戚、友、族、乡谊。

横写小字下竖写：垂赐吊唁，曷胜哀感。谨此讣。

单独起一行大字书写：闻。

（4）最后是子孙侄等五服内族人后辈名。

##  二、传统式讣告中文字的解释

① 讣告的开头写"不孝男",为自谦辞,意思是对父母不孝敬。

② "罪孽深重,不自殒灭,祸延",意思是先辈的去世是自己引起的祸端,应该让自己死去,怎么让自己的亲人替自己去世呢?这太遗憾了。这句话还有为先辈离世而痛陈忏悔之意。

③ "父母"传统意义上生称不能用于冥称,故曰"考妣"。"先考"是对父去世的尊称,如先父做过领导,则写"显考";"先妣"是对母去世的尊称,如先母年高功大,亦用"显妣"。"府君"指去世的先父;"太君"指去世的先母。现实中"考妣"二字在很多地方已经不再使用,可以变通为"严君(严亲)慈亲""家严家慈""先严先慈"。"讳",意为不敢直接说出先辈的名字。

④ "×公×(母)××老大(孺)人",应按殁者的辈分来写。

⑤ "亲视含殓"是亲眼看见先辈入棺木。含殓:含就是在逝者的口中放一样东西,就像他还活着一样,不忍虚其口。古时,天子含珠,诸侯含玉,大夫含碧,士含贝。殓,给逝者穿衣入棺。民间旧说收殓。

⑥ "寿终正寝"是指年老者病故男寿终而入棺木。"寿终内寝"是指年老者病故女寿终而入棺木。年少者用"终于正寝""终于内寝"。

⑦ 对于"寿终……",60岁以上者写"享年多少岁",60岁以下写"存年多少岁"。"享年"或"享寿"需根据逝者年龄来写。所谓"一幼二弱三壮四强五艾六耆七稀八耋九耄,百为期颐,四舍五入论寿",即15岁以下为"享天寿";16~25岁为"享弱寿";26~35岁为"享壮寿";36~45岁为"享强寿";46~55岁为"享艾寿";56~65岁为"享耆寿";66~75岁为"享稀寿";76~85岁为"享耋寿";86~95岁为"享耄寿";96岁以上为"享颐寿"。

在具体书写的时候还须注意确寿词与概寿词的区别。

确寿词:表达准确寿数的词语,如"花甲"或"耳顺"(60岁)、"古稀"(70岁)、"杖期"或"八旬"(80岁)、"甲半"或"九秩"(90岁)、"期颐"(100岁)。

概寿词:表达某一范围寿数的词语,如"耆寿"(60~69岁)、"耋寿"或"稀寿"(70~79岁)、"耄寿"(80~89岁)、"颐寿"或"耇寿"(90~99岁)、"皓寿"或"人瑞"(100岁及以上)。

另外,生于、故于专用于女性的一般是"原命""大限",专用于男性的一般是"圣辉""殒灭"。

⑧ 为表示子女的孝顺,中间加入些修饰词:不孝男××等侍奉(随侍)在侧,亲视含殓,叩天呼地,悲痛欲绝,遵礼(制)成服,停柩在堂,朝夕哀奠等。

"遵礼成服",旧时丧礼大殓后,逝者的亲属按照与逝者的亲疏关系,遵照当地的风俗礼仪而穿着缝制的丧服叫成服。"停柩在堂"是指男亡用;"停柩在室"是指女亡用。

若父(母)死母(父)在,应在"谨择于或谨卜于……"之前加"奉慈(严)命",以示对活着的母(父)的尊重。

⑨ "叩嘱……",也可写为"倘蒙亲姻、友戚(并排)谊垂赐祭(悼),不胜哀感,谨阻确辞,哀此讣闻。"或"叩在恭候,望亲世(并列)友赐奠,特此讣闻!"或"悉属姻亲世

族友谊，哀此讣闻。"

⑩ 讣闻落款

A. 自称署名。讣闻的署名颇有讲究。其前后顺序和抬头位置的高低依家族世系中与逝者的远近关系及长幼秩序排列，依"五服"之礼规定的标准，不得逾越。主丧者在先，因他是逝者的嫡传。

父死母在，用"孤子"；母死父在，用"哀子"。父母双亡，父先亡母后亡，孝子称"孤哀子"；母先亡父后亡，孝子称"哀孤子"。"期服侄"是指亡者的亲侄儿。祖父母故有父者之孙曰"期服孙"，祖父母故无父者之孙曰"杖期孙"。"功服孙"是指亡者的亲侄孙。"大功服孙"是指亡者的亲曾孙。"小功服孙"是指亡者的亲侄曾孙。祖父母故长子已殁而长子之长子宜承重服孝故曰"承重孙"。出继于他人其亲生父母故曰"降服子"。伯叔父母故曰"杖期侄"。

B. 哀泣词的使用

a. "泣血稽颡"。"泣血"是指悲痛得哭出血来；"稽颡"是指头额碰地，额至地且停留片刻，形容悲痛至极。服丧三年的人行此大礼。

母丧父在，"哀子×××泣血稽颡"；父丧母在，若祖父、祖母在，"祖严慈侍下，孤子×××泣血稽颡"；父母俱丧（父先丧母后丧或者母先丧父后丧），"孤哀子×××泣血稽颡"；嫡孙（长孙）之父母先殁而后祖父母丧，"承重孙×××泣血稽颡"；嫡曾孙（长曾孙）之祖父母先殁而后曾祖父母丧，"承重曾孙×××泣血稽颡"；嫡玄孙（长玄孙）之祖及曾祖先殁而后高祖父母丧，"承重玄孙×××泣血稽颡"；父死百日内逢母丧，"孤加哀子×××泣血稽颡"；母死百日内逢父丧，"哀加孤子×××泣血稽颡"；祖死百日内逢父母死，"承重孙加孤哀子×××泣血稽颡"。本生父母丧、出继为人后者，"降服子×××泣血稽颡"；过继来之子养父母故，"承嗣孤子哀子×××泣血稽颡"；两父已故现母故，"孤哀子×××泣血稽颡"；两母已故现父故，"哀孤子×××泣血稽颡"。

b. "抆泪稽颡"。指哭泣而拭泪，叩头额至地且停留片刻。服丧三年的人行此大礼。

嫡孙（长孙）父殁祖在而祖母丧，"杖期孙×××抆泪稽颡"；祖父母丧，嫡孙之父母皆在，"期服孙×××抆泪稽颡"；曾祖父母丧，父、祖父俱在者，"五月期服曾孙×××抆泪稽颡"；高祖父母丧，曾祖、祖父俱在者，"三月期服玄孙×××抆泪稽颡"；岳父母无子寿食婿家丧，"缌服婿×××抆泪稽颡"；嫡母庶母故，"杖期子×××抆泪稽颡"；伯叔父伯叔母故（无子者），"期服侄×××抆泪稽颡"。

c. "抆泪稽首"。指哭泣而拭泪，叩头至地。

兄丧，"期服治×××抆泪稽首"；妻丧，父母如有一个在称期服生，"杖期生×××抆泪稽首"；伯叔父母丧，"期服侄×××抆泪稽首"；曾伯叔父母丧，"缌麻侄孙×××抆泪稽首"；伯叔祖父母丧，"功服侄孙×××抆泪稽首"；长子丧，"杖期生×××抆泪稽首"。

d. "抆泪拜"。指边擦泪边拜。

兄弟丧无子，"期服兄、弟×××抆泪拜"；嫂与弟妇丧，"功服生×××抆泪拜"；长子媳丧，"反哀服生×××抆泪拜"。

e. 其他。出阁女泣泪稽颡，女婿拭泪顿首；孙辈抆泪稽颡；期服孙、杖期孙抆泪稽颡。玄孙（宜写三月齐衰孙或缌服玄孙）抆泪稽首。孙女孙媳等泣泪拜（一边哭一边拜）；孙女婿泣顿首（以头叩地即举而不停留）；外孙外孙媳泣泪拜；外孙女外孙女婿挥泪拜（一边挥洒泪水一边拜）；胞兄弟等为顿首；胞姐妹等为敛首（俯首，低头）；其他亲戚为鞠躬。

C. 承重孙与孤哀子先后写法。承重孙只有一人，虽有叔父在，宜将承重孙写在前。

D. 新式讣告中，落款处还可写为"同泣跪启""同泣启""泣血叩启""泣血谨启""拜告"等。

⑪ 如果迁新茔地，要加"并迁"两字。

## 三、传统式讣告写作应注意的事项

① 要注意的是，传统式讣告通常是以子孙等辈名义写的（一般是子；如长房长子先亡，则为长房长孙，称"承重孙"），所以多不书逝者名讳（避讳），如为父、祖父男性，写其本人的字号+府君（字号前不系姓）；如为母、祖母女性，写×（夫姓）母×（本人姓）太孺人。

② 传统式讣告最后五服内族人后辈署名，除了要在名前准确系上五服关系语汇外，名后所对应的"哭拜"用语也不同，要注意必须和五服亲疏相符合，如逝者之子就不能用"抆泪稽首"，逝者之侄就不能用"泣血稽颡"。逝者之子还要根据父母存殁的具体情况注意"孤""哀"字"孝衔"的不同使用。

③ 传统式讣告末尾署名，据五服远近亲疏，有"泣血稽颡""泣血稽首""泣泪顿首""抆泪顿首""拭泪顿首"等几种不同哀痛程度的表述，以体现"亲亲之杀"。"泣泪拜"是指一边哭一边拜。"拭泪拜"是指边擦泪边拜。

④ "享"通"亨"或"盲"，因享带"子"犯大忌，尤其往生者有子已经去世的切不可写"享年"，应写为"亨年"或"盲年"。灵的繁体字有三个"口"，"口"意味着已逝一口，所以灵字一般写为雨字头下"男三弓女四巫（王）"。

⑤ 传统式讣告一般要求竖写，不横写，文中有两处可错上两字，错上两字中间一般要求为五行或七行，高寿的老人亦可用九行，但不可用双行。

**范例赏析**

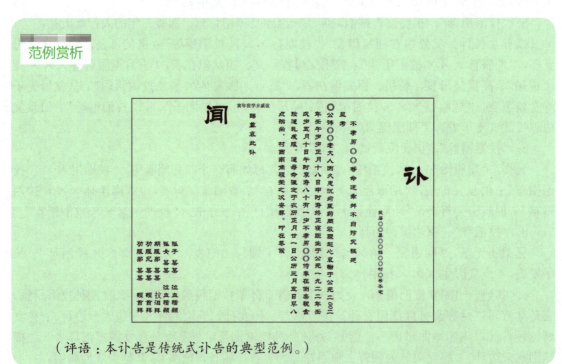

（评语：本讣告是传统式讣告的典型范例。）

请根据前述【情景导入】资料，为秋冰女士的逝世撰写一份传统式讣告。

# 第六节　丧帖

## 一、丧帖的含义

逝者亡故当天或第二天，要"报丧"通知亲友。旧时报丧多用丧帖，一般用长约尺许的白纸或黄纸制成，报丧帖封面另用黄色角签，写明接报人姓名、地址，以示吉利。亲友接到帖子，就要准备祭仪、祭礼前往吊唁。

所谓丧帖，即丧葬礼仪活动应用的报丧柬帖，是将讣闻制成柬帖，适宜投送个人。丧家多用丧帖告讣，现今农村母丧的葬礼也经常采用丧帖向母亲娘家人报丧。这里介绍的丧帖，是指在内容和形式上体现传统特点的旧式丧帖。

## 二、丧帖的内容

丧帖由讣闻和封文两部分组成，有一定程式，称谓和遣词用句都十分考究。

讣闻的主要内容有以下几项：①逝者姓名、字号、称呼；②逝者生卒年、月、日、时；③逝者的生存年寿；④子孙的孝行；⑤开吊的时间及地点；⑥安葬的时间及地点；⑦讣告丧讯语；⑧主丧者及遗属的自称署名及哀启词。

封文的写法和普通信封相似，主要内容有：①讣闻投送对象的地址；②讣闻投送对象的姓名称呼及启封词；③发讣闻者的地址及缄封词。

## 三、丧帖的制作及写作格式

**1. 丧帖的制作格式**

（1）丧帖用纸　　一般丧事用白色纸印刷，纸长约38厘米、宽约27厘米，找出长度的中点，对折成四面。

（2）第一面印刷封文　　中间长方形框印成红色，写接受讣闻者的姓名及尊称；左上角印上黑色的"讣"，左下方丧居地址及电话印成黑色。

（3）第二面印制正文　　但正文的最后一字，即"哀此讣闻"的"闻"字不印。

（4）第三面印制"闻"字、主丧者及家属具名，以及哀泣词、附加语等　　其中"闻"

字印成红色。

### 2. 丧帖的写作格式

旧式讣闻形式比较烦琐，写作难度较大。具体内容与旧式讣告即讣闻雷同，此处不再赘述。

 **四、丧帖制作及写作应注意的事项**

### 1. 丧帖的信封

信封不论是邮递或亲自送达，一律不可写"收"，因为"收"就必须要"回"。书写对方姓名时，对对方的称谓不可小写或偏写，此为极不礼貌之行为。对方的邮编号码应印红框以表吉利，丧家邮编号码则应印黑框，写亲友姓名应印红框来表示礼貌。

### 2. 封面封里

封面上的"讣"字，系表示丧家"报丧"，应印黑字来表示哀悼之意，绝不用红字表示。柬帖内的"闻"字，乃传达不幸消息给"姻亲戚友"，所以用红字来表示吉利。

### 3. 纸张

讣告即代表丧事，所以纸张颜色以白色为宜，或象牙色、蓝色、浅棕色。使用白色，有其传统意涵，即正告诸亲友，象征往生者"清白而来不受红尘污染"，一生廉洁正直，光辉永照人间。八十岁以上的男女，男用蓝纸、女用黄纸，分别象征"天、地"之意。

### 4. 纸料

纸的质料不应太粗糙。精致纸质与精美印刷能让追思者感受对往生者的崇敬。

### 5. 误用

"讣闻"即"讣告"，但并非"讣文"，要避免误用。往生者绰号或别称，不能写成"谥号"，这是古代皇帝给的封号，恐贻笑大方。

### 6. 抬头

讣闻乃是要"上达"给"姻亲戚友"这些人，故抬头应与"显考妣"平行以示尊重。

### 7. 称谓

"孝男"是他人对往生者子女的称呼，讣闻上的自称应印"不孝男"。讣闻称谓要合乎往生者与治丧者的对应关系，家族哀伤术语也要合乎礼制。讣闻若已表列直旁系亲属，就不可加印"族繁不及备载"，以防徒增误解。

### 8. 年龄

往生者为1～20岁要用"年仅"；往生者为21～40岁要用"得年"；往生者为41～60岁要用"享年"；往生者为61～80岁要用"享寿"；往生者为81～100岁要用"享嵩寿"；往生者为100岁以上用"享颐寿"。

### 9. 遗像

于讣闻中加印遗像，用意是使亲友再度瞻仰遗容，追思其在世风范。但需注意，遗像宜印在讣闻内页，若仅是插入讣闻中，万一不慎掉落恐遭践踏，对往生者不敬。遗像之上款可署名人挽额，下书"某某先生遗像"。

### 10. 略传

加上逝者之生平略传，能让亲友再次回忆其在世风范。以子女名义畅述时宜注明"先考（妣）事略"；若是以亲友名义记述时则注明"某某先生略传"；若是治丧委员会名义时用"某某先生行谊"。

### 11. 附记

讣闻上最好附记奠场的位置图及程序表，方便亲友奠祭，可使奠仪更流畅。

### 12. 奠礼

讣闻上奠礼名称分"家奠"与"公奠"，万万不可称"家祭"与"公祭"。"家祭"乃指合炉当天与此后每年忌日之祭拜；"公祭"是指政府或公共团体为向英灵、逝者表示致敬、缅怀、哀悼所举行的祭奠。供奠之物品称"奠品"，勿称"祭品"；金钱称"奠仪"，勿称"祭仪"。

### 13. 谢函

出殡后应寄"谢函"或"谢启"，由家族向领导亲友表示申谢之忱，才算完美结束。

### 14. 例外

现在的白话讣闻是以口语化的方式传达治丧资讯，这样就不会受传统格式及专用名词的限制。

### 15. "拜"字用法

父母故，百日外可于帖脚加一"拜"字，百日内不可言"拜"。

请你根据前述【情景导入】资料为秋冰女士的逝世制作一份丧帖。

PPT课件

# 第四章 吊唁文书的写作

## 学习目标

**知识目标**
1. 了解唁电、唁函、丧礼慰问信的含义、用途。
2. 掌握唁电、唁函、丧礼慰问信的格式及撰写要求。

**能力目标**
能够按照客户要求，提供相应的唁电、唁函、丧礼慰问信的撰写服务。

**素养目标**
具有敬畏生命、尊重生命的职业道德情怀，以及从事殡葬行业的自豪感和责任感，能够不断升华殡葬"慎终追远"的本质功能，让逝者得到有尊严的服务，让生者受到生命的启迪。

### 情景导入

4月6日秋女士的葬礼，有个别其生前任职过的单位领导、同事、学生因身处外地而无法前来参加。假设你是秋老师生前教过的学生，请完成唁电、唁函、丧礼慰问信的撰写。

## 第一节　唁电

### 一、唁电的含义与特点

唁电是因吊唁者与丧家相距较远或因故不能亲临吊唁，而向丧家发出的对逝者表示哀悼、对其亲属表示慰问的电报、传真、短信、微信等吊唁文体。唁电是逝者亲友使用频率较高的致哀形式。重要人物的唁电除直接发给丧家外，还要登报、广播。

唁电是一种比唁函更迅速、更庄重的悼念致哀形式，在过去是以电报形式发送，现已逐渐被传真、短信、微信等所取代。

唁电一般都比较简短，着重写对逝者的深切悼念、对逝者亲属的诚挚慰问。一封好的唁电，能给人以鼓励、温暖和勇气。

## 二、唁电的类型

唁电分个人唁电、单位唁电、国家之间拍发的唁电三类。

### 1. 个人唁电

唁电的发送者同逝者生前往往是志同道合的朋友，有过密切交往或深受其教诲、关怀、帮助的。在惊闻噩耗后，以唁电表示悼念之情。

### 2. 单位唁电

单位唁电是由领导机关、单位团体向丧家发出的唁电。这种唁电的致哀对象多是原机关或单位团体的重要领导人或在革命和建设中曾作出较大贡献的人物。由于发电机关或团体与逝者不在一地，惊悉噩耗，来不及前往悼念，便以唁电形式来表示吊唁。

### 3. 国家之间拍发的唁电

该类唁电一般是发给对方的国家政府机关或其他相应的重要国家政府机关。逝者一般为重要的国家领导人或为两国之间的和睦关系、经济发展作出过巨大贡献的重要人物。这样，一方发去唁电以表示对逝者方的哀悼。

## 三、唁电的写作格式及应注意的事项

唁电的内容一般包括三个方面：首先，以沉痛的心情悼念逝者；其次，简要地对逝者作出恰如其分的评价，这一内容有时可以省略；最后，对逝者家属表示慰问，劝其节哀珍重，并具名。

### 1. 唁电的格式

① 第一行正中写"唁电"两个字。

② 第二行顶格写收唁电的单位或逝者家属的称呼。称呼要根据收唁电者的身份而选用，如果收唁电者是家属，应在姓名后加上称呼，如"先生""同志""夫人""女士"等。

③ 正文另起一行，空两格写起，内容可分段也可不分段。首先，表示惊悉噩耗的悲恸之情，两三句即可；其次，略述逝者的美德、情操、业绩；最后，对逝者家属表示慰问，劝节哀珍重。

④ 结尾另起一行空两格写"×××同志永垂不朽""特电慰问""肃此电达"等字样。结尾单行写等。

⑤ 最后下2～3行一半以右位置写发唁电的单位，署名下边写"年、月、日"。

### 2. 唁电的写作常用语

惊闻××作古，家失柱石，悲痛万分。

顷接讣告，不胜伤悼。

顷接讣告，不胜哀伤。

闻悉令堂逝去，大出意外，望节哀释念。

惊悉令堂大人逝世，大出意外，深感悲痛，尚希节哀释念。

令堂安葬之日，道远未克前往致哀为歉，特电申奠。

尊翁逝去，深致哀悼，尚望节哀顺变。

良友云逝，伤感自多，尚望珍重。

惊悉尊夫人不幸逝世，不胜哀悼。

惊悉××盛年谢世，不胜悲痛，特电致哀。

惊承讣告，悲悼不已，专电致唁，并请节哀。

惊承讣告，悲悼不已，专电致唁，并慰哀衷。

××仙逝，实足哀伤，有志者入泉，思之黯然。

接××长逝之耗，凡在相好，无不同深惋惜。

逝者已矣，生者恳请多保重。

近闻××逝去，甚哀悼之，足下遇此大故，伤感必甚。

恳请宽辟哀情，善自珍重。

近闻××辞世，甚哀悼之，足下遇此大故，伤感必甚，恳请宽群哀情，善自珍重。

顷闻××遽归道山，骇惋莫名，痛悼实深，敬奠致唁，诸维亮察。

顷悉××溘然长逝，骇惋莫名，特布唁忱，尚望稍抑哀思，勿过悲痛，是所至盼，专此敬请礼安。

阅报惊闻××溘逝，万分震悼，远隔海天，唯遥向××遗容致崇高的敬礼。

### 3. 唁电的写作应注意的事项

① 发唁电者的悲恸悼念的感情应浸透电文，感情色彩要合乎需要，读后使人产生一种肃穆的气氛。写唁电用词要深沉、质朴、自然，并能体现吊唁者的悲痛悼念之情。忌油腔滑调，滥用修饰词语。

② 对逝者生前品德、情操和功绩的叙述，要实事求是，恰如其分，突出本质。忌一一赘述或本末倒置。

③ 语言要精练、概括、朴实、安详。忌篇幅过长。

④ 唁电要写得及时，否则将失去原有意义。

### 范例赏析

**例1：以单位名义发出的唁电**

唁电

×××同志治丧办并转其亲属：

惊悉×××同志不幸逝世，我们单位全体同志万分悲痛。谨向×××同志表示沉痛哀悼，向其亲属表示亲切慰问。×××同志一生为党的事业奋斗不息，堪称后人楷模，我们一定化悲痛为力量，努力做好各项工作。请以我们单位全体同志名义向×××同志代献一个花圈（用款后寄）。

×××同志千古！

通信地址、电话号码

×××××

××××年×月×日

**例2：以个人名义发出的唁电（一）**

唁电

××县××乡××村××同志：

惊悉××同志不幸逝世，无限悲痛，希节哀，珍重身体。

×××

××月×日

**例3：以个人名义发出的唁电（二）**

唁电

××市××医院转××同志：

惊悉人民好医生××同志因病逝世，不胜悲痛，特电哀悼，谨致慰问，希节哀、保重。

×××

××月×日

### 学习自测

1. 请以秋冰女士生前同事、学生的身份各撰写一份唁电。
2. 请协助秋冰女士生前所在单位撰写一份唁电。

# 第二节 唁函

## 一、唁函的含义与特点

唁函，是亲朋好友的家庭有丧事，因身处异地无法亲往吊唁，而写给逝者家属表示慰问、劝请节哀珍重的丧事文书。

唁电、唁函均属于悼词种类，区别在于发送的方式不同，前者用电报、传真、短信、微信等发送，后者则用邮寄。

 ## 二、唁函的分类及内容

唁函有两种：一种是为自己亲属、亲戚发去的哀悼函；一种是为朋友、同事发去的哀悼函。

唁函与唁电一样，内容一般包括三个方面：首先，以沉痛的心情悼念逝者；其次，以沉痛的心情简述逝者生前的品德、功绩及激起人们的缅怀、思念之情，简要地对逝者作出恰如其分的评价，并表达致哀者继承逝者遗志的决心和行动；最后，对逝者家属表示慰问，劝节哀珍重，并具名。草拟唁函，感情要真诚，文字要简短精练。

 ## 三、唁函的写作格式及应注意的事项

### 1. 唁函的写作格式

（1）开头　收唁函者的称呼，如系逝者家属应写其姓名，并加"先生""同志""夫人"等称呼。

（2）正文　空两格另起一行写起，内容可分段叙述，表示惊悉噩耗的悲痛心情，略述逝者的美德、情操、业绩，表达化悲痛为力量的决心。

（3）结尾　向丧家表达诚挚的问候。

（4）在右下方写发唁函者的姓名，再写年、月、日。

### 2. 撰写注意事项

① 用词要深沉、质朴、自然，并能体现吊唁者的悲痛悼念之情。忌油腔滑调，滥用修饰词语。

② 对逝者生前品德、情操和功绩的叙述，要实事求是，恰如其分，突出本质。忌本末倒置。

③ 语言要精练、概括、朴实、安详。忌篇幅过长。

④ 唁函要写得及时，否则将失去原有意义。

**范例赏析**

**例1：唁友人丧祖父函**

××先生：

×君告诉我，您新近遭了祖父丧事，在家守七。您祖父平日十分钟爱您，现在舍您而去，您一定是非常悲痛的。但想到他老人家幸福地活到了八十多岁的高龄，又有像您这样的孝好子孙常常在身旁降奉，真算得好福气。"落叶归根"，人有一死，您是明白这个道理的。我得知丧事消息，特写信给您，希望善自宽慰，节哀顺变，不要过于悲痛，损伤了身子，会使您祖父在九泉之下感到不安的。就此祝您珍重！

弟××上<br>×月×日

#### 例2：唁友人丧父函

××仁兄苫次：

　　正深怀想，忽奉讣函，惊悉尊大人道山遽返。再三展诵，怆恍莫名。足下赋性真纯，一旦痛遭大故，自不免呼天抢地，哀毁异常。惟念尊大人齿望优尊，躬膺福祜，今虽瞑然长逝，然亦无遗憾于人间矣！尚祈节哀顺变，毋过悲号，是所至祷。弟远在客途，未克躬奠灵帷，谨呈唁敬一函，挽联一副，即乞代荐，聊表哀忱，专此奉唁孝履，维希

　　白卫！

××顿首<br>×月×日

#### 例3：唁友人丧父函

××学长礼鉴：

　　顷奉世伯仙逝之耗，不胜哀戚。弟问想世伯大人之德望言教，音容笑貌，益觉悲难自已。所恨路途遥遥，未克奔趋灵堂，亲为执绋，务展哀思耳。

　　世伯大人一生慷慨尚义，心在乡邦。诸如兴力学校，扶危济困，桑梓托荫，有口皆碑。今日仙逝，乡亲无不长忆风范，同深悲悼，吾兄幼承庭训，孝行素笃，骤遭此变，椎心泣血。然世伯大人寿过八旬，儿孙昌炽，人间福寿，堪称双全。如今谢世，正是毕生勤劳，从此永息仔肩，亦人生必然之归宿；死生事大，兄自达者，必能夺情定哀，为学自重，不老碌碌如仆者之喋喋也。专此致唁，并候

　　孝履。

弟×××手肃<br>××年×月×日

#### 例4：唁友人丧母亲函

××同志：

　　写好探问老伯母病情的信，刚想发出，却惊悉老伯母的噩耗，不觉心酸泪下。我既不能向老伯母遗体告别，又不能在她灵前吊唁，感到十分遗憾！

老伯母一生可为后辈楷模，她热爱劳动，慈爱敦厚，勤劳俭朴，教子有方。你们姐弟够勤勤恳恳从事各业，均有造就，这也是跟老伯母的言传身教分不开的。

去年她得病卧床之时，我去探望她，她告诉我，你侍候她十分耐心、周到，可见你已尽到了做子女的责任。老伯母寿逾古衡，晚年多福，已享天伦之乐，她是会含笑于九泉的。当然，做儿女的总希望父母健康长寿，但这不是人力所能做到的，务请节哀。

老伯母离开了人间，她那勤劳朴素的优秀品质却永远值得我们学习。现拟了一副挽联："一生俭朴留典范，七旬勤劳播嘉风。"烦请人代书，陈于灵右，以表哀悼之意。礼有不周，尚希见谅。

望保重身体。

××

××年××月××日

**例5：唁友人丧妻函**

××兄：

久失音问，辄深驰念。顷奉讣告，惊闻嫂夫人仙逝之讯，弟亦不禁悲戚，想兄惨遭遽变，当更难堪矣！然人生于世，总有死亡之日，迟早而已，想兄平日之旷达，对此自会想得更为开阔，当不戚戚于怀也。弟因事未克躬身吊奠，兹附呈奠敬一函，即希察入，是所深感。专此奉慰，顺颂

台安！

×××谨启

×月×日

**例6：唁友人丧子函**

××仁兄惠鉴：

久映雅范，适接惠函，得悉令郎赴召玉楼，不胜悲悼。阁下义方立教，启后垂型，拂逆所遭，何以堪此。虽然，人生修短，造物主之，如春有秋，如昼有晦，明眼人照破烦恼，委为四时之序，便知西河之泪为无益耳。爱根难拔，请以慧剑斩之，阁下正值壮强，前途未可限量，敢祈善为排遣，付诸达观。无任企祷之至，专此奉慰。顺颂台绥，诸维珍卫。

×××谨启

××年××月××日

请以秋冰女士丈夫的同事、朋友等身份各撰写一份唁函。

## 第三节　丧礼慰问信

### 一、丧礼慰问信的含义及用途

丧礼慰问信是常见应用文种之一，它是以政府、组织或个人的名义向在某方面作出特殊贡献或者遇到意外损失、遭受巨大灾害的集体或个人表示关切致意、深切问候或者同情的一种书信。所以丧礼慰问信主要是指以政府、组织或个人的名义向与其有一定关系的逝者（国家主要领导人或国际知名人士，单位内部成员，亲朋好友）所在的国家（或国家领导人）、组织（单位）或逝者家属表示哀悼及深切问候的一种书信。

丧礼慰问信能体现两方之间的友谊与关怀，体现组织的温暖和同志之间的深情厚谊。一封好的慰问信，常常可以鼓舞人们的斗志，增强克服困难的勇气和信心，能够使逝者家属或相关方面尽快从逝者给其带来的悲痛中解脱出来，化悲痛为力量，进而更好地开展工作。

丧礼慰问信可以寄给逝者的家属；如果逝者是某一单位的领导，友好单位所发出的慰问信可以寄给逝者家属，也可寄给逝者生前所在的单位（或领导）；如果逝者是国家领导人或国际知名人士，友好国家所发出的慰问信大多数寄给逝者生前所在国家的现任主要领导人，这种情况一般表现为唁电或其他信函形式。除此之外，慰问信也可以在报刊上刊登或在广播、电视中播放。

### 二、丧礼慰问信的内容及其措辞

#### 1. 丧礼慰问信的内容

① 简要写明慰问信的背景或原因，如"在贵国正在积极开展……的情况下，惊闻某某逝世……"，再如"某某同志（先生、女士或朋友）在某某（做什么工作等）时不幸过世"。接着写表示哀悼或慰问的话语，如"表示深深的哀悼""致以亲切的慰问"等。

② 概括叙写对方的先进思想、先进事迹或战胜困难、舍己为人、不怕牺牲的可贵品德和高尚风格。若是国际知名人士，也可叙写其为两国友谊所作出的突出贡献。然后可对逝者生前的功绩作以简要评价，向对方表示慰问和学习。

③ 表达心愿或提出要求、希望。

#### 2. 丧礼慰问信常用措辞

① 适度的悲伤是对逝者应有的情分，过分的悲哀却是摧残生命的敌人，人死无法复生，愿生者忍痛节哀，逝者安息。

② 逝者的光荣不在于生时受人赞美，而在于死后为后人效法。业绩和人品在身后赢得人们普遍的怀念者，其在天之灵也当得到极大宽慰。

③ 热忱宽厚，光明磊落，无私无畏，刚正不阿，一个不朽的灵魂，永远活在我们心中。

④ 他的业绩和人品在人们心中的存在，将比肉体存在远为长久，这是他的幸福，他的亲

友也应为此感到欣慰。生者要节哀励志，踏着逝者的足迹奋然前行。

##  三、丧礼慰问信的写作格式及注意事项

### 1. 丧礼慰问信的写作格式及写法

①丧礼慰问信首先写明标题，如"慰问信"等，标题应居中，在第一行，字体大于正文字号。

②另起一行顶格写明接收慰问信的领导、单位或个人礼称，如"某某阁下""某某朋友（同志、先生或女士）"，根据情况，也可以是其他称呼。

③正文另起一行，空两格写起，内容须分段。

④落款（署名和日期）。

### 2. 写慰问信应注意的事项

首先，要根据不同对象、不同情况，向逝者家属或其他有关方面表示悲痛的心情。

其次，要写得真诚，文字朴实、简练，并注意语气的运用，使收信人真正得到鼓舞和安慰，让逝者家属能从逝者带来的悲痛中尽快解脱出来，化悲痛为力量，努力学习、生活或工作。

**范例赏析**

**例1：单位向职工发出的慰问信**

×××同志：

惊闻令尊逝世，不胜沉痛！

我代表×××集团公司向令尊表示深深的哀悼！向您及您的家属致以最深切的慰问！对您在令尊逝世期间仍坚守在工作岗位上的爱岗敬业精神和使命责任感表示由衷的感谢！

最后望逝者亲属、友人节哀顺变！

集团公司总经理：×××<br/>××××年××月××日

**例2：单位向个人发出的慰问信**

尊敬的×××先生家属：

惊闻×××先生因病辞世，我们倍感震惊和悲痛。首先，谨代表××××对×××先生的离去致以沉痛哀悼，并向家属表示诚挚的问候。

×××先生是我国著名导演、表演艺术家。他有深厚的导表演理论基础和丰富的舞台经验，其表演风格幽默诙谐，具有独特的时代感和舞台缘，是当今中国最受观众喜爱的喜剧演员。他的突然离去，不仅是演艺界的重大损失，也是无数喜爱他的观众的重大损失。

在×××先生生前，我们××××曾多次采访过他。×××先生平易近人，和蔼可亲的形象至今仍然留存在我们记忆里。作为××传媒旗下的王牌节目，××××是中国第一档，也是目前最权威的大型娱乐资讯节目，在××××电视台第×套以及全国130多家电视台播出。

在×××先生生病期间，我们秉承真实、客观、公正的原则，摒弃为追求新闻轰动效应而不择手段，从爱护×××先生的角度出发，没有以各种形式打扰×××先生养病，并充分利用自身的媒体优势，积极呼吁社会各界不要打扰×××先生的治疗。如今，×××先生驾鹤西去，作为新闻从业者的我们，在表达沉痛悼念之情的同时，有责任也有义务送×××先生最后一程。

最后，××××再次对×××先生的离去致以沉痛哀悼，并向家属表示诚挚的问候。

××××<br />××××年××月××日

## 学习自测

请协助秋冰女士生前所在单位撰写一份丧礼慰问信。

PPT课件

# 第五章 哀悼文书的写作

## 学习目标

**知识目标**

1. 了解奠文、悼词、逝者生平、发引文的含义、特征、用途。
2. 掌握奠文、悼词、逝者生平、发引文的格式及撰写要求。

**能力目标**

1. 能够按照客户要求及逝者的相关信息资料,提供相应的奠文、悼词、逝者生平的撰写服务。
2. 能够按照客户要求提供发引文的撰写服务。

**素养目标**

具有"敬畏生命、慎终追远、善事逝者、慰藉生者"的专业品质和诚信守纪、团结协作、爱岗敬业、文明操作、温情服务的职业道德,能够践行社会主义核心价值观,倡导文明殡葬新风,激发对真善美的追求。

## 情景导入

对于4月6日秋冰女士的葬礼仪式,娘家与婆家出现争执。娘家人觉得办个追悼会太过简单,希望在家中按农村的风俗来办,这样会隆重些。婆家觉得秋女士是一个教师,而且其生前所在单位领导和同事都有可能要来参加葬礼仪式,希望按现代的追悼仪式或遗体告别仪式来操办。而秋女士生前所在单位也尚未最终决定领导是否要参加,但希望殡仪馆的服务人员协助单位办公室工作人员,做好追悼仪式或遗体告别仪式的哀悼文书准备工作。

经殡仪馆工作人员介入协调,确定秋女士的葬礼仪式初步方案如下:4月6日上午8:30~9:30,先举行家奠仪式,参加对象为秋女士生前的家属及亲朋好友;9:30~10:30,举行追悼会仪式(领导要致悼词)或遗体告别仪式(领导不致悼词),具体形式待单位领导最后决定,参加对象为全体与会人员;上述仪式结束后,遗体推入火化车间前,举办发引仪式。仪式举办需要的哀悼文书,由殡仪馆指定服务人员配合家属和秋女士生前所在单位指定的工作人员,在4月5日中午前完成。

根据上述情况,假如你作为殡仪馆被指定的服务人员,你要协助完成哪些哀悼文书?

# 第一节 奠文

## 一、奠文的含义

奠，置也，定也，荐也。即安定亡者，将物品荐给亡者之灵。

日常说法，"奠""祭"二字经常合用，两者似乎为一体，却是有区别的。奠为丧祭，是丧事过程丧家亲属、亲戚等为亡者供飨，如牲、果、酒、饼等食品以及烧送冥纸、冥钞等吊品，并诵读追思之文；而祭为喜祭，为治丧完毕之后，丧家根据传统再为亡者供飨食品以及烧送冥纸、冥钞等物品，并诵读追思之文。

综上可见，所谓奠文，又称哀章或悼词，是指办理丧事过程中，丧家亲属、亲戚、好友等吊祭亡者时于灵前所诵读的追思之文，是属于祭奠逝者的追悼文章。

奠文可分为家奠文与公奠文。家奠文是指丧家亲属在家奠礼中诵读的表达对逝者的追思与感怀的文章。公奠文则指逝者亲属、亲朋好友或机关团体在公奠礼中诵读的缅怀与悼念逝者的文章。

传统奠文有成服奠文、吊祭奠文、复山奠文等，吊祭奠文有奠父母文、奠亲属文（包括奠祖父母、外祖父母、叔伯、兄弟等）、奠好友文等。现今随着经济社会进步及殡葬改革的深入发展，丧事简办已成大势，成服奠、复山奠等已经简化，只敬献奠品甚或以敬献鲜花取代，不再宣读奠文；吊祭奠中奠亲属、奠好友文等已以敬献花圈的文明方式取代。所以本节内容主要介绍家祭中作为悼词使用的奠父母文、奠祖父母文、奠岳父母文、奠夫妻文等，以及逝者亲属在公奠仪式上需要宣读的公奠文。

## 二、奠礼仪式简介

奠分家奠、公奠。家奠，为逝者亲属、亲戚等依序向亡者行奠礼而举行的悼念仪式。家奠与追悼仪式（或遗体告别仪式）可合用，但必须在追悼仪式（或遗体告别仪式）之前举行。公奠，为逝者亲属、亲朋好友、单位同事等依序向亡者行奠礼而举行的悼念仪式，生前无工作单位的逝者一般以此直接取代追悼仪式或遗体告别仪式。由治丧委员会、各机关团体或民间团体为有官职的或立过特殊功勋的或灾难事故造成较多死亡的等亡者而举行的悼念仪式，是公祭而不是公奠。所以，家奠非家祭，公奠非公祭。

奠礼可在遗体火化或安葬的前夕举行，也可在前一日举行，具体所需时间要视亡者的身份、家属及来宾的多寡而定。司仪要先估算好时间，并与家属取得共识。在奠礼流程操作过程中，司仪还必须根据现场情况，如家属的悲痛心情、天气情况等条件作适当的提前或延后调整。总之，要使亡者有哀荣，生者感到慰藉。

奠礼仪式流程大体如下：司仪就位，宣布奠礼开始；主奠者就位；与奠者就位；奏哀乐；上香；献奠品（献花、献果、奠酒等）；主奠者读奠文；孝眷及来宾按次序向遗像或灵位行奠礼；奏哀乐；礼成（家奠时，到此就可请孝眷及来宾复位，仪式毕）；答礼（公奠增加环节）；复位（公奠增加环节）。

现时公奠献奠品只包括献花、奠酒。家奠的主奠者可由孝子女或来宾担任，而公奠的主奠者则由承办单位指定领导人员担任。

现时公奠行奠礼统一为三鞠躬礼；家奠行奠礼包括跪叩礼或鞠躬礼，来宾可选择。

 ## 三、奠文的内容与特征

### 1. 奠文的内容

（1）家奠文的内容　　家奠文作为祭奠逝者的诵读性追思与感怀文章，其内容主要包括：奠祭时间、奠祭者、被奠祭者；颂扬被奠祭者生前的优点和好事；结束语。

（2）公奠文的内容　　公奠文则指逝者亲属、亲朋好友或机关团体在公奠礼中诵读的缅怀与悼念逝者的文章。其内容主要包括五个部分：讣告、感谢、缅怀、励志、答谢。

### 2. 奠文的特征

（1）缅怀性　　奠文侧重于通过追思的奠祭方式祈求亡者之精神能长存于奠祭者内心，以此来践行慎终追远的传统孝道观。所以，奠文承载了奠祭者对亲族先辈深切哀思与对生命价值自我反省的全部功能，其实质不惟在于彰显人类朴素的哀思情怀，更多的是在追寻一种"事死如事生，事亡如事存"的生命敬畏与时命反抗理念，在"不死其亲"观念的支配下，使与奠者的意识达成"敬其所尊，爱其所亲。事死如事生，事亡如事存"的共识。

（2）激励性　　奠文的关键在于通过对亡者品行的叙述，激励后辈继承先人的遗愿，使得家族成员团结、进取意识更加强烈，这也是奠祭活动所追求的实质内容。

（3）精简性　　奠文的内容必须简短，语言必须精练，要以简明扼要之词表达哀悼、追思之情。奠文一般以二三百字为宜，切忌拖泥带水。过去的奠文，语言均押韵。可一韵到底，也可变韵，即押两个以上的韵。这个特征在家奠文中尤其突出。

（4）哀悼性　　人生最痛苦的事莫过于生离死别。生离还有俟望聚合的那一天，其过程是焦虑；死别是遥遥无期的念想，给人留下的是绝望。以至哀显至诚、至敬、至恭，这是奠文重要的形式特征。

 ## 四、奠文的写作格式及应注意的事项

### 1. 奠文的格式与写法

（1）家奠文的格式与写法　　传统的家奠文一般以文言文撰写，内容必须简短，语言必须精练，以简明扼要之词表达悲哀沉痛之情，切忌文字过长，拖泥带水。其语句须押韵，可一韵到底，也可变韵——押两个以上的韵，主要作用有：一则读起来顺口，听起来和谐；二则韵脚的声音可以烘托气氛，帮助感情表达；三则多用响度低之韵，适于表达悲哀忧伤之情。其格式与写法为：

① 标题。写成"奠文"或"奠××文"，其中"××"表示逝者的辈分或与生者的关系。

② 开头。以"维"开头，占整一行。"维"是助词，作发语词用。

③ 正文。由前言、主体、结尾三部分构成。

A. 前言。即正文的第一自然段，须言明吊祭的时间、谁来祭、祭谁、在什么地方祭，这是开篇明义，首先要点明的内容。如"公元某年某月某日，孝男某某等，谨以清酌时馐，致祭于新逝故显（先）考×（姓氏）公讳××（名）老大人之灵前而泣以文曰"。

B. 主体。这是奠文的核心所在，内容可分为三个部分。

第一部分，简要介绍逝者逝世的情况，以及祭奠人对逝者的不舍或愧疚，由此尽显哀痛之情。

第二部分，介绍逝者生平事迹，着重描写逝者生前所具有的家庭美德、社会公德和职业道德，体现对逝者的恭敬态度。

第三部分，聊表继承逝者未竟之志的决心，体现祭奠的诚意。

C. 结尾。以专用词"来品来尝""呜呼哀哉"（或者"呜呼"，或者"哀哉"）、"尚飨"（或者"伏惟尚飨"）结束。"呜呼哀哉"是表示哀痛的感叹语，"尚飨"表示希望逝者来享用奠品的意思，"伏惟尚飨"意思是伏在地上恭敬地请亡者享用供品。

④ 落款。由主奠人的身份、主奠人姓名、"泣奠"或"叩上"等构成，如"不孝儿×××叩上""愚婿×××泣奠"等。由于奠文是诵读性文章，在正文第一部分已对诵读时间作了说明，所以在落款部分不必注明时间。

现代家奠文一般以白话文撰写，无一定格式和书写规定，如写书信一般，第一行书写与奠者对逝者的称呼，接着为主文，最后落款则是与奠者的身份或与逝者的关系。其内容以情感真挚的表达为主，恭敬由衷即可。

**（2）公奠文的格式与写法** 公奠文的写作格式与方法有些类似悼词，重要的区别在于：悼词主要以第三人称撰写，公奠文则主要以第二人称撰写；公奠文的内容不仅包括悼词，还包括答谢词；悼词的宣读者是逝者生前所在单位的领导、同事或好友，而公奠文的宣读者是逝者的子女或亲属。其格式与写法为：

① 标题。写成"奠文"或"奠××文"，其中"××"表示逝者的辈分或与生者的关系。

② 称呼。在标题下一行顶格写称谓，如"各位领导""各位亲朋好友"等。

③ 正文

A. 对在去世者死亡前后施以关怀、关心、关照的个人及单位表示衷心的感谢。

B. 写明用什么心情祭奠什么人，以此显示宣读奠文者与去世者的关系。

C. 写明去世者因何种原因在何年何月何日几时几分于何地不幸去世的，终年岁数。

D. 回顾缅怀逝者生前所具有的种种良好品格及美德。

E. 聊表家人及后辈继承逝者未竟之志的决心，体现祭奠的诚意。

④ 结尾。一般为："××一路走好！""××，我们永远想念你！""××，安息吧！"等。

⑤ 落款。公奠文是在公奠仪式上宣读的文章，所以其最后无需落款。

## 2. 奠文的写作要求

**（1）奠文必须启人哀思，又为人寄托哀思** 启人哀思绝不是在文中多写几句"呜呼哀哉！呜呼痛哉！"，而是文中要表现对逝者"诚、敬、恭、哀"的真情实感。要做到这一点，执笔者必须掌握逝者的生平情况，而其中要特别注意掌握逝者所具有的社会道德规范的美言美行和有社会价值的业绩。例如，见义勇为，维护国家法纪，为人民排难解纷；在历史动乱时期，维护民族尊严和人民利益，表现出高尚气节；生平倡办的公益事业，倡导的哲理性名言。奠文中有了这样的内容，真实情感便会自然而然流露出来，哀思也便油然而生了。这样的祭文，不但启人哀思，而且能寄托哀思。寄托哀思的效应表现在教育后人继承先德，自强不息地去完成先人未竟事业，并不断开拓新的生活领域，造福于社会，造福于子孙。这就叫"述事继志"，撰写奠文时必须围绕这四个字，它是衡量奠文是否写得成功的重要标准，是撰写奠文至关重要之点。

**（2）奠文行文必须质朴无华，抒情真切**　如果行文时一味追求辞藻华丽，定会导致丽而不哀，冲淡文章的伤感气氛，此乃大忌。

**（3）奠文用语要克服文、言分离的弊病**　人生如书，每个人的一生经历就像一本书，由此形成了人世间丰富多彩的文化。现在我们沿用的奠文程式用语和奠文的正文用语中，很多属于古代书面语言，它与现代口语相距甚远，读起来虽然声韵好听，但很难听懂其中内容，如程式用语"时馐不腆之仪""香褚酒馔不腆之仪"，称谓用词"显考""显妣"等。如果不克服这种弊病，奠文就会失真失彩，导致失诚失敬，给人留下敷衍了事的感觉，奠文这种传统的民族文化便有泯没的危险。对此，我们必须具有改革拓展的意识，与时俱进，赋予奠文新的生命力，譬如将上述程式用语改为"敬陈吾父（母）生平嗜爱的菜肴和果品"，将称谓用语改为"祖父（母）大人""父（母）亲大人"，自称则直称"儿""媳""孙"等。这样按现代口语写作，不但更显得感情真切，又在文词上避免了文、言分离的弊病。

**（4）奠文体裁选择必须平实**　其要求是内容简明扼要，表达清晰流畅，语言朴实平易。选择体裁古老的现成奠文套用，文词多是古代书面语言，使人很难理解其中的意义，体现不了祭奠人对逝者的真情实感，更谈不上发挥"述事继志"的效应。所以奠文必须根据逝者的生平去撰写，表达方式尽量按现代口语写作。

### 3. 奠文写作应注意的事项

**（1）要注意称谓**

① 奠文中主奠人对亡者的称谓

对父亲称呼：故显考（姓氏）公讳（名）老大人。

对母亲称呼：故显妣（本姓）母（母姓）氏老孺人。

对岳父称呼：故岳考（岳父姓）公讳（岳父名）老大人。

对岳母称呼：故岳妣（妻姓）母（岳母姓）氏老孺人。

② 奠文中主奠人对亡者自称

对亡父、亡母：男自谦称为"不孝男""不孝子""不肖子"，女自谦称为"不孝女"。

对亡祖父、亡祖母：男自谦称为"不孝孙"，女自谦称为"不孝孙女"。

对亡岳父（母）：男自谦称为"愚婿"或"不孝婿"。

男对亡妻自谦称为"愚夫"或"不德夫"，女对亡夫自谦称为"愚妻"。

③ 公奠文对来宾的称呼

宜用"各位领导""各位亲朋好友"等礼貌及尊敬的称谓，不宜用"同志们""朋友们""先生们、女士们"等中性的称谓，以表示对参加吊奠活动来宾的敬意。

④ 司仪在奠祭过程对主奠人的称谓

亡者子女：男称"孝子"，女称"孝女"，儿媳称"孝媳"，女婿称"孝婿"，孙子称"孝孙"，孙女称"孝孙女"。

(2) 要注意把握好奠文的情感基调　　奠文内容的偏重点在于通过对亡者品行的叙述，表达作者内心的怀念之情，悲怆之感。但其情感基调不可太悲伤、太消极，要语言质朴、感情真挚，既缅怀逝者，也使生者得到激励，继承逝者遗愿，继续奋斗。

(3) 奠文用第二人称写。

(4) 要着重于家道传承角度落笔　　葬礼的核心是"慎终追远"。家祭活动参与者的核心圈子是逝者的后辈，奠文的中心作用不仅是追思、悼念逝者，更重要的是用逝者的优秀人格品质感召后辈、传承良好家道。所以，一场家祭活动就是一场活生生的家庭教育活动，一篇好的奠文应该是一个优秀的家道、家规、家训教育的素材。

### 范例赏析

**例1：**

#### 奠父文

维

公元某年某月某日，不孝男某某等，谨以清酌时馐，致祭于显考某某府君之灵前，吊之以文曰：呜呼，痛维吾父，偶染微恙，一病亡身。嗟余不孝，祸延严君。号天泣血，泪洒沾土。深知吾父，毕世艰辛。勤耕苦种，日夜奔忙。创家立业，俭朴忠信。处世有道，克己恭人。至生吾辈，爱护如珍。抚养教育，严格认真。如斯人德，宜寿百旬。俾为吾女，定省晨昏，侍奉敬养，略报深恩。胡天弃我，一别吾分。魂游冥府，百喊不闻。瞻望不及，音容莫亲。哭断肝肠，情何以伸。兹当祭奠，聊表孝心。化悲为俭，化痛为勤。继承遗志，成家立身。先父九泉有灵，来尝来品。呜呼哀哉！尚飨！

不孝子某某某等泣奠

（评语：本文为家奠文，内容简明扼要，表达清晰流畅，抒情真切。但体裁选择古老的现成奠文套用，部分用词与现代口语相距甚远，读起来虽然声韵好听，但很难听懂其中内容，如程式用语"清酌时馐"，称谓用词"严君"，奠文的正文用语中"俾为吾女，定省晨昏""胡天弃我，一别吾分"等，使人很难理解其中的意义，由此形成"恭、哀"有余而"诚、敬"不足。）

**例2：**

#### 奠父文

各位长辈、各位亲朋好友：

今天，我们怀着万分沉重的心情在这里举行追悼大会，沉痛悼念正直、勤劳、憨厚、朴实的父亲。我父亲因脑血管破裂，虽经医生大力抢救，仍医治无效，于××××年××月××

日××点××分不幸与世长辞，永远离开了我们，享年××岁。

此时此刻，我谨代表我和我的姐妹，代表我们全家向前来参加父亲追悼大会的长辈和亲朋好友们表示诚挚的谢意！感谢你们百忙之中前来参加我父亲的追悼大会，与我最敬爱的父亲作最后的告别！

秋雨绵绵，浸润着我们儿女无尽的悲哀。

流云不语，带去了我们全家永远的牵挂。

亲爱的父亲，我们相信您还没有走远，相信您还可以感知，此刻深深爱戴您的儿女及家人都在您身边，向您作最后的告别。所有的亲朋好友也都来到这里为您送行……您老人家带着对儿女亲情的无限牵挂，带着对亲朋好友的深切留恋离开我们。您的一生勤勤恳恳、艰苦朴素、为人正直、自强不息，您对儿女们恩重如山。您勤俭持家、宽以待人的良好品德将永远激励着我们！

我的父亲生于××××年××月××日，由于家庭条件所限，学未上成就回家从事繁重的体力劳动。这些年，我从乡下来到县城，生活发生了很大的变化。我把您接来同我们一起生活，您不仅对儿孙们关爱有加，而且时常告诫我们一定要本分做人、勤俭持家。去年得知您患上高血压后，我的心里非常难受，决定把您送到大医院进行手术治疗，为了给您老治病，我就是倾家荡产也在所不惜呀！要知道，看到您每一次病痛，您的儿子都心如刀绞，似万箭穿心，可是无力回天。

亲爱的父亲，是您几十年如一日，含辛茹苦地把我们从小抚养到成家立业。您是一位慈爱的父亲，您的叮咛与关爱我们历历在目，您的教诲与训诫我们铭记在心；您是一位无私的长者，一生总是把大家的事情放在心里，却从来没有您自己，您总是替别人着想，自己却总是乐观地撑着；在亲朋好友面前，您是一个巨人，是大家的依靠，大家的主心骨，无论有什么事情，您都会用您快乐的心胸和那坚强的肩膀来支撑着大家；您永远是我们的榜样，一生节节简简，您用这无声的爱，教会我们执着和坚强，铺垫了我们的人生之路，我们每一个收获，都有您的努力，我们每一个进步，都有您的帮助，我们每一分成长，都凝聚着您的关怀和期望。父爱如山，深沉厚重！父爱如海，博大宽广！您永远不会与我们分离，您将永远活在我们心里！

人间有爱，岁月无情，您就这样走了，我们甚至还来不及聆听您最后的教诲……

您老人家放心地走吧！您的生命虽然结束了，但是您正直、勤劳、自强、奋发的品行，您清清白白做人，踏踏实实做事，认认真真工作，快快乐乐生活的作风已经成为我们的共识，并将成为我们毕生的追求，请您老在九泉之下放心，我们不会辜负您的期望。

我想，人同万事万物一样，生于自然，亦该回归自然吧。我的父亲生于明媚的春末夏初，又在这硕果累累的深秋远行了。我想以泰戈尔的一句诗为父亲送行：

"生如春花之绚烂，逝如秋叶之静美"。

如果有来世，我一定还做您的儿子！

敬爱的父亲，愿您一路走好！

我亲爱的父亲永垂不朽！

（评语：本文看似悼词，实为公奠奠文。本文体裁选择平实，文章一开始就介绍了父亲患病、离世、享寿等基本情况，接着对来参加追悼大会的亲朋好友表示感谢，再紧接着重点追忆了父亲一生可贵的品质，最后表达了"如果有来世，我一定还做您的儿子！"肺腑之言。全文结构紧凑，层次分明，感情真挚，读后使人产生强烈的共鸣，是一篇较好的现代公奠奠文。）

例3：

## 奠母文

维

公元某年某月某日，不孝男某某等虔具素酒醴之奠，致祭于先慈之灵前，吊之以文曰：生死永诀，最足伤神。不幸吾母，一别辞尘。忆思吾母，克勤克俭。奉侍翁姑，恭敬孝顺，妯娌共处，相爱相亲。迨生永辈，苦育成人。筹谋婿娶，万苦千辛。职尽内助，居贱食贫。劳劳碌碌，以度长春。具斯淑德，宜寿百旬。菽水承欢，略报深思。胡天不祐，过早亡身。哀哀儿女，百喊不闻。薄酒祭奠，聊表微忱。愿母九泉有觉，来尝来品。呜呼哀哉！尚飨！

不孝子某某某等泣奠

（评语：本文为家奠文，写作体例及程式与例1雷同，存在文、言分离的弊病，部分内容难以理解。过于套用程式，无法完整体现与奠人对逝者的真情实感，更谈不上"述事继志"效应的发挥。）

例4：

## 奠母文

各位长辈、各位亲朋好友：

首先，我代表全家感谢各位长辈、各位亲朋好友，在母亲生病住院期间曾经给予过的关心，感谢各位领导、各位长辈、亲朋好友为我们的母亲诚挚地送行。

大地默哀，苍天垂泪。白莲戴孝，青山含悲。我最亲最爱的母亲大人，由于心脏病病情加重，虽经医院竭力抢救，但终因医治无效，于××××年×月××日××时××分不幸与世长辞，享年××岁。

我最亲最爱的母亲大人，永远地离开了我们，离开了让她牵肠挂肚的儿孙，离开了和她相依相靠的丈夫，离开了与她相濡以沫的所有至爱亲人……

慈母的逝世，让我们寸断肝肠，撕心裂肺！从此，我再也聆听不到她老人家的谆谆教诲；从此，我们再也吃不到她老人家做的可口饭菜；从此，我们再也看不到她老人家辛勤劳碌的身影……

慈母驾鹤西去，音容永记心中。回顾母亲一生，人格若蜡梅，体弱志高，独立坚韧；人品如幽兰，宽容忍耐，与世无争。为人子媳，扶左携右，恪尽孝道；为人邻里，温言低语，宽厚和平；为人妻，患难与共，贤淑温存；为人母，教儿成器，养女成人。慈母虽去，德望犹存，诚心感上苍，爱心感亲人，孝心感高堂，善心感乡邻。

　　回顾母亲大人的一生，桩桩件件叫我们终生难忘，点点滴滴让我们感慨至深……

　　母亲的一生，是苦难的一生。她出生在××镇××寨一个贫苦农民家庭，自幼艰难，茹苦含辛；嫁入梅家，白手起家，历尝艰辛；我们兄妹四人相继出生后，她又拖儿带女，度日熬生；当把儿女抚养成人后，她又恩往下流，无怨无悔，抚育愚孙。晚年的母亲又饱受静脉曲张、肺气肿、心脏病等多种疾病的折磨……真正是黄连三分苦，娘亲苦万分！

　　母亲的一生，是勤劳的一生。在我的记忆里，她老人家总是生命不息，劳作不止。曾记得，为了挣钱糊口，母亲手牵着我，身后背着妹妹到××挖野菜，涉水过河时差点淹死在××水库里；为了给我筹学费，母亲带着我在××公路扩建工程中挖土方，起早贪黑，戴月披星；为了让子女们能尝到鱼子的味道，母亲忍辱含羞到供销分店帮忙剖鱼、洗刷……我苦命的娘亲啊，我们深知您的阳寿未尽，您是做死的，您是累死的！

　　母亲的一生，是刚强的一生。虽为弱女子，坚韧胜钢筋。有再多的苦，没见她叫过一声苦；遇到再大的难，没见她求过一回人。大集体时她凭勤劳挣工分；包产到户后，她靠勤俭持家门。尽管她心直口快难忍不平事，对乡亲却始终怀着善良的心；虽然她也曾跟人红过脸，但隔一夜见面又闻她的笑语声。母亲啊，因为您的为人，在您离去之际，远亲近邻给您送了一程又一程！

　　母亲的一生，是善良的一生。她老人家有一颗菩萨心肠，不伤人、不害人、不惹人，一生尽做好心人。曾记得，她把过路的逃荒者、残疾人，一次一次往家领，热茶热饭如上宾；曾记得，她做好米粑给邻里，一家一家送上门……

　　哭一声娘，可怜您一生良善，临了却饱受病痛煎熬，如今您已在天堂安歇，愿您永远快乐康宁！

　　叫一声妈，儿女的福您已享不上，父亲也不能再像从前一样照顾您，愿您自己在天堂多保重自身！

　　喊一声娘亲，儿女的生活事业都在蒸蒸日上，儿女会全心全力照顾好父亲，愿您在天堂万事安心！

　　母亲大人，我们永远想念您，永远爱您，您安息吧！

　　（评语：这篇奠文看似悼词，实为公奠奠文。本文体裁选择平实，完全按现代口语写作，在文词上避免了文、言分离的弊病，语言朴实平易，表达清晰流畅，尽显对逝者"诚、敬、恭、哀"的真情实感。尤其是文末的"哭一声娘""叫一声妈""喊一声娘亲"，思亲念母之情悠然尽现，百曲回肠，令人潸然泪下。）

例5：

## 奠祖父文

维

公元某某年，岁在某某，某月某日，齐期孙某某某等，虔具清酌庶馐之奠，致祭于先祖父某某老大人之灵前而哀曰：祖父去世，年仅八旬。奔波劳碌，终生耕耘。风雨无阻，不避艰辛。勤俭持家，生活平稳。教育吾辈，克己恭人。对待敌友，爱憎分明。维护集体，不讲私情。祖父之德，足启后人。老当益壮，宜寿长奉。无奈不测，急病缠身。一卧不起，迅速辞尘。呜呼祖父，百喊不闻。肝肠断绝，血泪沾巾。哀号祭奠，悲痛难陈。黄泉有觉，来品来尝。呜呼哀哉！尚飨！

不孝孙某某某等泣奠

（评语：本文四字一节，八字一句。所表达的祖父人品、思想层层递进，一个可亲、可敬、可爱的祖父形象跃然纸上。语言表达简洁易懂，对祖父的思念令人动容动情，不失为一篇较好的祭文。不足之处在于篇幅略显短小，情感表达意犹未尽。）

例6：

## 奠祖母文

维

公元某年某月某日，不孝孙某某等虔具清酌时馐，致祭于先祖母某某老孺人之灵而哀曰：天苍苍，地茫茫，我哭祖母别家堂，千呼万唤不闻应，捶胸顿足断肝肠。我伶仃孤苦，幼失爹娘。饥寒交迫，艰难成长。祖母苦心，含泪抚养。相依为命，甘苦共尝。形影相吊，寒暑相望。希望我成人，山高水长。孙无祖母，骨早抛霜。祖母无孙，自绝路旁。今我长大，配偶成双。云开日出，初见阳光。童子扑怀，天伦刚享。敬奉除年，晨昏周详。唯愿祖母，长寿无疆。无奈黄天不祐，一病卧床。气息奄奄，速归帝乡。劳苦一生，晚福未享。我深恩未报，徒有悲伤。号泣祭奠，以表衷肠！愿祖母地下有灵，来品来尝。呜呼哀哉！尚飨！

不孝孙某某某等泣奠

（评语：本文从"我"同祖母相依为命的关系入笔，表达了祖母含辛茹苦抚养、教育孙子的艰辛历程以及孙子愧对祖母的深深自责。语言平实，无生涩难懂之辞，感情表达荡气回肠，感人至深，久久难以释怀。）

例7：

## 奠妻文

维

　　公元某年，岁次某某，某月某日，不德夫某某特以时馐果晶，致祭于亡妻某某之灵前曰：呜呼我妻，一生艰辛。日夜忙碌，苦度长春。服侍翁姑，谦让恭温。夫妻恩爱，相敬如宾。养儿育女，诲训成人。操持家务，百事殷勤。宜家宜室，德淑品顺。如斯贤良，应寿百旬。胡为门衰运厄，挽留无津。一病归天，魂散魄分。速去冥府，弃世辞尘。生死诀别，百喊不闻。同林寂寞，泪湿衣巾。阴阳间隔，怎把言陈。灵前吊祭，义尽情分。奠酒一杯，微表爱恩。九泉有知，来品来尝。哀哉！尚飨！

　　（评语：本文系丈夫悼念去世的妻子，文字不多，但对妻子生时在家庭中作出的贡献和良好的品德都给予了深情回顾，对妻子的去世悲痛不已，字里行间充满了对妻子的思念、怀念。行文易懂，层层递进。）

例8：

## 奠岳父文

维

　　岳父某某老大人生于某年某月某日，不幸于某年某月某日瞑目长逝，享年某某岁，愚婿谨以酒果肴馔泣奠于岳父大人灵前：呜呼！噩耗传来，泰山倾颓，愚婿闻之，神魂骇散。愚婿远道归来，未能为岳父侍奉汤药，未尽孝道，止不住泪流万千！回想岳父，一身正气，一生清白，担任村主任，廉洁奉公，关心群众，乐善好施，高风亮节，誉满全村。岳父对待女婿胜过亲生，经常谆谆教导，苦口婆心，教育吾辈要努力生产；积极工作，遵法守纪，公正为人，岳父之恩惠，没齿不忘。岳父年逾七旬，理应养颐处忧，安度晚年，然仍为吾辈筹划操心，以苦为甜，以劳为乐，勤劳美德，远近闻知食老幼钦仰。岳父的一生是勤劳的一生，艰辛的一生。岳父之德，足启后人。愚婿决心继承遗志，化悲愤为力量，克勤克俭，公正为人，爱党爱国，立业兴家，以告慰岳父在天之灵。

　　（评语：本文系孝婿对岳父的哀悼之文，祭文回顾了岳父一生的可贵品质，特别点明了岳父对待女婿的种种好处，正如文中所说"胜过亲生"。本文在祭奠岳父的同时，作为呼应，表达了要"决心继承遗志，化悲愤为力量，克勤克俭，公正为人，爱党爱国，立业兴家，以告慰岳父在天之灵"，祭文质量立意明显高远，不失为一篇好的祭文。）

例9：

## 奠岳母文

维

公元某某年，岁在某某，某月某日，不孝婿某某、女某某、外孙女某某，虔备清酌馔品于岳母某门某氏某某灵前而泣曰：

呜呼！亲朋毕至，高设灵堂，哀乐低回，长幼悲伤。哀我岳母，遽赴黄粱。抚今思昔，往事悠悠，音容笑貌，历历在目；触景生情，思绪绵绵，千言万语，难诉深情。汝出书香，积善之门，举止儒雅，为人良善，孝敬父母，关爱弟妹。及至年长，成家立业，身为长媳，上敬父母，下爱弟妹，与人为善，和睦邻里。品行高尚，为人称道。生儿有八，今存有五，汝相夫教子，操持家务，夙兴夜寐，任劳任怨。呜呼，想汝十月怀胎之苦痛，茹苦含辛之抚养，虽寸管含情难书其中苦辛于万一，纵妙笔生花怎及我辈哀情之忽微！

呜呼！汝为人妻，则夫唱妇随，举案齐眉，恩爱有加。岳父身患数疾，久卧病榻，然汝十年如一日，不离不弃，不舍昼夜，嘘寒问暖，精心呵护，相濡以沫。汝为人母，则言传身授，教子有方，故家庭和睦，儿女出息。或娶妻生子，子贤媳孝，业兴财旺，儿孙绕膝，令人称道；或相夫教子，温文尔雅，夫唱妇随，母慈子孝，堪为楷模。汝为人师，则甘为人梯，呕心沥血，潜心教育结硕果，情倾杏园有佳绩。呜呼，而今子贤女孝，本可尽享天伦，谁知汝却撒手仙逝，一旦之间，竟阴阳相隔，天人永诀！呜呼哀哉！

汝近两年身染沉疴，子女因工作缠身，无力悉心照料，汝之生活由一保姆料理，虽我等致意殷勤，终是孝道未全，孝心未尽。丹丹元旦从广东回家，本想为汝买些点心，但念汝沉疴在身，诸多顾忌，未能遂意；原想接汝共度新春，汝亦十分乐意。不想汝突发脑卒中，遽赴黄粱，竟无只言片语成遗训，惟留音容笑貌影历历！纵我辈孝心拳拳，计划诸多，亦难成行！呜呼！每念及此，旧事填膺，思之凄梗，如影历历，逼取即逝。呜呼痛哉！

呜呼！岳母之风，高山流水。汝熟读孔孟之书，勤修孔孟之道，故举手投足，温文尔雅，待人接物，仁爱有加。汝为人妻，则夫唱妇随，举案齐眉；汝为人母，则言传身授，教子有方；汝为人师，则甘为人梯，呕心沥血。想汝终生奉献，毕世丹诚，含辛茹苦育儿孙，百多愁苦自饮吞。正是儿女有成时，痛哉已为泉下人。纸钱燃起熊熊火，热泪抛洒片片心。灵前长跪悲难起，泣血恭祭诉深情。呜呼，女婿不孝，敬备时馐。呜呼哀哉！尚飨！

（评语：本文系孝婿对岳母的奠文。奠文回顾了岳母一生经历，尤其是作为人妻、人母、人师三重角色的诸多可贵品质，到了晚年疾病缠身，后人因诸多因素无法尽孝，已成为一生遗憾，表现出了深深的自责。全文感情真挚，凄婉悲怆，打动人心。不足之处在于篇幅稍显过长。）

背景资料：

秋冰女士1994年7月毕业于××省××师范大学中文系，1994年9月进入××省××市××县××镇××初级中学从事语文教学工作，2000年调到该县××中学初中年段任教，先后担任语文教研组组长、教导处副主任。2002年取得中学高级教师职称。

秋冰女士于1997年加入中国共产党。在任教期间，从来没有因个人私事请过假，更没有在课堂或学校活动中迟到或早退过；多次获得校级"优秀教师""先进教育工作者""先进班主任"等荣誉称号，并于1997年、2002年获得县级"优秀教师"荣誉称号，于1999年、2004年获得市级"先进教育工作者"荣誉称号。从教以来，一直兼任班主任工作，关心学生，个人资助困难学生达30多位，深得学生的爱戴，这场葬礼有100多位历届学生表示将参加。

秋冰女士为人宽厚而正直，乐于助人。老同事喜欢与她交流心事，年轻同事喜欢到她家里聊天，领导需要人手也是第一个想到她。

秋冰女士持家有方，孝敬父母及公婆。她在自己的家乡中学任教，除了善待自己的父母及弟妹外，还经常将居于邻县的公婆接来家中居住，善待有加，公婆见人就夸自己儿媳妇的种种好处。虽然工作繁忙，但为家洗刷缝补、辛勤操劳，从无怨言。对待乡亲邻里，总是和睦相处，宽人严己，无论年长年幼，个个尊敬。

秋冰女士教子有方，儿子成才。时常教育儿子为人先立德，"不要忘记了帮过你的人，要懂得感恩；不要忘记了需要你帮忙的人，要行善积德。"对待儿子，总是严格要求，每日在百忙之中，总是会固定安排时间陪着儿子，检查儿子的学习进度及传授学习方法，鼓励孩子要上进。其独子在她去世的前12天刚收到湖南××××大学的录取通知书。

请根据前述【情景导入】资料及上述背景资料，协助秋冰女士的儿子撰写一篇《祭母文》。

# 第二节 悼词

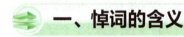 一、悼词的含义

悼词是对逝者表示哀悼、敬意与思念的言辞或文章。它既是对逝者的悼念，也是对逝者家属的安慰。从某种程度上说，悼词是组织或单位对逝者一生所作的总结和评价。本节所讲的悼词主要用于追悼会仪式上宣读。

## 二、悼词的分类

### 1. 中国古代悼词的分类

在中国古代，悼词被称为"诔辞""哀辞""吊文""祭文"等，但彼此之间是有区别的。

诔辞的对象主要是王公、贵族、士大夫并以颂赞逝者功德为主。

哀辞文体是诔辞的旁支，其对象主要是"童弱夭折，不以寿终者"，同时以抒发生者哀悼之情为主。

吊文指凭吊性的文章，"吊"有慰问之意。吊文内容较诔辞、哀辞广泛，也较其庞杂。可以说吊文是中国古代群众性的哀悼文体，它不一定是歌颂功德的文字，如汉代司马相如的《吊秦二世赋》。吊文也可以对具体的事物而言，成为一种咏怀性的文体，如《吊战场》之类。

祭文是古时祭祀逝者时所诵读的文章。屈原的《九歌》是最早的祭文。祭文范围较广，只有祭奠逝者的文章才属于哀悼文体的范畴。

### 2. 现代悼词有广义和狭义之分

广义的悼词指向逝者表示哀悼、缅怀与敬意的文章。它多由逝者的亲朋好友或师长、学生撰写。文章一般以抒情或叙事议论为主，叙述逝者的生平事迹和优秀品质，特别是突出他的杰出贡献或感人事迹以及对自己的勉励和影响等。

狭义的悼词专指在追悼会上对逝者表示敬意、寄托哀思的宣读式的专用哀悼文体。一般以记叙或议论逝者的生平业绩为主，而不以抒情为主。

广义悼词包括狭义悼词与缅怀性文章，而缅怀性文章不在殡仪服务范围之列，所以本节内容以介绍狭义悼词为主。

### 3. 按悼词的用途分类

按悼词的用途可分为宣读体悼词和书面体悼词。

宣读体悼词用于一定的祭奠活动，要在一定场合宣读。

书面体悼词用于普通礼节性的书面哀悼，不一定要求宣读。

### 4. 按悼词的表现手法分类

按悼词的表现手法可分为记叙式、议论式和抒情式三类。

（1）**记叙式悼词**　以记叙逝者的生平业绩为主，并适当地结合抒情或议论。记叙式悼词最为多见。通常的宣读体悼词往往采用这种形式。

（2）**议论式悼词**　以议论逝者对社会的贡献为主，并适当地结合抒情或叙事。它常见于书面体的哀悼文章。

（3）**抒情式悼词**　以抒发对逝者的悼念之情为主，并适当结合叙事或议论。

今天我们所说的悼词是"五四"新文化运动的产物，它反映出新时代的新变化，无论在形式上还是在内容上，同古代的诔辞、哀辞、吊文、祭文均有实质性的不同。本节主要介绍现代悼词中的狭义悼词（下文只写作"悼词"）。

##  三、悼词的内容与特征

### 1. 悼词的内容

悼词一般包括以下三方面的内容：

① 点明悼念对象，通常介绍其生前身份、简历、因何逝世、逝世时间、终年岁数等。

② 扼要地介绍逝者生前的事迹，突出其对社会的贡献，恰如其分地评价其一生。

③ 对逝者表示哀悼，并勉励生者化悲痛为力量，以实际行动做好工作来纪念逝者。悼词一般由较有威望或地位的人宣读。

### 2. 悼词的特征

**（1）总结逝者生平业绩，肯定其一生的贡献** 现代悼词是一种具有高度思想性和现实性的文体，人们以此既寄托哀思又通过逝者的业绩激励后来者。如毛泽东同志在追悼张思德同志的追悼会上所致的悼词，给后人留下了《为人民服务》的不朽篇章，不知激励了多少革命志士，直至今天它还具有很强的现实意义。

**（2）悼词的内容是积极向上的，情感基调是昂扬健康的** 它不像古代哀悼文，一味宣泄情绪，充满悲伤的情调，让人感到愁闷压抑。它应该排除一切感伤主义、悲观主义、虚无主义等消极内容。它不是面向过去，而是面向当前和将来，人们常说的"化悲痛为力量"就是这个意思。

**（3）表现形式和表现手法的多样性** 悼词既可以写成记叙文或议论文，又可以写成优秀的抒情散文；既能以叙事为主，也能以议论为主，还可以抒情为主。同时既有供宣读的形式，又有书面形式。概括来讲，充分肯定逝者对社会的贡献，真诚表达生者对亡者的悼念和敬意，以质朴无华的语言和多种多样的形式体现化悲痛为力量的积极内容。这就是现代悼词的基本特征。

**（4）悼词写作是一项很严肃或者政策性很强的工作** 悼词的起草和宣读的目的在于追忆、评价逝者，激励后人，写作过程既不要迁就丧属的情绪，夸大拔高，也不要埋没逝者的功名，应当本着实事求是的精神，以认真负责的态度，恰如其分、准确地反映逝者的本来面貌。悼词一般不涉及逝者的缺点。由单位承办的丧事，悼词的书写一般由所在单位派专人起草。有些特殊人物的悼词还要呈报有关上级批准或者治丧委员会进行专门研究。

## 四、悼词的写作格式及应注意的事项

### （一）悼词写作的基本格式

通常来讲悼词没有固定的格式，但宣读体悼词形式却相对稳定，这里主要介绍一下宣读体悼词的格式写法。宣读体悼词主要由五部分构成。

#### 1. 标题

悼词的标题应写在第一行正中间，形式灵活多样，但大体可分为三种写法。
① 通常情况是在悼词正文前写上"悼词"二字。
② 由逝者姓名和文种名称共同构成。如《在宋庆龄同志追悼会上的悼词》《悼念聂荣臻同志》《哀韦杰三君》等。
③ 需要刊发的，要用"在追悼×××同志大会上×××同志致的悼词"。

#### 2. 称呼

在标题下一行顶格写称谓，如"同志们""朋友们""女士们、先生们""各位领导""各位亲朋好友"等。

### 3. 正文

① 写明用什么心情悼念什么人。

② 写明去世者生前的身份或担任的各种职务名称,何种原因在何年何月何日几时几分不幸去世的,终年岁数。

③ 按时间先后顺序介绍去世者的简单生平。

④ 对去世者的称颂,可概括成几个方面,文字力求简洁。

⑤ 对去世者带来的损失,应实事求是;向去世者学习什么,可分成几点写明,用什么实际行动化悲痛为力量。

### 4. 结尾

自成一段,一般有两种写法。

(1) 一句式　"×××同志永垂不朽!""×××同志精神长存!""×××同志安息吧!"等。

(2) 概括式　"×××同志和我们永别了,我们要化悲痛为力量,×××同志永远是我们学习的榜样"。一定要注意简短。

### 5. 落款

悼词一般在开头就已介绍了参加追悼会的人员情况,所以悼词的落款一般只署上成文的日期即可。

## (二) 悼词的写作要求

悼词写作的关键内容在于正文。悼词的正文一般分为三个部分。

(1) 开头　首先要写明用什么心情悼念什么人,以沉痛的心情说明召开或参加此次追悼会的目的;其次要尽可能全面而准确地写明逝者生前的身份、职务、职称或称呼,以示尊崇,要注意这些称呼之间的先后排列顺序;最后简要地概述逝者何年何月何日几时几分何原因与世长辞,以及所享年龄等。

(2) 中段　这是悼词的主体部分,起着承接开头、缅怀逝者的作用。该部分主要由两方面组成。一是按时间先后顺序介绍逝者的生平事迹,即对逝者的籍贯、学历以及生平业绩进行集中介绍,应突出逝者对人民、对社会的贡献;二是对逝者的思想、精神、作风、品质、修养等作出综合评价,介绍其对他人和社会产生的积极影响,如鼓舞、激励了青年人,为后人树立了榜样等。该部分的介绍可先概括地说,再具体介绍;也可先具体地介绍,再概括地总结。

(3) 结尾　首先主要写明生者对逝者的悼念以及如何向逝者学习、继承其未竟的事业、化悲痛为力量,为国家、为社会作出更大的贡献等内容。之后向逝者家属表示慰问。最后要写上"永垂不朽""精神长存"或"安息吧"等作为结束语。

具体写作范例可参照后文。

## (三) 注意事项

① 明确写悼词的目的是主要介绍逝者的生平事迹,歌颂逝者生前在革命或建设中的功绩,让人们从中学习逝者好的思想作风,继承逝者的遗志。但是这种歌颂是严肃的,不夸大,不粉饰,要根据事实,作出合理的评价。

② 要化悲痛为力量。逝者生前为党、为人民做了很多好事,他们的美德会时时触动人

们的心灵，悼词应勉励生者节哀奋进。

③ 悼词的结尾要积极向上，不应该是消极的。

④ 语言要简朴、严肃、概括性强。

⑤ 悼词是用第三人称写的。宣读式悼词是在追悼会仪式中即时宣读的，故无需落款。

⑥ 要着重于优良作风传承落笔。追悼会的参与者既包括逝者的后辈，也包括逝者的生前好友与同事。宣读悼词的往往是逝者生前所在单位的领导，所以悼词的作用既是追思和悼念逝者，也是单位对逝者一生的肯定结论，其核心就是号召与会者从中学习并传承逝者生前好的思想作风、工作作风。所以，一篇好的悼词应该是一个单位优良作风教育的经典案例，而这也是悼词与奠文的主要区别。

## 范例赏析

**例1：**

### 悼念×××同志

各位亲友，各位来宾：

今天，我们怀着十分沉痛的心情深切悼念离休干部×××同志。

×××同志因××××病医治无效，于××××年××月××日晚××时××分在×××人民医院与世长辞，享年××岁。

×××同志××××年××月生于×××市×××县（区），××××年××月参加革命工作。（以下内容为该同志的简要经历并附带讲一些该同志的闪光点。）

×××同志一生勤勤恳恳，任劳任怨。他无论是在×××岗位，还是在×××岗位，总是一心扑在工作和事业上，干一行，爱一行，精一行，敬业爱岗，默默奉献。他对工作认真负责，一丝不苟。他认真执行政策，敢于坚持原则。

×××同志为人忠厚、襟怀坦白；谦虚谨慎、平易近人；生活节俭、艰苦朴素；家庭和睦、邻里团结。他对子女从严管教，严格要求，子女个个遵纪守法，好学上进。

×××同志的逝世，使我们失去了一位好同志。他虽离我们而去，但他那种勤勤恳恳、忘我工作的奉献精神，艰苦朴素、勤俭节约的优良作风，为人正派、忠厚老实的高尚品德，仍值得我们学习和记取。我们要化悲痛为力量，努力学习和工作，再创佳绩，以慰×××同志在天之灵。

×××同志永垂不朽！

**例2：**

### ×××同志悼词

各位来宾，各位领导，各位亲朋好友：

今天，我们怀着极其沉痛的心情，深切悼念×××先生的不幸逝世。在此，我受集团公司董事长×××先生委托，谨代表××公司、××公司及××公司，对×××先生的不幸去世表示沉痛哀悼！

并向其家属表示亲切的慰问！

×××先生于××××年××月××日进入我集团×××公司工作，先后在集团公司内的××、××等部门工作。他从基层做起，先后担任×××等职，在公司整整工作了30年，把自己最宝贵的年华奉献给了公司。×××先生伴随着公司从小到大，和公司同成长共患难，在公司最困难、最艰苦的时期，默默付出，为公司的创建、发展、振兴奉献出他辛勤的汗水和聪明才智，为公司的发展作出了重大贡献；这些年来，×××先生以厂为家，工作勤勤恳恳、兢兢业业；他长年累月工作在生产管理第一线；他吃住在公司，不辞辛劳，全天候一心一意扑在工作岗位上；他想公司所想，急公司所急，处处以维护公司利益为重，十多年如一日，全心全意为公司的发展恪尽职守，任劳任怨，默默奉献。

×××先生执行力强、坚持原则、工作有方，深受员工爱戴；他知人善用，任人唯贤，富有很强的感召力和凝聚力，善于激励和调动员工工作积极性，带领团队处理和解决企业管理中面临的各种问题；在公司，他所工作过的部门，很多是一般员工望而生畏、不敢管、难管、琐碎的部门，但他从不推卸责任，以"舍我其谁"的气魄挺身而出，以他的干练、果敢、勇气和睿智把这些工作做得有条不紊。

这些年来，×××先生严以律己，遵守公司规章制度、以身作则。他对自己严格要求，事事处处以公司制度为重，工作上身先士卒，为员工树立了良好的表率；他不向公司提出任何要求，深得员工敬佩。

×××先生平易近人，与人为善，真诚豪爽，对公司同事关爱有加。公司的许多员工在工作上、生活上甚至家庭情感上都得益于他的培养、教导、提携和无微不至的关心甚至资助，不仅他出色的管理能力深得大家敬佩，他的坦诚、包容、助人为乐、疾恶如仇也深得众人赞许。他和大家相处融洽，不分彼此，情同手足，大家都视他如同自己的兄长，亲切地称他为"×××大哥"。

×××先生是公司的好员工，是我们的好同事，更是好兄长，他的敬业精神、为人处世的风范永远是我们学习的榜样！

"白马素车挥别泪，青天碧海寄哀思"，今天我们在这里沉痛悼念×××先生，我们要化悲痛为力量，学习他那种勤勤恳恳的奉献精神，踏踏实实的工作作风；学习他对同事、对朋友真诚相待的道德情操；学习他艰苦朴素、勤俭节约、生性豁达的生活态度；在各自的工作岗位上扎实工作，锐意进取，为创造我们各自的美好生活，为建设和谐家园，作出我们各自应有的贡献，以告慰×××先生的在天之灵。

×××先生您安息吧！

（评语：本文是一篇典型的追悼单位同事的悼词。单位同事的悼词，最重要的要突出逝者在单位的工作成绩以及良好品德，同时要表达继承逝者遗志的志向，本文表达清晰且全面。但在本文中，没有简要地概述逝者去世的原因、地点、时间、享寿等，略显缺憾。）

 学习自测

请根据前述【情景导入】资料及第一节（学习自测）所提供的背景资料，为秋冰女士的追悼会撰写一篇悼词。

# 第三节　逝者生平

 一、逝者生平的含义

生平是悼念逝者的一种常见文体，指回忆逝者生前的经历、业绩和贡献的悼念文章。生平一般是向吊唁的人们散发或在报刊上发表，不必在遗体告别仪式上宣读。写生平的目的，主要是通过这种形式缅怀逝者的过去，回忆逝者生前的贡献，激励后人。

 二、逝者生平的内容和特征

**1. 逝者生平的内容**

逝者生平，顾名思义就是逝者的人生经历，能够使人很清楚地了解逝者的过去，是对逝者生平经历的详细陈述，力求使人们真实、全面、准确地了解逝者生前的身份、地位、经历与业绩。因此，逝者生平的内容主要是向参加告别仪式的人员介绍逝者的生平行谊，包括逝者的出生时辰、求学经历、成长背景、工作成就、为人处世态度等，另外也可简述其遗属的现况与社会成就，作为逝者生前种种成就与事迹的补充说明。

**2. 逝者生平的特征**

（1）提纲挈领，突出重点　　逝者生平是把逝者的整体形象在有限的篇幅内展现给人们，不是逝者生前经历大杂烩式的堆砌和罗列，而是对其生平经历做有目的的筛选，力求在真实、全面、简明的基础上使人们准确地了解逝者生前的经历与业绩。

（2）简洁明了，详略得当　　生平的写作侧重于简洁和全面，是用简洁、准确的语言层次分明地概括逝者的信息，使人们在短时间内对逝者有一个全面的了解。要达到这种效果，就必须在生平的结构、语言、排版上花一番功夫，因为这三个方面最能从直观上体现生平优劣。

（3）结构完整，语言恰当　　生平篇幅虽小，但仍须保持结构完整，依序向人们介绍逝者离世的情况、基本情况、职业活动经历等，这是符合人的正常逻辑思维的。对逝者的生平经历进行介绍时，语言要简明、清楚且没歧义，达到用最少的语言容纳尽量多信息的要求。

##  三、逝者生平的写作格式及注意事项

### 1. 逝者生平的写作格式

生平的结构由标题、正文、结尾三部分组成。

（1）标题　可以用"×××的生平"标出，也可以写成"×××同志的生平"。

（2）正文　首先，在第一自然段向人们介绍逝者离世的情况，包括逝世的原因、地点、时间（具体到时分），以此表示对逝者的哀悼。其次，在第二自然段向人们介绍逝者的基本情况，如姓名、性别、籍贯、出生年月及地点等，使人们对逝者有个基本的了解。籍贯与出生地点相同的，只要写籍贯即可。再次，根据逝者生前的整个经历，分为若干个时期，介绍每个时期中逝者的职业活动经历，突出介绍逝者的工作业绩。这个部分是逝者生平的核心要素，可以按不同时期的内容分为几个自然段进行叙述说明。最后，可另起一个自然段，适当表达"化悲痛为力量"的态度。

（3）结尾　另起一段以一句话表达对逝者的悼念之情，如："×××同志永垂不朽！""×××同志安息吧！""×××同志一路走好！"。

### 2. 逝者生平的写作要求

（1）要明确写生平的目的　写生平的目的是配合其他文章、图画、照片向人们客观地介绍逝者的全面而概括的生平事迹。因此，生平的篇幅要尽量简短，语言尽量精练，可以省去带歌颂、赞扬的词语。

（2）要掌握写生平的表达方法和人称　在叙述、描写、议论、抒情、说明、对话这六种表达方法中，写生平用的多是叙述和说明两种方法。叙述时，作者站在第三者的立场上，用"他（她）"的口吻去叙述逝者的事迹，因此，凡写生平都是用第三人称的叙述方法。

（3）要掌握生平的结构方法　在正文第三部分介绍逝者的生平经历时，可以按照需要分成若干个时期进行分段叙述。为了节省字数，在第一自然段提一次逝者的姓名以后，其他段落不再提姓名，直接以时间起止、历任职务、工作业绩进行叙述。

（4）要把握文字表达的恰当方法　所谓生平简介，就是对逝者的生平经历进行简洁明了的介绍，因此，语言首先要简明。要用最少的语言容纳尽量多的信息，并且清楚、没歧义，为了取得这样的效果通常做以下处理：在行文中，尽量使用无主语的句子，在每段开始提一次逝者的姓名以后，再提姓名时可用第三人称"他（她）"代替，甚至有时连"他（她）"也不用；在细节上，恰当使用规范词汇；在说明逝者的生平业绩时，要注意文字表达准确到位、恰如其分。

### 3. 注意事项

① 介绍逝者生平，无需长篇传记，只需将逝者最基本的人生历程向参加告别仪式的亲友公告说明即可。如，介绍逝者学历学位背景时，只需介绍其最高学历或学位取得的大学或科研机构名称及专业（或专业方向），不必写中学或小学。

② 书写逝者生平，如果可能，由逝者的亲人撰写是最好的。因为家人对逝者是最了解的，而经由其讨论、撰写，也能增加家属对逝者的追思和怀念。

③ 注意逝者生平的版面设计。逝者生平的篇幅尽量保持在一张A4纸的范围。排版一定

要清晰，字体要足够大，以方便参加告别仪式者阅读，这个很重要。要保持生平简介外观的整洁和干净，不能出现粘连、皱褶或污渍等情况，既是对阅读者的尊重，也是对逝者的敬重。

**范例赏析**

×××同志生平介绍

中国共产党的优秀党员，原××县劳动局局长×××同志，因病医治无效，于2019年1月13日2点10分，于××县医院逝世，享年79岁。

×××同志，男，汉族，1941年5月出生于××省××县，1962年2月参加工作，1964年10月加入中国共产党。

1958年2月至1961年2月在××大学××专业学习，毕业后被分配到××县××区政府任文书；

1961年2月至1965年3月，任××县委党训班副主任；

1965年4月至1975年6月，任××县××公社党委副书记；

1975年7月至1978年6月，任××县××公社党委书记；

1978年7月至1986年6月，任××县县直机关党委书记；

1988年7月至1992年1月，任××县人大常委会法制科科长；

1992年2月至2001年1月，任××县劳动局局长；

2001年1月光荣退休。

×××同志热爱社会主义、热爱中国共产党，拥护党的各项路线、方针、政策，始终与党中央保持一致。×××同志坚持以共产党员的标准严格要求自己，以身作则，廉洁自律，对上级交办的各项任务不折不扣完成。从事领导职务期间，他不为金钱所惑，不被权势所屈，不为人情所扰，刚正不阿，一身正气，秉公执法，勤政为民，赢得了广大人民群众的赞扬。退休后，他仍关心关注××这方土地，不遗余力地支持××经济社会发展，主动建言献策，积极参加各项活动，发挥余热，贡献力量。

×××同志始终保持着艰苦朴素的生活习惯，宽厚仁慈，平易近人，谦虚谨慎，邻里和睦，展现了老一代共产党员的高风亮节。×××同志对子女要求严格，注重教育，言传身教，子女们都秉承了优良的家风，在不同岗位上取得了较好的成绩。

追忆×××同志的一生，他始终忠于革命、忠于党、忠于人民，有很强的党性观念和组织领导能力，始终以大局为重，服从组织安排，始终关心和支持××发展，始终保持同群众的紧密联系，数十年如一日，无愧为党的一名好干部，无愧为人民群众的贴心人。他用自己的一生，实践了在党旗下立下的铮铮誓言。他的逝世，使大家失去了一位好干部、好同事、好朋友,子女失去了一位好父亲。

逝者已去,风范长存。让我们化悲痛为力量,学习×××同志的优良作风和敬业精神,奋发有为,再创佳绩,以遥寄哀思、告慰英灵。

×××同志永垂不朽!

(评语:本文系逝者生前所在单位撰写的逝者生平简介,开头以讣告的形式出现,其次对逝者的生平经历作了总结性的梳理回顾,再次是对逝者的一生功绩作了简要的评价,最后对参与遗体告别仪式的人们提出"化悲痛为力量,学习×××同志的优良作风和敬业精神"的要求,由此构成完整的逝者生平介绍。)

请根据前述【情景导入】资料及第一节(学习自测)所提供的背景资料,为秋冰女士的遗体告别仪式撰写一篇生平简介。

# 第四节 发引文

## 一、发引文的含义

发引,俗称"出殡""送死""发丧""发纼(zhèn)""出山""送葬"等,发引是埋葬逝者前最后的葬礼,是在辞灵奠祭或追悼会仪式之后,举行发引祭,实际就是启灵仪式。

由于出殡是逝者人生形态的最后终结,因此,不仅丧主极其重视,逝者的亲朋好友也都会到齐。丧主则通过发引仪式来寄托自己对逝者的哀思,尽显孝道。

所谓发引文,也称辞灵文、起车祭文,即丧葬时,孝男孝女跪拜之时所诵读的送别祭文。

诵读发引文的作用:一是告示亡者一切准备事项已就绪;二是饯行道别亡者,以尽孝心并显不舍;三是告知参与送葬的人们及时就位,做好送葬的准备。

## 二、发引文的写作格式及注意事项

### 1. 发引文的写作格式

(1)标题 写成"祭××文",其中的"××"表示逝者的辈分或与祭文宣读者的关系。

(2)"维"起。

(3)正文 由前言、主体、结尾三部分构成。

① 前言。即正文的第一自然段,须言明昭告的时间、谁来昭告、昭告谁,这是开篇明

义，首先要点明的内容。如"公元某年某月某日，孝男某某等敢昭告与故父×（姓氏）公讳××（名）老大人之灵曰"。

②主体。这是奠文的核心所在，内容可分为三个部分。

第一部分，简要告知逝者落葬的各方面准备工作已就位，出殡的吉时到了，出殡队列即将出发，如"牛面卜筑，冥宅攸宜。吉辰方届，神明莫留。"

第二部分，简要表达祭奠人自己对逝者的不舍和哀悼之情，如"灵辀既驾，涕泗交流。"

第三部分，聊表对逝者迁居的饯行之意，尽到"敬其所尊，爱其所亲。事死如事生，事亡如事存"，如"爰方启行，佳地安居。谨陈牲礼，备荐庶馐。"

③结尾。以专用词"谨告""尚飨"结束。

### 2. 发引文的写作要求

**（1）区分对象** 要根据哀送对象的不同选择对应的表达角度。

**（2）情感真挚** 既要在字里行间显示出诚恳的哀悼之情，又要表达出真挚的不舍之心，把握好讲话的分寸，既不能"薄情寡义"，又不能"无病呻吟"。

**（3）篇幅简短** 辞灵或告别仪式上，已经充分肯定了逝者生前的功德，而发引仪式仅是出于哀送礼仪的需要，所以在发引文充分表情达意的基础上，篇幅应当尽可能地简短些，并使语言雅致一些。

### 3. 注意事项

①发引文一般由逝者的子女宣读，并且在文中开头标明与祭者的名字，所以文后无需署致词者的姓名。

②发引启动是严格按照事先选好的时辰进行，所以发引文的核心作用是用简练的语言告知参与送葬的人们及时做好送葬的准备，其撰写不要长篇大论，要尽量简短，多留些时间给人们准备起柩事宜。

---

**范例赏析**

例1：

#### 祭父（或母）文

维

公元一九八六年岁次丙寅孟春之月××朔越×日××不孝男×× 孝妇×× 孝孙×× 等敢昭告与故父（或母）谥（名）××（姓）×公（或氏）之灵曰：

牛面卜筑，冥宅攸宜。吉辰方届，神明莫留。灵柩既驾，我心伤悲。爰方启行，佳地安居。谨陈牲礼，备荐庶馐。

谨告。

（评语：本文内容简明扼要，表达语言精练。寥寥数句，就将前期准备、准备起行、离别心理、道别、饯行等诸事交代或表达清楚。但因套用程式用语，所以在一定程度上存在着文、言分离的弊病，使听者无法完整理解其中的含义。）

**例2：**

### 祭父（或母）文

维

某年岁次某某，某月某日，不孝孤哀子某谨以牲醴致奠于故父（母）某公（某氏）之前曰：

谷辰方届，神明莫留。灵輀既驾，涕泗交流。往处佳城，安居宅幽。谨陈牲礼，备荐庶馐。

谨告。

（评语：本文与上文程式雷同，但因重复使用"谨以牲醴致奠""谨陈牲礼，备荐庶馐"，所以显得过于唠叨，致使语言表达略显不足。）

 学习自测

请根据【情景导入】所提供的资料，为秋冰女士的出殡起车仪式撰写一篇发引文。

PPT课件

# 第六章
## 丧事致谢文书的写作

### 学习目标

**知识目标**
1. 了解丧礼答谢词、感谢信的用途、内容与结构。
2. 掌握丧礼答谢词、感谢信的写作要求。

**能力目标**
能够按照客户要求,提供相应的丧礼答谢词、感谢信的撰写服务。

**素养目标**
具有良好的人文素养与高度的人文情怀,坚持人民至上、生命至上的理念,用温情服务去宣扬正确的生命价值观,以生命去感化、教育生命,为殡葬改革深化发展助力。

### 情景导入

秋冰女士生前无论在工作生活方面,还是生病住院期间,都得到了单位领导、同事、亲朋好友的关心帮助。秋冰女士独子心存感激,表示在追悼会(或告别仪式)上或丧事办完后会致以感谢。4月6日为秋冰女士举行葬礼仪式。

假如你是殡仪馆指定的服务人员,请根据秋冰女士的生平、工作、生活等情况,尤其是患病期间得到的关心照顾情况,协助秋冰女士独子撰写在追悼会(或告别仪式)上的答谢词,以及致秋冰女士生前单位、医院、殡仪馆的丧礼感谢信。

## 第一节 答谢词

### 一、答谢词概述

由于逝者生前一直受到单位领导、同事、亲朋好友的关心,在办理后事时又得到了许多人的帮助。为表达感谢之情,逝者家属通常会有一个答谢讲话,即答谢词。答谢讲话既可在追悼会（或告别仪式）、丧事晚宴上，也可在安葬仪式（或葬礼）、周年祭上。答谢词一般由逝者的孩子宣读。

## 二、答谢词的内容与结构

### 1．内容

一般来说，答谢词的内容主要包括两个方面：一是对逝者表达哀思和怀念，二是对来宾表示感激和谢意。实践中，由于逝者的生平身份不一，离世的方式影响不一，以及答谢的对象场合不一，答谢词在内容的长短、强调的重点等方面均没有统一的规定。比如在追悼会（或告别仪式）和丧事晚宴上，内容就不宜过长，重点突出对来宾的感激和谢意。在安葬仪式（或葬礼）和周年祭上，内容可以稍长，重点突出对逝者的哀思和怀念；也可进一步将答谢主题升华开来，表达继承逝者遗志，发扬逝者风范，不断积极进取的人生态度。

### 2．结构

（1）标题　答谢词是丧事致谢文书的一种，直接冠以"答谢词"或"答谢"作标题即可。

（2）称谓　称谓即致谢方，后加冒号。简单的称谓以"各位领导、各位来宾、各位亲朋好友"即可，原则上尽可能把致谢现场的人都包含在内。书写上须另起一行顶格书写。

（3）正文　正文是答谢词的重点。书写时应根据逝者生前和答谢对象的基本情况，结合答谢场合、氛围、时间等要素，确定答谢词的长短、重点、词汇、情感等。

（4）结尾　再次对致谢方表示感谢，并可向致谢方表示恰当的良好祝愿。

## 三、答谢词的写作技法及应注意的事项

### 1．写作要求

（1）合乎规范　答谢词是在特定场所和特定氛围下的致谢发言，自然应遵循一定的模式，尽可能地按照约定俗成来规范写作。

（2）感情真挚　答谢词是在逝者追悼会（或告别仪式）、丧事晚宴、葬礼（或安葬仪式）、周年祭上的答谢发言，感情上要体现一个"真"字：真言、真情、真意。忌讳虚情假意、矫揉造作、大话套话。

（3）评价恰当　答谢人答谢时，要恰如其分地感谢答谢对象对逝者的关心、帮助、支持，不可说三道四、抱怨不满、指责苛求。在对逝者精神、品德、功绩作评价时，要适度、中肯，不可随意拔高、无限升华。

（4）简短精练　答谢词要简短精练，结构层次分明，避免可有可无的字、词、句、段，一般以3～4分钟为宜。绝不可写成会议报告。

### 2．注意事项

一篇好的答谢词，还要处理好以下几个方面的关系。

（1）客套与内容　答谢词需要"客套"话语，但"客套"话语要点到为止，不可过

多、过滥。答谢词取胜的关键应是内容的"真"。

（2）**友谊与原则**　　如果逝者生前同答谢对象有交往友情，书写答谢词时要充分表达交往友情，但如果逝者生前同答谢对象有过节罅隙，书写答谢词时要尽可能地回避，防止出言不逊或不慎而伤害了对方的感情。

（3）**他言与引用**　　所谓他言是指在实际答谢中，常常来宾代表也要致辞表达意见，对此，作为逝者的亲属作答谢时，最好能将对方所讲话即"他言"引用过来，融入自己的答谢词中，一来表明认真听取了对方的讲话，二来表明赞同对方所表达的意见。这样做，不仅可以使自己的答谢词内涵丰富，而且进一步融洽了双方关系，增强了现场应有的肃穆气氛。

（4）**雅致与平俗**　　答谢词是丧葬致谢文书的一种，是在特定场所和特定氛围下的致谢发言。致谢情感的表达，需要好的文字。高雅、精致的语言，能使逝者的追悼会（或告别仪式）、丧事晚宴、葬礼（或安葬仪式）、周年祭显得庄重、肃穆。平实、通俗的语言又能使参加追悼会（或告别仪式）的人很好地理解答谢人要充分表达的谢意。二者要统一起来，相得益彰。

## 范例赏析

### 例1：父亲追悼会答谢词

#### 答谢词

尊敬的各位领导、各位来宾、各位亲朋好友：

"树欲静而风不止，子欲孝而亲不待"。2018年8月18日19时25分，我的父亲在××省人民医院病逝，享年83岁。今天，我们怀着万分悲痛的心情，在这里举行告别仪式，寄托我们的哀思。

首先，谨让我代表我的母亲、我的兄弟姐妹及全家，向今天参加我父亲追悼会的各位领导、各位来宾、各位亲朋好友表示诚挚的谢意！感谢你们在百忙之中来到这里，和我们一起，向我的父亲作最后的告别。父亲先后在××中心小学、××中学、××职高教书育人，后又多次自愿到×××的三州（××州、××州、××州）地区支教。父亲教书育人四十余年，得到了各级领导的肯定、赢得了各位同事的好评、受到了学生的爱戴，多次获得优秀教师、优秀班主任等荣誉称号，为党的教育事业作出了贡献。

在我父亲住院期间，承蒙各位领导、各位来宾、各位亲朋好友的关心、关怀，给了父亲莫大的安慰！特别是××职高的校领导、退管办工作人员及同事们多次到医院探望、慰问，陪同我父亲度过了艰难的时光。在省医院住院期间，几次发病，省医院×医生都组织团队争分夺秒，全力抢救，几次将我父亲从死亡的边缘拉了回来。生病的一年半时间，×××护理员悉心照顾、精心护理，给了我父亲无微不至的关心和安慰。办理我父亲丧事期间，××殡仪馆全体员工周到的服务、精湛的技术，让我父亲体面地离去，给了我们极大的慰藉。作为家属，心存感激。

父亲同我们永别了！但他的音容笑貌永远活在我们心中！我们一定孝敬好母亲，勤奋工作，教育好后代，好好生活。父亲一路走好！

再一次感谢大家。

（评语：本文既简明介绍了父亲个人生平、工作情况，也客观评价了父亲为教育事业所作出的贡献，同时对父亲生前领导、同事、亲朋好友给予父亲的关心帮助作了较具体的回顾，充分地表达了感谢之情。本文最可贵之处，在表示感谢之情时照顾到各方面，既提及了医生、护士，也提及了殡仪馆工作人员，充分展示了家属的感谢之情，也从另一个侧面证明了××同志亲属重情重义、知恩图报的可贵品质。本文层次分明，结构严谨，语言平实，情真意切，是一篇较好的答谢词。）

**例2：父亲丧宴答谢词**

答谢词

尊敬的各位长辈、各位领导、各位亲朋好友：

今天，我们×家兄妹×××、×××、×××共同在此举行答谢晚宴，我受他们的委托讲几句话。

今天上午11时6分，我们敬爱的父亲×××的骨灰已安葬于东山公墓，他老人家入土为安，含笑九泉了。人生虽短暂，人间处处真情在。我们三兄妹向父亲生病和住院治疗期间及去世以后给予他和我们全家关心、帮助、支持、理解和同情的各位长辈、各位领导、各位亲朋好友表示最衷心的感谢。这份情谊，情真意切，厚重万分，我们将永远铭记，珍藏心间。

我们敬爱的父亲从此永别了，他的儿孙们定将化悲伤为力量，牢记家训，继承遗志，传承精神，勤奋工作，不懈奋斗，报效社会。我们将以建设和谐家庭的实际行动告慰他老人家在天之灵。

人生很短暂，你我共珍惜。最后，我们三兄妹真诚地祝愿大家保重身体、珍爱生命、热爱生活、家庭和睦、善待他人、工作顺利、事业有成！真诚地祝愿大家开开心心地过好每一刻，快快乐乐地过好每一天！真诚地祝愿大家像生命之树永远常绿，像生命之花永远绚丽多彩！

再次感谢大家！请大家用餐！

（评语：本文系父亲丧事办完之后晚宴上的答谢词。全文结构明晰，文字朴实，感情饱满，是一篇典型的"感谢—表志—祝愿"三段式答谢词，篇幅适中，是一篇较好的答谢词。）

**例3：母亲葬礼答谢词**

答谢词

尊敬的各位领导、各位来宾、各位亲友：

今天是我母亲下葬的日子。我们怀着万分悲伤的心情，在这里举行安葬仪式，寄托我们的哀思。

首先，谨让我代表我的父亲，代表我的兄弟姐妹，代表我们全家，向前来参加安葬仪式的各位领导、各位来宾、各位亲朋好友表示最诚挚的谢意！谢谢你们在百忙之中来到这里，和我们一起，向我的母亲作最后的告别。母亲的离别，带给我们深深的怀念。作为后代，我们无法用简单的言语去总结母亲的一生，母亲的人生准则简单得只有十二个字——清清白白做人、勤勤恳恳做事，而这正是她一生的写照。无论对待工作还是对待家庭，母亲总是把自己看得很轻。她一生爱岗敬业，勤俭持家，不但是单位的好职工，同时也是最尽责的好家长，儿孙们最慈爱的好尊长。她用一颗赤诚的心，付出满腔的热情，为我们这个家庭添枝加叶，为儿女健康成长含辛茹苦，言传身教，培养我们成人，我们为有这样一位平凡、顾家、慈爱的母亲而感到骄傲，同时为痛失这样一位慈母而感到万分悲痛。

母亲，您操劳了一生，本该早些安享晚年，多些时间享受儿孙的孝敬，但您病重期间仍放不下家中的大小事务。尽管我们都不愿意，但病魔没有给予我们更多的时间来孝敬您。您就放心地走吧，我们自会化悲伤为力量，竭尽全力孝敬好健在的父亲，让他老人家的晚年越发幸福、身体越发安康；我们自当牢记母亲的遗训，清清白白做人，勤勤恳恳做事，扎扎实实工作，最大限度地实现人生价值；我们自当继承母亲留下的良好家风和优良品德，一定会善待和教育好自己的子女，把他们培养成对社会有用的人，像您所希望的那样，一定不让您失望。我们知道，这是对您在天之灵最大的告慰！也是我们回报社会，回报各位领导、各位尊长和各位亲朋的最好体现。

敬爱的母亲，您安息吧！

最后，我代表我的父亲和家人，对每一位关心、帮助过我们母亲的领导、同事和亲朋好友致以最诚挚的谢意；向出席安葬仪式的各位领导、各位来宾以及所有的亲朋好友，表示最衷心的感谢！母亲在天之灵一定会保佑大家全家幸福！万事顺心！

谢谢大家！

（评语：本文是母亲下葬时的一篇答谢词。作者既回忆了母亲"清清白白做人、勤勤恳恳做事"的品格，又表明了要扎扎实实工作、发扬良好家风和善待教育子女，以告慰母亲在天之灵。结构上前后呼应，对来参加母亲最后告别仪式以及帮助过母亲的领导、来宾、亲朋好友表示深深谢意。文章语言流畅，充满感情，令人动容。）

**例4：母亲去世三周年晚宴答谢词**

### 答谢词

各位领导、老小外家、乡亲、亲朋好友：

今天是我母亲去世三周年的日子，众位领导、老小外家、乡亲和亲朋好友相聚在这温馨的庭院，隆重纪念我母亲去世三周年。在此，我心情十分激动，对你们的到来表示衷心的欢迎和诚恳的感谢，并对乐队的演员、厨房的师傅们以及各位帮忙的同志们表示最诚挚的感谢。感谢你们在百忙中前来参加纪念活动；感谢你们辛辛苦苦为我母亲三周年纪念活动忙前忙后，跑东跑西；感谢你们不怕路途遥远，不怕风寒路险前来祭奠我的母亲。在此，我代表家人对专程前来的各位领导、老小外家、亲朋好友、邻里乡亲，表示由衷的感谢。

三年时间转瞬即逝，回顾母亲生前的音容笑貌、言谈举止、道德风范与平凡人生，往事如烟，仿佛就在昨天。母亲从小就受到良好的传统家教与品德培养，早年时候养成了仁爱善良的秉性和勤劳俭约的风范。母亲既要参加生产队的日常劳动，又要挑水做饭，割草喂猪，纺花织布，打理家务，举家维艰，携手共助，平平安安地度过了非常艰苦的岁月。母亲与父亲成婚后先后生养我们兄妹8人，含辛茹苦地把我们拉扯长大，培育成人，先后成家立业。母亲起早贪黑，费心费力，为了儿女的温饱操持生计，自己少吃少穿，儿女吃饱穿暖。母亲勤俭持家，辛劳一生，任劳任怨，无怨无悔，晚年时积劳成疾，在我们无比悲痛绝望的时候，亲朋好友们多次看望和安慰母亲，让母亲深切感受到亲情友情的关爱与温暖，非常有效地缓解了母亲的病症和我们的悲伤情绪，但由于母亲病史太长，身体太差，直到最后医治无效，于三年前的今天母亲还是走了，离开了她恋恋不舍的美好家园和亲朋好友们，安详地走了，终年82岁。疾劳早夺慈母命，悲风倾诉儿女情，寒雪难言寸草心，长报年年三春晖。

缅怀母亲的一生，贤淑大体是母亲一生的品位，勤劳朴素是母亲一生的追求，忠厚老实是母亲一生的作为。在子女心目中，母亲的境界是崇高的，母亲的作为是高尚的，母亲的奉献是无私的。母亲身后最大的遗产是站在这里健康生活着的儿女们。虽然母亲走了三年了，但母亲永远是我们心中闪亮的丰碑。

铭记母亲养育我们的血肉亲情与大爱大德，我们揣着感恩的心，年年思念着母亲，我们怀着感激的情，月月祈祷着母亲，我们兜着满腹的话，天天告慰着母亲！当我们走在大街小巷看见拄着拐杖的长者，我们会想起自己慈祥的母亲；当我们坐在电视荧屏前看到镜头里满头银发的老人，我们会在脑海里闪现出自己善良的母亲；在我们入睡前、睡梦中和醒来后的点滴时刻，我们会思念可亲可爱的母亲；当我们走进母亲曾经生活过的屋子，我们会想起过去活着的母亲；当我们看到母亲生前使用过的物品与穿过的衣服，我们会以往日的情景惦念着母亲；当我们翻看母亲的照片，亲近的愿望更是强烈地击打着儿女的心。思念之痛，思念之苦，思念之梦，思念之情，常常湿润着儿女的眼睛。

儿女情深，母爱永恒，母亲在世时无比珍惜的历历往事，如今我们失去之后才真实真切地感同身受！遗憾与愧疚时常使儿女的身心作痛。思念母亲泪洗面，自古忠孝难两全，由于儿女的事业和家庭的负担，在母亲您晚年孤独想念儿女时，好多时候我们不能够完全孝敬在您身边；您晚年患病需要儿女效命报恩时，我们最终没能从死神那里抢救回您的生命，希望母亲在天之灵忘下遗憾，瞑目安息！

母亲的恩德血脉相传，爱泽后代，芳华继续，相从相依。我们欣慰地告诉您的在天之灵，您的第三代孙辈们也非常努力，他们也非常听话、懂事、勤奋、努力，他们也一定不会让您失望的，请您放心西去，一路平安！

三年了，距离那个伤心欲绝的日子整整三年了。您留下的生活之重，由我们为您承担；您未了的心愿，由我们为您实现！您的亲友和子女在这里对您呼唤：日月光辉在，山河万年长，伟大的母亲，您永远活在我们心中！最后，我再次向前来参加母亲三周年纪念活动的各位领导、众位乡亲、各位亲戚、各位同事、各位朋友以及所有帮忙的同志们表示最诚挚的感谢。

再一次，谢谢大家。

（评语：本文是母亲去世三周年晚宴上的答谢词。全文逻辑层次分明，"感谢—缅怀—表志"，特别是缅怀母亲一生仁爱善良、勤劳俭约等可贵品质，真挚感人，令人动容，荡气回肠，读后陷入深深的追忆之中。）

 学习自测

请协助秋冰女士的独子，写一篇在秋冰女士葬礼仪式上向所有来宾致谢的答谢词。

# 第二节　丧礼感谢信

 一、丧礼感谢信概述

丧礼感谢信一般是在殡仪活动结束后，向关心、帮助和支持过逝者或逝者家人的集体（党政机关、企事业单位、社会团体等）或个人表示感谢的书信。丧礼感谢信作为丧葬文书的一种文体，有其专业格式，内容同答谢词大同小异。它常常应用于办丧家属与亲朋好友、逝者单位及殡仪服务机构之间，受信者和写信者均可是个人或单位（集体）。

 二、丧礼感谢信的内容与结构

### 1. 内容

丧礼感谢信是丧事办完后的最后一次"工作总结"，主题是感谢。其内容主要包括两个方面：一是逝者在工作期间及殡仪活动期间得到了某人或某单位的帮助、支持和关心；二是家属表达真切的谢意。根据对象不同，丧礼感谢信可以分为三种：一是直接寄送给感谢对象；二是直接张贴在逝者生前居民区、逝者生前单位或子女单位；三是寄送给广播电台、电视台、报社、杂志社等媒体公开播发。

## 2. 结构

（1）标题　　丧礼感谢信往往要用全张红纸书写，故标题直接写"丧礼感谢信"，有的还在"丧礼感谢信"的前边加上一个定语，说明是因为什么事情、写给谁的丧礼感谢信。字体要比正文大2～3倍。

（2）称谓　　因感谢对象不同，称谓也就不同，一般是顶格写对方单位名称或个人姓名，姓名后面可以加适当的称呼，如"同志""师傅""先生"等，称呼后用冒号。如果是张贴在单位的，则应写该单位的全称再加上"领导及同志们"，前面冠以"尊敬的"三字。如果感谢对象比较多，可以把感谢对象放在正文中间提出。

（3）正文　　要说明逝者的死因、享寿以及去世的时间，要说明感谢者与逝者的关系，要较详细地说明感谢对象对逝者的关心、帮助或感谢对象对逝者后事或出资或出力等事项。

（4）结尾　　为加深感谢之意，结尾通常要再次表示感谢感激之情，同时要表明举丧家属对逝者的怀念，以及继承遗志、不断进取的精神。全文结束时，另起一行空两格（也可以紧接正文）写上"此致"，换一行顶格写上"敬礼"。

（5）落款　　一般落款即"孝子××、孝女××、孝孙××"，如按传统格式则要暗示父母的情况，父死曰孤子，母死曰哀子；父在即书"严命下"，母在即书"慈命下"。最后在署名的下边写上发信的日期。

## 三、丧礼感谢信的写作技法及应注意的事项

### 1. 写作技法

（1）感谢对象要确指　　叙述对方对逝者、家属或丧事承办单位的帮助，要有确切的感谢对象，以便大家清楚在感谢谁。

（2）表达感激要明确　　在叙述事实的过程中，除了要突出感谢对象在围绕逝者相关事项的好思想、好行为外，行文还要始终饱含着感情。

（3）表示谢意要得体　　表示谢意的话要得体，既要符合被感谢者的身份，也要符合感谢者的身份。

（4）表述事实要具体　　要介绍清楚感谢对象对逝者或逝者家属的关心、帮助和支持，可以是在逝者生前的工作生活上，也可以是在逝者患病期间，还可以是在丧事办理期间等方面。感谢别人要有具体的事实，否则就显得抽象空洞。

### 2. 注意事项

（1）内容要真实　　丧礼感谢信的内容尤其是感谢对象所做的事项是真实的，不能无中生有地编造事实或夸大事实。

（2）用语要适度　　丧礼感谢信的用语要求是精练、简洁，遣词造句要把握好一个度，不可过分雕饰。

（3）情感要诚挚　　对被感谢者要始终满怀感激、感谢之情。感情要真，使看信的人感动。

（4）语言要简练　　信件篇幅不宜过长，用词要符合身份，切忌辞藻华丽。叙事内容以主要事迹为主，详略得当，篇幅不能太长，所谓话不在多，点到为止。写给个人的丧礼感谢信篇幅可以稍长。

### 范例赏析

**例1：写给单位的丧礼感谢信**

丧礼感谢信

尊敬的××学院领导及同志们：

我父亲×公××老人于二○一八年八月十日上午十时因膀胱癌抢救无效，不幸去世，终年七十三岁。在他老人家住院期间，承蒙各位领导及同事多次到医院探望，给予多方照顾，给他带来了极大的安慰，增加了他与病魔作斗争的决心。在他老人家去世后，各位领导和同志们又出资出力，使他老人家的追悼会开得既庄严又圆满。在此我们全家向各位表示最诚挚的感谢！父亲他老人家去了，我们将继承他老人家的遗志，我们一定不辜负大家对我们的期望，做好各自的工作。谢谢！

此致

敬礼！

孝男××× 孝女×××
二○一八年八月十五日

（评语：本文言简意赅，点出了必须感谢的理由以及感谢者将继承遗志、努力工作的决心，是一篇较好的丧礼感谢信。）

**例2：写给领导及同事的丧礼感谢信**

丧礼感谢信

各位领导及同事：

正值国运昌隆、家境小康、乐享天伦的美好时光，我的父亲大人——×××老人家的不幸逝世，令我等倍添哀思，陡起愁云。

承蒙各位的关心、帮助与支持，使他老人家的丧事圆满、隆重，在此，我谨代表全体孝眷向支持、帮助办理丧事的单位领导、同事表示衷心的谢意！！！

现在，他老人家虽然去了，但他留给我们的精神财富却取之不尽，用之不竭。我们一定会化悲痛为力量，继承他老人家的遗志，为党、为国家作出自己最大的贡献，以报答各位领导和同志们的支持和帮助，告慰他老人家的在天之灵。

此致

敬礼！

孝子×××
××××年×月×日

（评语：本篇丧礼感谢信按照感谢的对象、感谢的事由、感激之情来写的，最后表述了家属继承遗志的决心，篇幅简短，事实清楚，表达了谢意。但通篇略显简单、粗放。）

 **学习自测**

请协助秋冰女士的独子，给秋冰女士原工作单位写一封张贴在原单位大门口的丧礼感谢信。

PPT课件

# 第七章 致哀文书的写作

## 学习目标

**知识目标**
1. 了解挽联、挽带、挽幛、挽幅、铭旌的用途、内容与格式。
2. 掌握挽联、挽带、挽幛、挽幅、铭旌的制作及撰写要求。

**能力目标**

能够按照客户要求及逝者的相关信息资料，提供相应的挽联、挽带、挽幛、挽幅、铭旌的制作及撰写服务。

**素养目标**

具有事死如生、慰藉生者的生死文化观，具备良好的沟通协调、团结协作、语言文字表达、创新思维等素养，不断提高殡葬文化服务的综合能力，增进职业生涯可持续发展的能力。

### 情景导入

4月6日上午，秋冰女士的葬礼即将举行，参加对象有家属、亲朋好友、生前同事、学生及家长等，由于葬礼的一切事项均委托殡仪馆代办，所以殡仪馆礼厅工作人员除了布置花圈、摆放花篮外，还必须根据来宾的要求代为撰写相应的致哀文书。

## 第一节 挽联

### 一、挽联及其用途

挽联作为悼念逝者的一种文体，是民间的丧葬风俗，流行于全国各地。历代文人多以五言或七律等形式写作挽联，以寄哀思。挽联，是专为哀悼逝者、治丧祭祀时用的对联，表达对逝者的哀悼，对活人的慰勉，现在的丧葬活动中，挽联仍被普遍应用，成为丧家治丧时的必备之物。

挽联属专用联，因此，写挽联不仅要求感情真挚，还要具有时代性，反映当时的社会生活，表达人的思想感情。因此，随时代的变迁，挽联的内容也会起相应的变化，如"宝瑟无声弦柱绝，瑶台有月镜奁空"，是旧时丈夫哀悼妻子的挽联，用在现代夫悼妻的挽联中就多了点陈腐气。挽联还要具有针对性，要切合逝者的地位、身份、情操和业绩，甚至此时此地的思想感情也要切合事物与场合，如挽丁玲联"剪柳春风，节见穷时，一曲桑干传广宇；凝尘瑶瑟，情伤雪夜，百年有女耀高丘。"

挽联的作用有如下几种。

（1）交际应酬　　中华民族历来重视礼节，在丧礼中致送挽联，以物达情，表示对逝者的礼貌与诚敬。尤其是有些挽联名作，庄重高雅，一直为人传诵，不可以庸俗应酬视之，如方地山挽张大千联："八大到今真不死，半千而后又何人。"

（2）追悼亲友　　挽联多是综述逝者生平，评价逝者的业绩，表彰逝者精神和情操，有的是抒发自己的感慨，有的是表达对亲人的依恋和嘱托，如"怪赤绳老人，系人夫妻，何必使人离别；问黑脸阎王，主我生死，胡不管我团圆。"这是齐白石挽结发妻陈春君联，表达了他对妻子的深厚情感，虽是依恋，但又无奈，只好来责怪赤绳老人，诘问黑脸阎王。

（3）讽世刺时　　挽联不仅能抒发情感，还能反映一定的社会生活，揭露黑暗、讽贪刺酷。

（4）激励生者　　挽联多是对被挽者生平的总结和感慨，不光有交际应酬、追悼亲友、讽世刺时的作用，还能起到激励生者的作用。如康有为挽谭嗣同联云："复生，不复生矣！有为，安有为哉？"谭嗣同，号复生，戊戌变法时"六君子"之一。此联是嵌名联，康有为既悲逝者不可复生，又叹自己匡时无策，语极沉痛，蕴含着复生的死，也激励自己要继续担当起匡时济众的抱负。

在提倡殡葬改革的今天，挽联仍有实用价值，它既可以寄托挽者的哀思，又不同于致送某些庸俗的礼物，所以有必要在现代丧礼中大力推行。

## 二、挽联的分类

依据挽联的摆放位置，一般有门联、灵堂联、柱联、花圈联、墓碑联等。

此外，挽联是殡葬文化中的一部分，内容极为丰富，类别也极其繁多，有人从时间上分类，也有人从写作风格上分类，还有人从字数上分类等，各抒己见。一般，我们把它分为生挽联、双挽联、同挽联、代挽联、通用挽联、陵墓联几大类。

### 1. 生挽联

生挽联顾名思义，被挽者还活着，也就是悼挽生者的对联。从对象上定义，既包括自己，也包括别人。因此生挽联又分为自挽联和预挽联。

（1）自挽联　　即自己悼挽自己所作的对联。如纪晓岚的自挽联："浮沉宦海如鸥鸟，生死书丛似蠹鱼。"寥寥十余字，比喻得当，又引人深省。上联讲自己为官的心境，下联说自己一生对学问的感受。

（2）预挽联　　即预备用来悼挽别人的对联。

### 2. 双挽联

双挽联指一副挽联同时哀悼两人。一般被挽者为同时去世，或相继去世的时间不久，或逝者之间关系密切。

1946年7月11日—15日，著名学者、诗人李公朴和闻一多先后在昆明被国民党暗杀，胡厥文等人挽曰："李君为生活编者，闻君为死水作者，生死云何哉！生为才人，死为雄鬼；右面有朝廷王师，左面有野战义师，朝野如此耳！朝有灾黎，野有饿殍。"

### 3. 同挽联

同挽联指由两人或多人一同悼挽逝者所作的对联。如周恩来、邓颖超挽李公朴和闻一多联："为民主、为和平、为大众，成仁取义；反独裁、反内战、反特务，虽死犹生。"周恩来和邓颖超是一对革命夫妻，他们与李公朴、闻一多又是亲密战友。同挽联最能体现的就是这种朋友、同志的关系。

### 4. 代挽联

代替别人而作的挽联，我们称之为代挽联。曾国藩代弟曾国荃挽胡林翼联："少壮剧雄豪，到暮年折节谦虚，但思尽忠补过；东南名将帅，赖先生苦心调护，只为骨肉弟昆。"曾国藩作挽联不仅善于立意，而且能够因人而异，量体裁衣。虽偶为弟代作挽联，却也能恰如其分。上联言事，叙述胡林翼的人品，从少年到老年。下联言情，抒发了曾国荃与胡林翼的交情。

### 5. 通用挽联

好的挽联在立意、选材上有独到之处，切人、切事，极具针对性。用于一人便不可以挪用第二人。但有一类挽联，表达的意思是很多人的共性而不言其个性，在一定的范围内，可通用于多人，这类挽联即通用挽联，如"父竟辞尘，忆当年备尝艰苦；儿真饮恨，痛此日顿杳音容""人间未遂青云志，天上先成白玉楼"。

现在的丧家多不能作联，对联这种文学形式在现在的殡葬活动中已日渐疏远。这些通用挽联虽然艺术成就不高，但还有其实用性，因为现在丧事多简洁，作联受时间限制。

### 6. 陵墓联

陵园的楹联多刻在高大牌坊上，或者描述陵园的美景，或者寄托对逝者的哀悼。某陵园联："福地洞天先贤独得，近山流水后辈共怀。"

相对陵园楹联，墓地楹联的撰作就简单得多，因为它面对的不是群体而是个体，追求的不是功用性，而是要体现墓主的特征。像墓地联，可以专门撰作，也可以在别人作的挽联中挑选一幅贴切的、公认为作得好的镌刻上石。所以历代的名人墓地给我们留下了很多精美的作品。

于右任是民国时期的大书法家、诗人，尤擅草书，后去台湾，暮年思乡情切，曾作歌云："葬我于高山之上兮，望我大陆；大陆不可见兮，只有痛哭！葬我于高山之上兮，望我故乡，故乡不可见兮，永不能忘！天苍苍，野茫茫，山之上，有国殇！"其墓前有联云："西北望神州，万里风涛接瀛海；东南留胜迹，千秋豪杰壮山河。"此联既抒发了墓主去世前思乡心切的愿望，又总结了他的成就，气势不凡。

## 三、挽联的写作技法

挽联是属于对联中的专用联，因此，撰写挽联一定要掌握对联的本质特点和形式特点，这是写好挽联的关键。

### 1. 挽联的形式特点

一般的挽联（对联）是由两句组成一联，上句叫上半联、下句叫下半联。挽联不管多么长（有些长联，上、下半联是由十几个字甚至几十个字组成的）多么短，总是由上半联和下半联组成，而且上半联和下半联要搭配好，次序不能颠倒。

（1）字数相等　挽联最显著的特点是字数相等，即上下联句数不限，但上联与下联句数相等，相对应各句字数必须相等，不能有跛脚。如杨杏佛挽徐志摩联："红妆齐下泪，青鬓早成名，最怜落拓奇才，遗爱新诗双不朽；小别竟千秋，高谈犹昨日，凭吊飘零词客，天荒地老独飞还。"

（2）结构相应　结构要求相应，就是说句型要一致，两联相对各句，语法结构相同，即词组之构成形式与句子成分的配置要相同。即主谓结构对主谓结构，动宾结构对动宾结构，并列结构对并列结构，偏正结构对偏正结构。对仗是对联的生命。

（3）词性相同　在挽联中上下联相对应的字，词性要求大致相同。在挽联中必须"虚实死活相对"，即要使上下联中的词性相同，名词对名词、动词对动词、数量词对数量词、形容词对形容词、副词对副词、助词对助词。如康有为挽刘光第联："死得其所，光第真光第也；生沦异域，有为安有为哉。"上联重复"光第"，下联重复"有为"，上联前一"光第"为名词，后一"光第"为动词，下联亦同。

（4）平仄和谐　挽联，是一种韵文，它要求具有音乐美。要做到这一点，即要调好平仄，使全联平仄和谐，就是要求上下联相应处的词要平仄相对，一联之内要平仄交替。对联要讲究声律。所谓声，指的是声调，主要是就平仄而言。所谓律，指的是平仄分布的规律。要把对联作好，必须懂得声律方面的基本知识。

作挽联不一定要像作诗一样严格要求平仄，但平仄在挽联中能够增强句子的节奏和韵律，如果不讲究平仄相对，读起来便会寡然无味，损害其文学性。如：

功勋盖世为举家同悼，（平平仄仄仄仄平平仄）

精神不陨与事业长存。（平平仄仄仄仄平平）

上下联中多数字平仄相同，便不合挽联的平仄要求。

关于挽联的平仄问题，还要明确：首先，联末一个字的平仄最重要，必须遵守。上联最末一字必须是仄声，下联最末一字是平声，所谓"仄起平收"。因为平韵舒长，有悠扬不尽的韵味；仄声字则否。这是常见句式。当然，也有极少数挽联是"平、仄"脚或"仄、仄"脚、"平、平"脚的，这在联中叫"变格"，又叫"拗体"。这是因为要照顾上下联句的特殊情况，或者是固定的成语或俗语等，不得已而为之。

其次，一副挽联，是平起还是仄起，根据上联第二字来判断。如果上联第二字是平声叫平起，是仄声就是仄起，因为一般以两个字为一个音节，而音节重点在第二字。一般说来，句中单数字的平仄可以通融些，双数字要严格些。所谓"一三五不论，二四六分明"。但平仄在联中要交替出现，不能全平或全仄。

古人作挽联很讲究平仄，用平用仄，平仄交错；字有定声，律有定格，形成了挽联特有的艺术风格。现在作挽联用字讲平仄，上半联和下半联的相对字的声调有绝对相反的，也有大体相反的。能做到严格相反而不损害内容当然好，做不到严格相反，做到大体相反也可以。用作律诗的方法硬去调联语的平仄，不仅没有必要，而且也难做到。

### 2. 挽联的一般修辞手法

挽联是用方块汉字两两相对组成的整齐优美的联语，是独特的具有中国作风的文字样式。一般的实用文体不要求有文学性，而挽联却不同，其文学性与实用性是合二为一的。古往今来，有不少思想内容和艺术表现俱佳的挽联作品得以流传，其原因之一，就是十分讲究联语的修辞手法。

（1）**镶名** 是把逝者的名字镶嵌在联语中。镶名格式有许多种，可以镶在句首、句中或句尾，也可以拆开姓名镶在首尾。

例一：挽古龙

古道失神剑

龙爪留江湖

这是鹤顶格，把"古""龙"分镶在句首。

例二：挽叶圣陶

天地永留圣著

泉台亦复陶然

这是蜂腰格，将"圣""陶"分嵌在句中。

（2）**用典** 是在挽联中使用古代故事、民间习俗或有出处的警语。挽联用典，可以使联语凝练生动、意味隽永。康有为挽戊戌变法死难者联：

殷干酷刑，宋岳枉戮，臣本无恨，君亦何尤，当效正学先生，启口问成王安在？

汉室党锢，晋代清谈，振古无斯，于今为烈，恰如子胥相国，悬睛看越寇飞来。

此联用借古讽今的手法，以比干、岳飞之冤杀，写六君子横遭昏君残害；以方孝孺问成王之典故，怒斥慈禧；以"汉室党锢，晋代清谈"，写清王朝的残暴与腐败；末尾以伍子胥悬头国门的故事，抒发作者极其悲痛愤恨的心情。康有为的这副六典联，内容复杂而丰富深刻，不是一般的直陈联语所能比拟的。

（3）**比喻** 是用某些有相关类似点的事物来比拟想要说的某一事物，以便表达得更加生动鲜明。挽周总理联：

心血操尽，革命伟业似巍巍泰山耸寰宇

骨灰撒遍，深海恩情如滴滴甘露润人心

此联以泰山之高耸寰宇来比喻周总理革命伟业的高大，功垂千秋，又以甘露滋润人心来比喻周总理的无产阶级革命感情和对人民的无限热爱，比喻恰当，读来震撼人心，久久不能忘怀。

## 四、挽联的书写及应注意的事项

一般挽联拟好后，通过书法艺术这种形式表现出来，方才相得益彰，在书写的时候，它又有一定的要求。

挽联和对联的书写形式是一样的，先书写上半联，再书写下半联，上、下半联都要顶天立地书写。字的大小，依联幅的长短和联语的多少而定。有些长幅联语一列书写不完，可分为两列书写，但第二列必须比第一列短出许多，像龙门一样，又叫"龙门联"。书写"龙门联"要注意的是，上半联必须从右到左书写，右边长、左边短；下半联必须是从左到右书写，左边长、右边短。

书写挽联可以落上下款：上款落在上半联，但不能和上半联的第一个字平齐，而要低1～2个字；下款落在下半联，但下款不能高于上款，一般也要比上款低1～2个字，如果是穷款（单款）书写时还要低一些。当然，在特定的场合，也可以不落款。书写挽联的字体可以是正楷、行书、行草，也可以是隶书和篆书等，但以多数人能够辨认为好。

挽联可以写在长幅白报纸上，也可以写在长幅白布（绢）上。现在殡仪馆又出现了一种比较高档的装裱成轴的空白联轴，供丧家选用。

花圈挽联一般分为上下两联，右边为上联，左边为下联。上联写词，如"×××千古""沉痛悼念×××"等；下联写送挽联的人，如"×××拜挽""友×××敬挽"等。蕴含真情的挽联表达出的不仅是自己的思念还有对先人的敬重。

 **五、常见挽联范例**

### 1. 通用挽联

一生行好事，千古流芳名。
寿终德望在，身去音容存。
雨洒天流泪，风号地哭声。
高风传梓里，亮节昭来人。
丹心照日月，正气炳乾坤。
松柏长耸翠，金柳动哀情。
痛心伤永逝，挥泪忆情深。
天不遗一老，人已足千秋。
正气垂千古，丹心照汗青。
正气留千古，丹心照万年。
哀歌动大地，浩气贯长虹。
政绩今犹在，清名终古留。
一生俭朴留嘉范，半世勤劳传美风。
万里名花凝涕泪，千条溪壑是哀声。
良操美德千古在，亮节高风万代存。
美德常同天地在，英灵永照古今存。
九泉忠骨留千古，一世英名垂千年。
永别儿孙功业在，长辞人间遗风存。
明月清风怀旧雨，青山碧水念深情。
犹似昨日共笑语，不信今朝辞我别。
为人正直毕生无愧，办事公道浩气常存。
海阔天空忽悲西去，乌啼月落犹望南归。
高山巍巍英名不朽，清水淙淙精神长存。
巍巍高山永志芳德，涓涓流水长吟雅风。
为国为民斯人可法，有才有德事业长存。
名垂宇宙音容长在，功著神州德泽永存。

有长者风无市侩气，离浊尘世登极乐天。
学富雕龙文修天下，才雄倚马星殒人间。
噩耗惊传哀歌动大地，遗风永在浩气贯长江。
奋斗为人民精神不死，立功昭日月青史长存。
群山披素玉梅含笑意，诸水悲鸣杨柳动伤情。
契合拟金兰情怀旧雨，飘零悲玉树泪洒西风。
日月驶如流一朝永别，风云诚不测千古同哀。
噩耗惊传哀歌动乡里，遗言长在美德示人间。
劳苦辛勤生平瘁毕力，箕裘弓冶后起振家声。
功勋盖世为天下同悼，精神不死与事业长存。
生前忠节似松凌凛雪，死后高风如月照长天。

### 2. 挽父母联

常若音容在，永怀风木悲。
人间慈母去，天上大星沉。
寒风催萱萎，瑞雪托哀思。
父灵驾白鹤，儿泪洒黄泉。
英灵垂天地，美德传室家。
哭干两眼泪，难报三春晖。
怅望白杨衰草，长怀矩范高风。
忍别母亲去矣，还期仙鹤归来。
毕生正直无私，终身勤劳有为。
奕叶馨香辉宝，奇峰飘渺望慈。
父去言犹在耳，春来我还关心。
终天唯有思亲泪，寸草痛无益母灵。
思景蜡尽情无尽，望父春归人未归。
父逝悲从心头起，子存教诲已永年。
良操美德千秋在，亮节高风万古存。
想当年克勤克俭备尝甘苦留德厚，痛此日弗闻弗见去辞人间报恩难。
忆昔年万事有母当头哪个不言为子易，叹今日百般须儿过手这样方知做母难。

### 3. 挽丈夫联

碧水青山谁做主，落花啼鸟总伤情。
名曰悼亡实偕老，君今先去我还留。
鲲鹏音断云千里，杜鹃声哀月一轮。
风号鹤泪人何处，月落乌啼霜满天。
生前记得三冬暖，亡后思量六月寒。
夫妻恩，今世未全来世再，儿女债，两个共负一人完。
恩爱夫妻苦雨凄风催汝去，可怜儿女大啼小哭要娘还。

### 4. 挽妻子联

人去帏空难见影，琴失弦断不知音。

梦游蝴蝶飞双影，血泪杜鹃注孤身。
泪残秋雨遗罗衫，肠断春风陨玉娇。
云深竹径樽犹在，雪压芝田梦不同。

### 5. 挽亲朋好友联

情深风木终天恸，泪点寒梅触景思。
杨柳春风怀逸致，梨花寒食动哀思。
云锁巫山人不见，明月仙岭鹤归来。
人间未遂青云志，天上先成白玉楼。
山耸北郊埋忠骨，泽留乡里仰遗风。
千里吊君惟有泪，十年知己不因文。
犹似昨日共笑语，恍惚今时汝尚存。
悲哉今日成永别，痛兮何时再相逢。
一世深交堪难得，九泉有知念旧情。
同志痛哭老战友，祖国丧失好栋梁。
明月清风怀旧语，青山碧水含深情。
平生风义兼师友，来世因缘结弟兄。
追往岁仙君与吾结笔砚之好寒窗共度，抚今日挚友向汝表手足之情悲泪独流。
灰撒江河，看不尽波涛，涓滴都是人民泪；志华日月，数无际光辉，浩气长贯神州天。

### 6. 挽师长联

教育英才功不朽，宣传马列死方休。
为国育才曾尽瘁，案积芸香存手泽。
想见音容云万里，传道授业真夫子。
欲聆教诲月三更，耳提面命好先生。
满园苗株伤化雨，一门桃李哭春风。
欲见颜容何处觅，唯思良训弗能闻。
因材施教顿失心传，桃悲李哭我失良师。
春蚕织成满园锦绣，红烛点燃一代心灵。
教育深恩终身感戴，浩然正气万古长存。
大道为公徒存手泽，学富德高明传梓里。
一世风流赢来桃李遍华夏，几番磨炼铸就丹心照汗青。
桃李悼良师从今不复闻教诲，教工伤益友忆昔徒嗟失音容。
一世献忠贞南山松柏长苍翠，九天含笑意故园桃李又芬芳。

### 7. 灵堂门联

① 父亡：
难忘手泽，永忆天伦。
继承遗志，克颂先芬。
② 母亡：
难忘淑德，永记慈恩。

春晖未报，秋雨添愁。
③ 灵堂：
音容已杳，德泽犹存。
精神不死，风范永存。
良操美德千秋在，高节亮风万古存。

### 8. 挽政界人士

丹心照日月，刚正炳千秋。
正气留千古，丹心照万年。
耿耿丹心垂宇宙，巍巍功业泣山河。
志壮情豪诚可敬，赤诚坦白留美名。
奋斗为人民精神不死，光荣留青史百事流芳。
风风雨雨为人民终生奋斗，山山水水留足迹风范长存。

### 9. 挽军界人士

中天悬明月，前军落大星。
碧血染风采，青史留英明。
南征北战功不朽，春去秋来名永留。
南朔战功青史在，古今名将白头稀。
守土共存亡先鞭作我三军气，挥戈思勇决信史传兹百世名。

### 10. 挽学界人士

学界泰斗，人生楷模。
学子无良师，老成有典型。
惊座文章传四海，新民德业播千秋。

### 11. 挽文艺界人士

壮怀犹在风云上，诗卷长留天地间。
墨云香冷来琴馆，蕴露寒生赋鹏文。
文章卓越生无敌，风骨精灵殁有神。

### 12. 挽联通用横批

| 典范长存 | 风木悲伤 | 松柏风凋 | 挥泪含悲 | 痛切五中 | 俭朴家风 | 德集梓里 | 淑德可风 |
| 名留后世 | 教子有方 | 松柏常青 | 风落长空 | 楷模宛在 | 驾返蓬莱 | 鹤归华表 | 驾返瑶池 |
| 永垂不朽 | 流芳百世 | 遗爱千秋 | 含笑九泉 | 天人同悲 | 永垂千古 | 功业长存 | 孝慰忠魂 |
| 举世同悲 | 流芳千古 | 浩气长存 | 千古长存 | 名垂青史 | 千古流芳 | | |

1. 请你在上述挽联中为秋冰女士的灵堂布置选择一副挽联。
2. 请参照第五章【情景导入】资料，为秋冰女士设计并书写一副总字数共32字的挽联，并将秋冰女士的姓名对应嵌入上下联中。

# 第二节 挽带

## 一、挽带及其用途

挽带是为了表达对逝者的哀思而书写粘贴在所敬献的花圈、花篮两旁的小条幅，宽约8～10厘米。挽带也由上半条和下半条组成。

挽带的长短、宽窄要视花圈、花篮的大小裁剪，挽带的下端要剪出两个尖角，上下联比花圈顶部低12～15厘米处持平用别针别上，上窄下宽，呈"八"字形。

在实际应用中，挽带的写法和形式有一定的程式，书写时要慎重选择挽语的用词，尤其是上半条，对逝者颂词称呼不能搞错，因人用词，恰如其分。上半条、下半条的写法因用词的不同而多样，常用的上半条有"悼念""哀悼""追悼"格，也有"千古""安息"格；下半条有"敬挽""泣挽""同挽"格、"率子"格和"叩拜""泣拜""哀献"格等。

## 二、挽带的内容

常用的上联：男用"千古"，女用"仙逝"，烈士用"永垂不朽"，男女通用"逝世"。例如，"×××同志千古""×××老人仙逝""沉痛悼念××同志""×××烈士永垂不朽"等语句。

下联：亲人用"泣挽""哀挽"，平辈用"挽""同挽"，晚辈用"拜挽""叩挽""敬挽"。例如，"子××泣挽""好友×××、×××同挽""战友×××敬挽"等语句。

## 三、挽带的制作及写作格式

挽带的长短、宽窄要视花圈、花篮的大小裁剪，挽带的下端要剪出两个尖角，挂在花圈、花篮上呈"八"字形。书写挽带的字体可以是行书，也可以是楷书，但必须是同一种字体，通常是白底黑字。在书写格式上，一般下半联的第一个字比上半联的第一个字低1～2个字的位置。

## 四、挽带写作应注意的事项

① 哀挽词因人而异。
② 挽带的长短、宽窄要视花圈、花篮的大小而定。
③ 挽带的下端可剪出两个尖角，挂在花圈、花篮上呈"八"字形。

④ 书写挽带的字体可以是行书、隶书或楷书,但必须是同一种字体,通常是白底黑字。上寿之逝者,其子女健全的,可用红底黑字或红底金字,体现其为"喜丧"。

## 五、挽带实例

| | |
|---|---|
| 沉痛悼念×××(同志) | ×××敬挽(如果逝者是党员,一般加上"同志") |
| ××恩师千古 | 学生×××拜挽("千古"一词,一般用于对社会有功绩的逝者) |
| 敬爱的爸爸安息吧 | 女儿×××泣挽(泣挽一般用于逝者的直系亲属) |
| ×××一路走好 | ×××敬挽 |
| 奶奶我们永远爱您 | 全体孙辈携重孙辈叩挽 |
| 革命烈士永垂不朽(名垂青史) | ×××敬挽 |
| 悼念×××仙逝 | 邻里×××哀挽 |

### 学习自测

1. 请为秋冰女士的儿子撰写一副挽带。
2. 请为秋冰女士的学生、同事、老师各撰写一副挽带。

# 第三节 挽幛

## 一、挽幛及其用途

所谓挽幛,又叫祭幛,也称礼幛,是用以为悼念逝者而撰写的一种挽书,也是一种祭品,一般是题有挽词的黑色或白色的整幅布或绸布,也有人用床单或毛毯代替。挽幛大多是独立成幅,悬挂于祭奠逝者的灵堂、追悼会或遗体告别仪式等场所。为了便于悬挂,挽幛通常为竖幅,上面的文字要求竖写,文字常先在纸上写好,然后用大头针别在或用线缝在幛上。送挽幛比送挽联要隆重,更强烈、更悲痛、更诚挚地表达对逝者悼念的深情。

## 二、挽幛的内容

第一部分(上款):右边写"沉痛悼念尊×××万古流芳"。
第二部分:写挽词,如"慈范永存""名垂千古"。
第三部分(下款):左边写"愚×××泣挽(或敬挽、叩拜等)"。

## 三、挽幛的制作及写作格式

挽幛用素色绸布或其他较好的布料制成，一般为代表庄重色彩的深色布料，不得用花布料或象征喜庆色彩的布料。其尺寸大约长2米、宽1米，上下两端有挂轴，一般悬挂于灵堂、追悼会或遗体告别仪式等场所。挽幛内容一般用笔在纸上写好后，再缝贴在幛子上，也有用笔直接写上的，如白底写黑字、黑底写白字等。

挽幛的格式一般采用竖排竖写，文字从右向左分三部分书写。其写作格式为：

第一部分，面向挽幛右上顶边，顶头竖写逝者的姓名加颂词（亦称上款）。

第二部分，正中间从上至下竖写祭悼词，且字距要一致。

第三部分，面向挽幛左底边，顶尾竖写送挽幛人的姓名、身份称呼和时间（亦称下款或落款）。

## 四、挽幛写作应注意的事项

① 挽幛的题词不拘一格，不限字数，但通常以四字句为多。
② 撰写挽幛的纸张大小不一，可根据实际情况而定。
③ 挽幛的字体要端正，采用白纸黑字或黑纸白字。
④ 挽幛所用的词汇能涵盖逝者一生的功德、品行，以及挽者的心情、愿望等。

## 五、挽幛实例

### 1. 挽幛词

**（1）男女通用挽幛词**

| 松柏常青 | 精神永驻 | 音容宛在 | 含笑九泉 | 流芳百世 | 一别千古 | 高风亮节 | 德高望重 |
| 平易近人 | 大德流芳 | 浩气长存 | 忠厚楷模 | 芳容永存 | 慈容宛在 | 风落长空 | 瑶池赴召 |
| 壮志常存 | 梓里同悲 | 青史永存 | 流芳千古 | 风范永存 | 德传梓里 | 光明磊落 | 典型安仰 |
| 长辞盛世 | 典范长存 | 硕德流芳 | 硕德永存 | 德范长在 | 名流后世 | 功高德重 | 雅训永存 |
| 邻里楷模 | 功业长存 | 福寿全归 | 勤劳一生 | | | | |

**（2）男用挽幛词**

| 驾返蓬莱 | 蓬岛归真 | 骑鲸西归 | 高风亮节 | 誉满桑梓 | 跨鹤仙游 | 鹤归华表 | 仁风永存 |
| 驾返泉台 | 大德流芳 | 硕德难忘 | 南极星沉 | 松柏节操 | 德昭梓里 | 遗志永昭 | |

**（3）女用挽幛词**

| 宝婺星沉 | 瑶池月落 | 女史流芳 | 瑶池赴召 | 淑德长昭 | 王母召归 | 慈训永存 | 慈颜永隔 |
| 淑德可风 | 慈容永存 | 母道犹存 | 慈竹风凄 | 名传女史 | 宝宿沉光 | 驾返瑶池 | 女中丈夫 |
| 慈竹长春 | 温恭淑慎 | 彤史流芳 | 巾帼英雄 | 懿德犹存 | 驾影西归 | 慈云失仰 | 遗爱千秋 |
| 萱堂月冷 | 品高德厚 | 美德遗风 | | | | | |

**（4）夫妻挽幛词**

痛失良人　失仰终身　断机人去　绵机声寂

**（5）兄弟挽幛词**

雁行失翼　痛失手足　如折我手

**（6）岳父、岳母挽幛词**

痛失东床　泰山云寒　半子无依　泰山莫仰　吾将安仰　恩重如山　教诲难忘　丈人峰坠
东岳云封　恩德永怀　心伤泰水　泰山生寒　泰山冰封　悲深半子　东床失恃　遗爱千秋
风凄泰水　坤义宛在　恩同生我　恩深似海

**（7）老师挽幛词**

桃李含悲　教诲犹闻　痛失师表　师表长存　溯回往哲　师范长存　后学宗谁　教泽难忘
痛失良师　天丧斯文　鸿训犹存

**（8）门生挽幛词**

风催桃李　痛萎桃枝　芳卉风落（女）

**（9）英烈挽幛词**

为国捐躯　永垂不朽　名垂青史　千古流芳　英名千古　浩气长存　千秋忠烈　典型存天
英魂长在　英灵永吊　一代英豪　万古长青　气贯长虹　含笑九泉　大义凛然

### 2. 实例列举

**（1）王母（姥姥/奶奶）**

上款：沉痛悼念尊王母老太孺人万古流芳。挽词：南极广寒。下款：愚孙女/男×××泣挽。

**（2）姨母**

上款：沉痛悼念尊姨母老孺人万古流芳。挽词：慈母同根。下款：愚甥女/男×××泣挽。

**（3）姑母**

上款：沉痛悼念尊姑母老孺人万古流芳。挽词：东国母仪。下款：愚侄女/男×××泣挽。

**（4）王父（爷爷）**

上款：沉痛悼念尊王父老太大人万古流芳。挽词：南极广寒。下款：愚孙女/男×××泣挽。

**（5）舅父**

上款：沉痛悼念尊舅父老大人万古流芳。挽词：泪洒渭阳。下款：愚甥女/男×××泣挽。

**（6）伯父**

上款：沉痛悼念尊伯父老大人万古流芳。挽词：硕德长存。下款：愚侄女/男×××泣挽。

**（7）叔父**

上款：沉痛悼念尊叔父老大人万古流芳。挽词：典范宛在。下款：愚侄女/男×××泣挽。

**学习自测**

1. 请为秋冰女士的儿子撰写一副挽幛。
2. 请为秋冰女士的学生、同事、侄儿各撰写一副挽幛。

# 第四节 挽幅

## 一、挽幅及其用途

挽幅，也是挽书的一种，是一种哀悼的礼品，常被悬挂于逝者的家庭、灵堂、追悼会或向遗体告别的场合等。它与挽幛的不同在于挽幅多是横挂的，挽幛则都是竖挂的。挽幅上面的文字一般为横写。

## 二、挽幅的内容

挽幅的题词不拘形式、不限字数，有只写一个"奠"字的，也有多字的，但是常以四字句为多。挽幅用语可用固定的词语，也可以自己撰写合适的词句，但应注意挽幅属哀悼送礼之物，在文字措辞上，要直抒胸臆、真挚凝练，颂扬而不过褒、哀痛而不凄惨，应具有褒扬悼念之意。

## 三、挽幅的制作及写作格式

挽幅的制作没有一定的程式，可大可小，因地制宜；字体可楷可行可草，完全由送挽者自己决定；白字黑纸或黑字白纸，也可以布代纸。

挽幅中间的祭悼词采用横写方式，上款和落款与挽幛写法相同。其一般格式如下。

第一部分，面向挽幅右上顶边，顶头竖写逝者的姓名加颂词（亦称上款）。

第二部分，正中间居中从右至左横写祭悼词，且字距要一致。

第三部分，面向挽幅左底边，顶尾竖写送挽幅人的姓名、身份称呼和时间（亦称下款或落款）。

现代的挽幅，也采用三部分内容全部从左至右横写方式，即上款在左上角顶格横写，下款在右下角顶尾横写。

挽幅内容及写作应注意的事项与挽幛相同，故此不再赘述。

**学习自测**

1. 请为秋冰女士的儿子撰写一副挽幅。
2. 请为秋冰女士的学生、同事、侄儿各撰写一副挽幅。

# 第五节 铭旌

 **一、铭旌及其用途**

铭旌同"明旌",也叫"旌铭",简称"铭",是挂在灵柩前写有逝者姓名、身份的长幡,多用绛帛粉书。大殓后,以竹竿挑起悬之依灵右。葬时取下加于柩上。

古代丧俗,一般是老年人亡后,其子女要请有官位的人或者村上有地位、有名望的长者给自己的父(母)题词,俗称请衔,即对逝者的人生进行评价,也就是"盖棺定论",以表孝心。

"铭旌官职眼前事,史册姓名身后忧。"这句出自陆游的《雨夕枕上作》,意思是自己死后铭旌上写的什么官职,眼前就已经知道了,至于之后史书上留什么名声,那是死后的事。这一句颇有看透生死的意味,似乎说生前的官职已经到了头,不会再升了,死后是否青史留名已经不是自己考虑的了。因此,铭旌就是现世对一个人品位及功德的最后结论。

 **二、铭旌的内容**

铭旌的主要内容包括亡者名分、生卒年月、评论题词。评论里用四言句,概括逝者一生的德行、作为、特点、优点,不写缺点,借以传承遗志、家风,弘扬美德,启迪后人。

 **三、铭旌的制作及写作格式**

**1. 铭旌的制作**

铭旌一般用1尺(注:1尺≈0.33米)宽、7尺长的红绸做成,以金粉书写亡者生卒年月和所请官人的职位、学位和题词。

**2. 铭旌的写作格式(图7-1)**

①眉首横写"恭旌"或"铭旌"二字。

②居中竖写"大德望×公(×老先生)"或"大阃范×老孺人",接着写"讳××(逝者名)",紧接着并列写逝者的生卒年、月、日(如生于×年×月×日,卒于×年×月×日),再接着写"寿享×岁之灵位(或灵柩)"。如果两侧无评论题词,也可以将生卒年、月、日分开放在左右两侧来写。

③ 如有评论题词且词语较多，则写在旌的右侧：横写"铭曰"，其下排列竖写题词。旌的右侧则横写"赞语"二字，下竖写赞语，并写上"×××泣哭泪敬"。如果评论题词字数较少，则分两列并排写在"讳××（逝者名）"与"寿享×岁之灵位（或灵柩）"之间，将生卒年、月、日分开放在左右两侧来写。

④ 另纸书题者姓名粘于旌下。

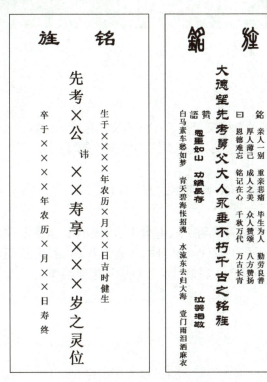

图7-1　铭旌的写作格式

### 3. 书写铭旌须注意的几个问题

① 要注意铭旌中对逝者的称呼，防止德不配位。如"大德望"是指很高的德行和威望，"大阃范"是指有崇高美德的大家闺秀。

② 在写铭旌的时候，可以加一些赞语或颂词。如：

铭曰：勤俭持家，和善一生，忠厚淳朴，德泽犹存。金童招待，玉女捧场，瑶池增座，永在天堂。

铭曰：高公一生，笃厚温恭，壮从公务，功绩可风。尽忠尽孝，历苦历辛，名勤于石，百世流馨。

③ 用"显考或显妣去世时年""某公或某公夫人之灵柩"字样，有单双数之分，二老全无采用双数，一人健在采用单数（字数在19个或21个）。

请参照第五章【情景导入】资料，拟据其子委托，为秋冰女士制作并书写铭旌。

PPT课件

# 第八章 墓葬文书的写作

## 学习目标

**知识目标**

1. 了解墓碑文、墓志铭的含义、用途、内容。
2. 掌握墓碑文、墓志铭的格式及撰写要求。

**能力目标**

掌握墓碑文、墓志铭的撰写技巧。

**素养目标**

能够熟练掌握与所从事职业活动相关的国家法律、行业规定,了解殡葬服务产业文化,遵守职业道德准则和行为规范,树立正确的人文殡葬服务理念,具备社会责任感和担当精神。

### 情景导入

秋冰女士的落葬仪式初步定于4月6日上午8:30~11:30,因其离世较为仓促,所以预定墓的墓碑尚是空白,其子于4月5日到陵园联系墓碑文撰写及刻制事宜。

假如你作为该陵园的业务人员,请协助其子完成墓碑文、墓志铭的设计及撰写。

## 第一节 墓碑文

### 一、墓碑文的含义

**1. 墓碑**

墓碑是树立在墓穴前或后,并刻有署名字样的物体,一般用石料制成,也有使用木材、金属材料和其他材料制成。墓碑是人类对逝者埋葬处所做的一种纪念性的载体,是体现墓穴内葬放的逝者(骨灰、骨骸或遗体)姓名和身份的标志,好让后人前来寻觅或扫墓悼念。

中国古代"墓而不坟",只在地下掩埋,地表不树标志,后来逐渐有了地面堆土的坟,又有了墓碑。

早先的墓碑只是引棺入葬的用具。在墓穴四角或两旁，各立一根木柱，柱上有圆孔，名为"穿"。再在两柱的"穿"中架一根横木，木上缠以绳索，可用来放绳，如辘轳一样，将棺木牵引入墓穴。入葬完毕，木碑随之埋入地下，或置于墓旁。

对于埋葬亲人的坟墓，为保证后人清楚识别，人们想出许多办法。开始时人们从下葬维系棺绳用的木柱受到启发，在墓前插上木桩竹竿，系上纤维质的东西如纸、帛等，写明逝者的生卒年月、时辰，叫作"铭旌"。但铭旌易损，于是富户开始用石柱代替木柱，在石柱上刻出逝者的姓名、出生时间、官级等，树碑立传，从而形成了墓碑。

为了多刻字，墓碑形体又演变为方形、长方形，并参照房屋建筑，碑顶加上碑帽，饰刻动、植物或山水花纹，由实用品转化为文化艺术品，其功能、形态、质地、文饰也愈发多样化，逐渐成为记载逝者家族世系及功德行事的"荣誉状"和装饰品。

对墓碑的尺寸，文字的大小，树碑动土的时间，都要慎重考虑。一般情况下都是先下葬，后树碑，其理由有二：一是下葬之后，应留出一段雨水与泥土结合的时间，使土方由虚变实，可避免墓碑下陷；二是下葬之后，留出一段让家人斟酌碑文内容的时间，尤其是名人的评价，语句的轻重都应深思熟虑。随着时间的推移，有很多人为给后人省心，同时了解自己死后栖息地，喜欢生茔墓，即人尚未死就建墓立碑。

**2. 墓碑文**

人去世后，如要立墓碑，大多都要有墓碑文。墓碑文上一般刻记逝者的姓名、籍贯、成就、逝世日期和立碑人的姓名及与逝者的关系。碑文一般由子孙、友人等撰写，也有逝者生前撰文自立的。写碑文应对逝者充满敬意和感情。

墓碑文，有时也叫墓文，是墓碑上刻写的关于逝者姓名、事迹等纪念逝者的文字。它是一种专用悼念文体。

## 二、墓碑文的种类

（1）**按照内容构成来分**　有简明体墓碑文、原发体墓碑文两种。

简明体墓碑文由两部分组成：碑之正中刻写某某之墓，碑之左下署立碑者姓名、立碑时间，有时在墓葬者或立碑者姓名之前以简单称谓标识二者之间的关系。

原发体墓碑文的容量较大，在内容上一般包括：①墓葬者的姓名、籍贯、家世、身份和资历；②墓葬者的生平简历、事业、成就、贡献和德望、社会影响；③墓葬者的生死时间、葬事始末，碑文作者的哀情、意图。

（2）**按照刻写在墓碑正面与背面的内容来分**　有标名碑文与碑阴碑文两种。

标名碑文，即刻写在墓碑正面，标明墓中人的姓名、立碑人及立碑的时间。这种碑文多是逝者子孙所撰，也有学生给老师、女婿给岳父岳母、夫给妻、妻给夫、朋友之间所撰。这也是人们通常所讲的墓碑文。

碑阴碑文，简称碑后文，是刻写在碑文背面，碑文的内容包括墓中人的姓名、籍贯、家世、经历、著作、逝世年月、葬时葬地等，最后是铭文，多为韵文，大多数是逝者后代请托别人撰写的。也有介绍逝者更简单的碑文和简短的墓志。

（3）**按照碑文刻写格式体制来分**　有旧式墓碑文与新式墓碑文两种。

旧式墓碑文的特点是文字一律竖排，而且用文言文。

新式墓碑文语言表达比较灵活，刻写格式有不少是横写的。

由于现代墓葬中，人们建墓立碑多是为了方便辨识祭奠。因此，在本节中，我们重点学习标名碑文的撰写技巧。

 ## 三、墓碑文的写作格式及要求

### 1. 墓碑文的内容

墓碑文的书写，其内容比较丰富，包括传统习俗、籍贯、姓名、身份、生卒年月日、子孙、立碑人、安葬或重葬的日期。

（1）传统习俗　　墓碑的左边称为龙边，是碑体重要的部位。这里要书写山向及山向线度、分金线。如"立癸山丁向兼子午二分用丙子分金。"其目的，为告示后人，即使遇到自然灾害或战争破坏，后人仍可依碑上的文字，重新立碑。

（2）籍贯　　在墓碑首部左、右角最显眼的部位，要刻上亡者原籍的省、市、县地名，也有的只刻地区名或村名。这是对故乡的眷恋，也为后人及亲友寻找墓位扫祭提供方便。

（3）墓主姓名　　写在墓碑中心部位，俗称"中榜"。在书写墓主名字时，为尊敬长辈，需加尊敬之词，如父亲称"考""显考"，母亲称"妣""显妣"，男子加"公""府君"，女子加"氏""孺人"。夫妻合葬，名字则按男左女右来排列。

（4）亡者生卒年月日　　写在中榜两旁，仍依男左女右，年月日能写齐全最好。因为日久年深，户口注销，传来传去，隔几代要找到先人生卒年月日，则十分困难。

（5）立碑人　　包括子女、亲友、团体，都应写在碑的虎边，即右边。其子女应全部写上，已故子女可在名字周边加框。仍是依辈分长幼，自左至右排列。不愿流露姓名者，可写子女敬立或叩立、百拜敬立。

（6）造墓或重建墓时间，刻写在碑的虎边　　中国记载时间的文字很多，有公元、农历，时节写冬至、清明者居多。年代日期亦多用干支。天干中的甲、乙、丙、丁、戊、己、庚、辛、壬、癸，与地支中的子、丑、寅、卯、辰、巳、午、未、申、酉、戌、亥结合起来，用以表示历法上的日子或月份，如甲子、乙丑。还有文人将一年四季的春、夏、秋、冬，用十二个月均分，每个月另有名称。如一月称孟春，二月称仲春，三月称季春；四月称孟夏，五月称仲夏，六月称季夏；七月称孟秋，八月称仲秋，九月称季秋；十月称孟冬，十一月称仲冬，十二月称季冬。还有用花木为十二个月命名的，如一月梅月、二月杏月、三月桃月、四月槐月、五月榴月、六月荔月、七月瓜月、八月桂月、九月菊月、十月檀月、十一月葭月、十二月栎月。在墓碑上还常见"谷旦""吉旦""吉日"，这些都不是具体的日期。"谷旦"出自《诗经》，即良辰之意；而"吉旦""吉日"，也只是取其吉利之意。这些都是为了在排列文字时，凑出一个吉祥的字数。

墓碑上所刻碑文，字的大小也要符合鲁班尺上的吉祥数字。通常大字10厘米或10.5厘米，小字3厘米或4厘米，10厘米进宝、10.5厘米纳福、3厘米旺财、4厘米登科。这些字的大小与碑身比例协调，又寓吉祥之意。墓主的家人，在心理上从中可以得到慰藉。

### 2. 墓碑文的写作格式

墓碑的正面称碑前文，墓碑背面称碑后文。

碑前文的书写格式：竖碑一般行文从右向左。碑首端两侧横标亡人祖籍，逝者的生卒年月日，刻在墓碑右上方；第二段取碑体正中书写逝者姓名，姓名前加称呼，称呼前加"慈""先""故""爱"和"显考"（男）、"显妣"（女）等词语；第三段写立碑人名字，按辈分长幼次序排列；最后写立碑时间。如系合葬者书写原则是中间为长，两旁为幼，右边为女，左边为男。碑两侧分别竖书刻建坟时间与立碑人姓名。编排碑文时，如果不写逝者生卒时间，按墓碑书写习惯将立碑时间刻在墓碑右上方，立碑人姓名刻在墓碑左下方。

横碑、卧碑则采取由上而下、由左而右的写法。

碑后文的书写没有严格规范要求，立碑人可根据逝者的身份、职业、品质、业绩和立碑人的意愿等情况自由选择。有短语、诗词、对联和逝者简要生平事迹等，如"难舍的亲情，永远的怀念""苍天无意催人老，山水有情续人生""劳模父母含辛茹苦，人中之杰流芳千古""父恩如山，母爱如海，养育之恩，永世不忘""英名垂千古，丹心照汗青""一生善德献精诚，世代缅怀颂千秋"；还有的非常简单，只写"怀念""缅怀"等词语。

碑后文既能表达对逝者的敬仰怀念，寄托哀思，又能体现立碑人的文化内涵、文学修养，是近年来兴起的一种创新的碑文形式。一篇好的碑后文引人思考、回味，得到启迪，令人过目不忘，对逝者肃然起敬，这种碑后文的形式已逐步被越来越多的客户所采用。

碑底端刻写"之墓""寿域""佳域""乔梓"。其中亡者在世时建墓，应为"寿域"；亡故后建墓，则为"之墓"；"佳域"用于年龄较大的上寿之人；"乔梓"则用于单人墓穴。客居异乡之亡者，也可用"乔梓"，意为暂厝待迁。

碑文一般由子孙、友人等撰写，也有逝者生前撰文自立的。

**（1）旧式墓碑文** 旧式墓碑文的特点是文字一律竖排，而且用文言文。其中，"显"是对先人的美称，犹言"皇"或"皇考"，古人常用"皇"代表"美、大"的意思。元代大德年间下诏改"皇"为"显"，"显考"即先父，"显妣"即先母。

**（2）新式墓碑文** 新式墓碑文比较灵活。如果是夫妻合葬，第一行是男逝者（夫）生年、卒年，第二行是女逝者（妻）生年、卒年。正文姓名前均加籍贯。下款立碑人子辈敬，故列名。孙辈、曾孙辈人多，且辈分低，故只写"暨"（和、同之意）孙辈、曾孙辈"敬立"。

## 四、墓碑文写作的称谓

墓碑文中对先人尊称多用"显""德""慈""先"等，父称"考"、母称"妣"。在撰写墓碑文时，要特别注意对墓中人的称谓，对直系长辈不能直呼其名，在名字之前必须加一"讳"字，旧时由于重男轻女，女人的名字不上碑，女的姓氏之前还须冠以丈夫的姓。

在墓碑文中对亡灵（即墓中人）的称谓具体如下。

显祖考×××太府君之墓（对祖父）

显祖妣×××太夫人之墓（对祖母）

显考×××府君之墓（对父亲）

显考×公××之墓（对父亲）

显妣×××太夫人之墓（对母亲）
显妣×孺人之墓（对母亲）
岳父大人×××之墓（对岳父）
岳母×××大夫人之墓（对岳母）
夫子×××大人之墓（对恩师）
先夫×××君之墓（对丈夫）
先室×××夫人之墓（对妻子）
×君×××仁兄之墓（对朋友）
×君×××贤弟之墓（对朋友或弟子）

## 五、墓碑文写作实例

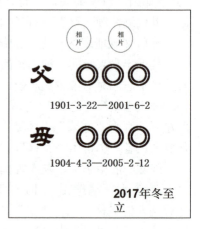

1. 请协助秋冰女士的丈夫为妻子设计并撰写墓碑文。
2. 请协助秋冰女士的儿子为母亲设计并撰写墓碑文。

# 第二节　墓志铭

## 一、墓志铭概述

墓志铭是一种悼念性的文体。墓志铭一般由志和铭两部分组成。明代徐师曾在《文本明辨序说》中说："按志者，记也；铭者，名也。"志是用散文记叙逝者姓名、字号、籍贯、官级、功德事迹的。铭是用韵文概括志的全文，并对逝者致以悼念、安慰、褒扬之情，是委婉抒情的。但也只有"志"或只有"铭"的。可以是自己生前写的，也可以由别人写。

墓志铭是给过世的人写的。在古代，墓志主要是把逝者的简要生平刻在石碑上，放进墓穴里，中国人讲究立德、立言、立行，死后这些都是要写进墓志铭的，以求得人死留名。东汉末年，曹操严令禁碑，魏晋两代亦因循此令。然而世人追念亡者之情仍望有所寄托，于是产生了在地表刻石埋入墓中的墓志铭形式。墓志铭又称"埋铭""圹铭""圹志""葬志"等，由这些称谓也可看出它确实是埋在地下的。

至北魏时，方形墓志成为定制，即两块等大正方形石板，上下重叠，称为一合。刻碑额者在上为墓盖，文字比较简单。一般用楷书或篆体刻写着朝代、官衔和姓氏，如"大唐故张府君墓志铭""大唐故雍王墓志之铭"。在文字周边线刻着精美的花鸟纹饰。刻铭文者在下为底，则刻写着墓主人的姓名、籍贯和大篇幅的叙述其生平事迹的文字，最后还有铭文，大多为四言之韵文。每一合墓志铭上，都有历史、文学、书法、艺术内容，在不同程度上体现出那个时代的文化特色。

今传世的历代墓志铭，都属于出土文物。凡立于地面之上的碑文不是真正意义上的墓志铭。如果在地面上撰文树碑，应称"碑文"；若篇末加韵语，则称"碑铭"。

 ## 二、墓志铭的写作格式及要求

两石用的是两种语体，记载生平等的志用的是散体，称颂功绩的铭用的是韵体。一般在偶数句的韵，可以一韵到底，也可中间换韵一次或数次。

墓志铭，一般来说都是传世之作，要写得情采并茂，简括凝练，典雅端庄。撰写墓志铭，有两大特点不可忽视，一是概括性，二是独创性。墓志铭因受墓碑空间的限制，篇幅不能冗长，简洁明了的文字，也便于读者阅读与记忆。因此，不论用什么文章样式来撰写墓志铭，均要求作者有很强的概括力。汉朝大将韩信的墓联为："生死一知己，存亡两妇人。"寥寥十个字，高度概括出韩信一生的重大经历。

 ## 三、墓志铭写作实例

### 郎中知兴元王公墓志铭

#### 王安石

公王氏，讳某，字某。其先著望太原，而公之曾大考讳某，考讳某，皆葬抚州之临川县。公少力学，以孝悌称于乡里。既壮，起进士，为汉州军事推官。至则以材任剧，在上者交举之，迁大理寺丞，知大名府大名县，就除通判沂州，又通判真定府。府帅王嗣宗恃气侮折其属为不法，以故久之莫敢为通判者。公行，嗣宗固不怿，稍侵公以气，公恬然不为校也，以礼示之而已，嗣宗诎服。居十馀日，公请视狱。狱中系者常数百人，嗣宗意愠，辄久之不问，吏亦不敢言治。公视狱，所当治者数十人而已，馀悉当释，无所坐。于是嗣宗趣有司如公指，即日断出之，自是事无不听公所为。公辄分别可否，而使其政皆由嗣宗以出，虽府人或不知公于嗣宗日有助也。一府遂治，而士以此称公为长者。始公中进士，时同进有常陵公者嫉公，先以被酒，取公敕牒裂烧之，公为讳其事，以失亡告有司而已。

　　及后陵公者为属吏，公举迁之。或非公以德报怨，公曰："受诏举京官，彼今为吾属而任京官，吾则举之，何报怨之谓哉？且吾与彼乃未始有怨也。"盖公之行已多如此。居一岁，移知保州，又以举者移知深州，又以选移知齐州，二州之人皆曰"公爱我"。已而提点刑狱淮南，兼劝农事。公于为狱，务在宽民，而以课田桑为急。按渠陂之故，诱民作而修之，利田至万九十顷，天子赐书奖谕，后出氏名付大臣召用。

　　而当是时，丁谓为宰相。先是，谓以二人属公善视之，曰："皆能吏也。"至则皆有罪，公发其状以闻。由此谓欲伤公，不果，而久之，公所任吏亦有赃坐，即绌公监池州顺安镇酒税。会今上即位，移滁州，又移知兴元府。自丁谓得罪徙南方，论者皆以公宜复用，而公亦且得疾不起矣。享年六十二，官至尚书主客郎中，明年天圣七年，葬和州之历阳县。后若干年，公夫人张氏葬，而公墓垫，乃改卜合葬于真州扬子县万宁乡铜山之原。公子六人，于是存者二人：曰某，为殿中丞；曰某，为进士。其四人皆已卒：曰某，开封士曹参军；曰某，楚州宝应县主簿；曰某、曰某，为进士。而公以殿中君积赠官至右谏议大夫。

　　某，公兄孙也，受命于叔父而为铭。铭而次公之行事不能详者，以不得事公，而公之没，叔父皆尚少故也。呜呼，于公之行事虽不得其详，而其略所闻如是，盖可以考公德矣。

　　铭曰：王亡晋封，远迹南土，公始有庙，妥其祢祖。孰强而胜，孰忌以争？孚予恭宽，在室而亨。嶷嶷之节，因时乃发，曰黜予咎，匪仇予遏。避善不名，亦不陨闻，置铭新基，维以长存。

（评语：该文有志有铭，格式完全符合墓志铭的写作要求。）

 **学习自测**

请根据前面各章【情景导入】所给的资料，为秋冰女士撰写一篇墓志铭。

PPT课件

# 第九章 祭祀文书的写作

### 学习目标

**知识目标**

1. 熟悉祭文、诔辞、哀辞的区别与联系。
2. 了解祭文的含义、内容与特征、分类。
3. 掌握祭文的格式及撰写要求。

**能力目标**

掌握祭文的撰写技巧，具备将殡葬文化和现代殡葬理念运用于殡葬服务的基本能力。

**素养目标**

培养高度的社会责任感和精益求精的工匠精神，充分发挥殡葬活动"慎终追远"的教育功能，践行社会主义核心价值观，大力宣扬优秀作风、家风，为推进殡葬事业发展做出贡献。

### 情景导入

秋冰女士于4月6日落葬之后，在其周年忌日，其子准备举办祭祀仪式，参加的对象有秋女士生前的亲朋好友；来年清明，其生前学生也想策划一个追思会。他们都委托专人到陵园服务单位咨询相应的文书服务。假如你是这个陵园的业务协助指导人员，你要协助指导哪些内容？

## 第一节 通用祭文

### 一、祭文的含义

祭文是死亡祭祀的祭品之一。它是为祭奠逝者而写的哀悼性文章，是在人死后葬前于灵前诵读，或者是在逝者周年忌日发表的悼念文章。

祭文是祭祀或追思时表悼念或祝祷的文章，是为了告祭逝者而写作的，主要为哀悼、祝祷、追念逝者生前主要经历，颂扬他的品德业绩，寄托哀思，激励生者。本节所指的祭文，主要是指为祭奠逝者而写的诵读文章，用它来表示对亡亲故友的哀念之情。

悼念逝者、吊慰生者、陈哀抒悲的形式各种各样，而把生离死别的悲痛情感形诸文字，就形成形式多样的哀悼之作。为祭奠逝者而写的哀悼祭文这种文体的出现，最早可追溯到汉代，兴盛于唐宋以后。《文体明辨序说》认为这种文体是由古代的祝词演变而来："古之祭祀，止于告飨而已。中世以还，兼赞言行，以寓哀伤之意，盖祝文之变也。"中国古人具有强烈的"慎终追远"的意识，而"事死如事生"构成了中国古代丧礼的基本原则。在繁缛隆重的丧葬仪礼中，无论是孝子祭悼尊亲（家祭），还是族外人祭悼亲友，作文祭悼都是其中至关重要的环节。它真实地记载了古人对死亡这一永恒存在的感知、思索和慨叹，反映了古人对生命规律的强烈关注以及对生命价值的自觉反省，从而形成了那独特而复杂的价值系统。

一般祭文是用真情实感哀悼逝者的一种文辞，主要是对故人寄托一种深深的哀思，在逝者的诞辰和忌日诵读或发表。一篇充满情感、如泣如诉的祭文，读来会令人思绪万千，仿佛故人就活生生地站在面前。

##  二、祭文的内容与特征

### 1. 祭文的内容

祭文的内容主要为哀悼、祝祷、追念逝者生前主要经历，颂扬他的品德业绩，寄托哀思，激励生者。同时，祭文也是为祭奠逝者而写的哀悼文章，是供祭祀时诵读的。

祭文的用语大约可以分为五大类，即悲痛、感叹、赞颂、安慰、期待等文句组合而成一篇祭文，内容就是表述逝者生平、毕生的经历、抚育子女的辛劳以及好的品德和为人等，还有就是生者对逝者的痛悼和怀念之情。

### 2. 祭文的特征

（1）**叙述生平，真实纯正** 祭文是对已逝亲人、相知与所崇敬之人的哀悼祭奠之词，离不开对逝者生前音容笑貌的回忆，离不开对以往同逝者相亲相处甚至死生相依种种情景的回忆，或对逝者感人事迹、不凡功业所作的追记与述说，当以抒发情感为主，且把生离死别这一人生最永恒主题作为出发点而抒情论事，因此内容必须真实纯正。

（2）**文辞平实，简洁扼要** 因为哀悼逝者的祭文是读给人听的，特别是读给逝者后人听的，所以内容须以表彰逝者功德为主，文辞应该以真挚的感情与质朴的风格写作为好，并要通俗易懂。

（3）**感情缠绵凄怆** 旧时写得好的祭文，语言均押韵。可一韵到底，也可变韵——即押两个以上韵。祭文押韵，一则读起来顺口，听起来和谐；二则韵脚的声音可以烘托气氛，帮助感情表达；三则祭文多用响度低之韵，念起来如哭如泣，如咽如诉，天人永隔，哀之者絮絮述之，而逝者已不闻，更增读者、旁听者之悲痛之情，如袁枚的《祭妹文》、韩愈的《祭十二郎文》。祭文感情色彩比较浓厚，适于表达悲哀忧伤之情。新时代，大兴科学，破除迷信，但是祭文用于哀悼逝者还是可以的。

## 三、祭文的分类

（1）**按照其祭祀的对象和内容的不同**　可将其分为祭神文、祭圣文、祭亡文、祭畜文四类。其中多数用于祭亡，且种类繁多。本书的核心是为殡葬服务提供相应的文书服务，所以本节中主要围绕祭亡文来探讨。

从古祭亡文的对象不同来看，可分为诔辞和哀辞两大类，这在本章的第二节中会专门叙述，不在此赘述。

在体裁上，祭亡文是由古时祝文演变而来，其辞有散文、有韵语、有俪语，可分为韵文和散文两种。

（2）**按祭文出处**　可分为私祭文和公祭文两类。政府或公共团体在公祭仪式上向英灵、逝者表示致敬、缅怀、哀悼的祭文，则为公祭文，余则属于私祭文。

（3）**按祭祀对象**　可分为子女祭父母文、父母祭子女文、夫祭妻文、妻祭夫文、兄祭弟文、弟祭兄文，还有师徒、至交好友互祭文等。

（4）**按宗教性质**　可分为道教祭文、佛教祭文等。

## 四、祭文的写作格式及要求

### 1．祭文的写作格式

① 标题写成"祭×××文"，"×××"表示逝者的辈分或与生者的关系。

② 以"维"或"哀维"开端。"维"是助词，作发语词用，无别的意思。紧接着即言明吊祭文时间及祭谁、谁来祭。这是开篇明义，首先要点明的内容。

③ 简介逝者去世的情况。

④ 叙述逝者的生平事迹、彼此交谊，或赞颂其德业。

⑤ 叙述祭者哀痛之心，表示对逝者的哀敬之情。

⑥ 以祈受祭者"伏惟尚飨"之辞结尾。"伏惟"即伏在地上，惟表敬畏之意。"尚飨"是临祭而望亡人歆享之词。"尚，是庶几，希望也；飨，设牲牢以品尝也。"意谓请逝者领生者祭奠之情（伏在地上恭敬地请品尝贡品）。

近代祭文也有采用白话散体的方式，比较接近于口语，是祭文的一大变革。新祭文从内容到形式都有了变化和发展，在内容上体现了积极的思想和时代精神，既有寄托对逝者的哀思，又鼓励生者化悲痛为力量。在形式上比较自由，语言朴实，感情真挚，有用韵文写的，也有用散文写的，比较适合家祭之用。

### 2．祭文的写作要求

（1）**实事求是，感情真挚**　祭文是哀悼逝者的文辞，主要表达哀悼或敬仰、追思之情。祭文是读给人听的，特别是给逝者后人听的，着重在自我真挚情感的表达上，感情色彩比较浓厚，多为亡亲亡友而作的追记、生平，称颂逝者，念起来如怨如慕，如泣如诉，所以应避免不切实际的浮词滥调，必须以"恭而哀"的态度来撰写。

其内容主要包含三个部分：①真诚表达生者的悼念与敬意；②充分肯定亡者对社会的贡

献；③以化悲痛为力量来告慰亡者在天之灵。白话祭文更重视的是感情的真实融入，讲究的是语真情切，带有引起共鸣的心灵感动。

**（2）语言平实，通俗质朴** 祭文文字宜戒华丽。祭文多用韵语，可一韵到底，也可变韵；还可以用散体或骈体，并不拘于一格。

## 五、祭文写作的注意事项

祭文的内容必须简短，语言必须精练，要以简明扼要之词表达悲哀沉痛之情。一般祭文以二三百字为宜，切忌拖泥带水。

祭文与奠文的最大不同，在于奠为人亡至合炉（落葬）时期的悼念，其文辞主调以哀悼为主，追思逝者生平功德仅为"盖棺定论"；而祭为落葬之后的悼念，其文辞主调应以追思纪念为主，故哀悼仅为抒情而发。因此，表达悲痛之情的成分不宜过多，所占篇幅不宜过大。

**范例赏析**

**例1：**

### 《祭十二郎文》

【原文】

年、月、日，季父愈闻汝丧之七日，乃能衔哀致诚，使建中远具时羞之奠，告汝十二郎之灵：

呜呼！吾少孤，及长，不省所怙，惟兄嫂是依。中年，兄殁南方，吾与汝俱幼，从嫂归葬河阳。既又与汝就食江南。零丁孤苦，未尝一日相离也。吾上有三兄，皆不幸早世。承先人后者，在孙惟汝，在子惟吾。两世一身，形单影只。嫂尝抚汝指吾而言曰："韩氏两世，惟此而已！"汝时尤小，当不复记忆。吾时虽能记忆，亦未知其言之悲也。

吾年十九，始来京城。其后四年，而归视汝。又四年，吾往河阳省坟墓，遇汝从嫂丧来葬。又二年，吾佐董丞相于汴州，汝来省吾。止一岁，请归取其孥。明年，丞相薨。吾去汴州，汝不果来。是年，吾佐戎徐州，使取汝者始行，吾又罢去，汝又不果来。吾念汝从于东，东亦客也，不可以久；图久远者，莫如西归，将成家而致汝。呜呼！孰谓汝遽去吾而殁乎！吾与汝俱少年，以为虽暂相别，终当久相与处。故舍汝而旅食京师，以求斗斛之禄。诚知其如此，虽万乘之公相，吾不以一日辍汝而就也。

去年，孟东野往。吾书与汝曰："吾年未四十，而视茫茫，而发苍苍，而齿牙动摇。念诸父与诸兄，皆康强而早世。如吾之衰者，其能久存乎？吾不可去，汝不肯来，恐旦暮死，而汝抱无涯之戚也！"孰谓少者殁而长者存，强者夭而病者全乎！

呜呼！其信然邪？其梦邪？其传之非其真邪？信也，吾兄之盛德而夭其嗣乎？汝之纯明而不克蒙其泽乎？少者、强者而夭殁，长者、衰者而存全乎？未可以为信也。梦也，传之非其真也，东野之书，耿兰之报，何为而在吾侧也？呜呼！其信然矣！吾兄之盛德而夭其嗣矣！汝之纯明宜业其家者，不克蒙其泽矣！所谓天者诚难测，而神者诚难明矣！所谓理者不可推，而寿者不可知矣！

虽然，吾自今年来，苍苍者或化而为白矣，动摇者或脱而落矣。毛血日益衰，志气日益微，几何不从汝而死也。死而有知，其几何离；其无知，悲不几时，而不悲者无穷期矣。

汝之子始十岁，吾之子始五岁。少而强者不可保，如此孩提者，又可冀其成立邪？呜呼哀哉！呜呼哀哉！

汝去年书云："比得软脚病，往往而剧。"吾曰："是疾也，江南之人，常常有之。"未始以为忧也。呜呼！其竟以此而殒其生乎？抑别有疾而至斯极乎？

汝之书，六月十七日也。东野云，汝殁以六月二日；耿兰之报无月日。盖东野之使者，不知问家人以月日；如耿兰之报，不知当言月日。东野与吾书，乃问使者，使者妄称以应之乎。其然乎？其不然乎？

今吾使建中祭汝，吊汝之孤与汝之乳母。彼有食，可守以待终丧，则待终丧而取以来；如不能守以终丧，则遂取以来。其余奴婢，并令守汝丧。吾力能改葬，终葬汝于先人之兆，然后惟其所愿。

呜呼！汝病吾不知时，汝殁吾不知日，生不能相养以共居，殁不能抚汝以尽哀，敛不凭其棺，窆不临其穴。吾行负神明，而使汝夭；不孝不慈，而不能与汝相养以生，相守以死。一在天之涯，一在地之角，生而影不与吾形相依，死而魂不与吾梦相接。吾实为之，其又何尤！彼苍者天，曷其有极！自今已往，吾其无意于人世矣！当求数顷之田于伊颍之上，以待余年，教吾子与汝子，幸其成；长吾女与汝女，待其嫁，如此而已。

呜呼，言有穷而情不可终，汝其知也邪？其不知也邪？呜呼哀哉！尚飨！

【译文】

某年、某月、某日，叔父韩愈在听说你去世后的第七天，才得以含着哀痛向你表达诚意，并派建中在远方备办了应时的鲜美食品作为祭品，告慰你十二郎的灵位：

唉，我自幼丧父，大了也不知道父亲是什么模样，只有依靠兄嫂抚养。哥哥正当中年时就因与犯罪的宰相关系密切而受牵连被贬为韶州刺史，次年死于贬所。我和你都还小，跟随嫂嫂把灵柩送回河阳老家安葬。随后又和你到江南谋生，孤苦伶仃，也未曾一天分开过。我上面本来有三个哥哥，都不幸早逝。继承先父的后代，在孙子辈里只有你，在儿子辈里只有我。韩家子孙两代各剩一人，孤孤单单。嫂子曾经抚摸着你的头对我说："韩氏两代，就只有你们两个了！"那时你比我更小，当然记不得了；我当时虽然能够记事，但也还不能体会她话中的悲凉啊！

　　我十九岁时，初次来到京城参加考试。四年以后，才回去看你。又过了四年，我去河阳凭吊祖先的坟墓，碰上你护送嫂嫂的灵柩来安葬。又过了两年，我在汴州辅佐董丞相，你来探望我，留下住了一年，你请求回去接妻子儿女。第二年，董丞相去世，我离开汴州，你没能来成。这一年，我在徐州辅佐军务，派去接你的人刚动身，我就被免职，你又没来成。我想，你跟我在东边的汴州、徐州，也是客居，不可能久住；从长远考虑，还不如我回到家乡，等在那里安下家再接你来。唉！谁能料到你竟突然离我而死呢？当初，我和你都年轻，总以为虽然暂时分别，终究会长久在一起的。因此我离开你而旅居长安，以寻求微薄的俸禄。假如真的知道会这样，即使让我做高官厚禄的公卿宰相，我也不愿因此离开你一天而去赴任啊！

　　去年，孟东野到你那里去时，我写给你的信中说："我年纪还不到四十岁，但视力模糊，头发花白，牙齿松动。想起各位父兄，都在健康强壮的盛年早早去世，像我这样衰弱的人，难道还能长活在世上吗？我不能离开（职守），你又不肯来，恐怕我早晚一死，你就会有无穷无尽的忧伤。"谁能料到年轻的却先死了，而年老的反而还活着，强壮的早早死去，而衰弱的反而还活在人间呢？

　　唉！是真的这样呢？还是在做梦呢？还是这传来的消息不可靠呢？如果是真的，为什么我哥哥有（那么）美好的品德反而早早地死了后人呢？你（那么）纯正聪明反而不能承受他的恩泽吗？难道年轻强壮的反而要早早死去，年老衰弱的却应活在世上吗？实在不敢把它当作真的啊！如果是梦，传来的噩耗不是真的，可是东野的来信，耿兰的报丧，却又为什么在我身边呢？啊！大概是真的了！我哥哥有美好的品德竟然早早地失去后代，你纯正聪明，本来是应该继承家业的，现在却不能承受你父亲的恩泽了。这正是所谓苍天确实难以揣测，而神意实在难以知道了！也就是所谓天理不可推求，而寿命的长短无法预知啊！

　　虽然这样，我从今年以来，花白的头发，全要变白了，松动的牙齿，也像要脱落了，身体越来越衰弱，精神也越来越差了，过不了多久就要随你死去了。如果死后有知，那么我们又能分离多久呢？如果我死后无知，那么我也不能悲痛多少时间了，而（死后）不悲痛的时间却是无穷无尽的。

　　你的儿子才十岁，我的儿子才五岁，年轻强壮的尚不能保全，像这么大的孩子，又怎么能指望他们成人立业呢？啊，悲痛啊，真是悲痛！

　　你去年来信说："近来得了软脚病，时常（发作）疼得厉害。"我说："这种病，江南人常常得。"没有当作值得忧虑的事。唉，（谁知道）竟然会因此而丧了命呢？还是由于别的病而导致这样的不幸呢？

　　你的信是六月十七日写的。东野说你是六月二日死的，耿兰报丧时没有说日期。大概是东野的使者不知道向你的家人问明日期，而耿兰报丧竟不知道应该告诉日期？还是东野给我写信时，才去问使者，使者胡乱说个日期应付呢？是这样呢？还是不是这样呢？

　　现在我派建中来祭奠你，安慰你的孩子和你的乳母。他们有粮食能够守丧到丧期终了，就等到丧期结束后再把他们接来；如果不能守到丧期终了，我就马上接来。剩下的奴婢，叫他们一起守丧。如果我有能力迁葬，最后一定把你安葬在祖坟旁，这样做以后，才算了却我的心愿。

唉，你患病我不知道时间，你去世我不知道日子，活着的时候不能住在一起互相照顾，死的时候没有抚尸痛哭，入殓时没在棺前守灵，下棺入葬时又没有亲临你的墓穴。我的行为辜负了神明，才使你这么早死去，我对上不孝，对下不慈，既不能与你相互照顾着生活，又不能和你一块死去。一个在天涯，一个在地角。你活着的时候不能和我形影相依，死后魂灵也不在我的梦中显现，这都是我造成的灾难，又能抱怨谁呢？天哪，（我的悲痛）哪里有尽头呢？从今以后，我已经没有心思奔忙在世上了！还是回到老家去置办几顷地，度过我的余年。教养我的儿子和你的儿子，希望他们成才；抚养我的女儿和你的女儿，等到她们出嫁，（我的心愿）如此而已。

唉！话有说完的时候，而哀痛之情却不能终止，你知道呢？还是不知道呢？悲哀啊！请享用祭品吧！

（评语：这是一篇千百年来传诵不衰、影响深远的祭文名作，不管我们对文中的思想感情作如何评价，吟诵之下，都不能不随作者之祭而有眼涩之悲。韩愈写此文的目的不在于称颂逝者，而在于通过强调骨肉亲情关系，突出老成之死实出意外，表达作者自身宦海沉浮之苦和对人生无常之感，并以此深化亲情，倾诉自己的痛悼之情，寄托自己的哀思。祭文原本偏重于抒发对逝者的悼念哀痛之情，一般是结合对逝者功业德行的颂扬而展开的。本文一反传统祭文以铺排郡望、藻饰官阶、历叙生平、歌功颂德为主的固定模式，主要记家常琐事，表现自己与逝者的密切关系，抒写难以抑制的悲哀，表达刻骨铭心的骨肉亲情。形式上则破骈为散，采用自由多变的散体。这种自由化的写作形式，使作者如同与逝者对话，边诉边泣，吞吐呜咽，交织着悔恨、悲痛、自责之情，因而具有震撼人心的力量。本篇祭文全用散文句调和平易晓畅的家常生活语言，长长短短，错错落落，奇偶骈散，参差骈散，行于所当行，止于不得不止；疑问、感叹、陈述等各种句式，反复、重叠、排比、呼告等多种修辞手法，任意调遣，全依感情的需要。再加之作者取与逝者促膝谈心的形式，呼"汝"唤"你"，似乎逝者也能听到"我"的声音，显得异常自然而真切，形成了一种行云流水般的语言气势和令人如闻咳謦的感情氛围，深刻地感染读者。）

例2：

## 父亲百日祭文

公元2018年1月9日（农历十一月二十八）是您的百日祭日，恍惚间您老人家离开我们将近一百天，天气允许的话，我一定回老家给您上坟，添把土。

亲爱的爸爸，我在网上给您建了一个纪念馆，想必您也看见了，有时间我就去看看，献个花、烧炷香、供个祭品、说说话……，好像觉得您还在我的身边，还在为家庭琐事操劳，为子女操心。

晚上睡不着的时候，就想起与您有关的点点滴滴。都说父爱含蓄，您也不例外，父爱如山，靠着安全却不很舒服。在我小时候，父亲在县城上班，我在村里上学，一年也见不上几面；后来我在城里上学，父亲退休回了乡下；再后来我到××、××求学，安家到××，后扎根在××。工作之后，由于各方面的原因，我一年同你们在一起待的时间不超过10天，更谈不上伺候您、孝顺您，每每想到这些，我就禁不住流泪。早年离家，我已经习惯父母哥哥姐姐不在身边的日子，所以虽然您离开我们已经快一百天，我依然觉得您还活着，还盼着我回去看您。

我和哥哥在您身边上学的时候，您忙完工作，不仅得给我们做饭，还得惦记家里的农活，我现在才能体会到您当时的不容易；我在××念书时，写信告诉您宿舍冷，收到信您就急急忙忙给我送了被子；拿到大学录取通知书，您兴奋得几乎睡不着觉，叮嘱这叮嘱那；生了××，您不辞劳苦坐七八个小时的大巴到××去看我们，那年您也七十多岁了，看着我们当时的"家"，从您眼中我看出了心痛；每次我们回老家，您都问这问那，怕我们过不好，受委屈……往事如烟，点点滴滴，丝丝情愫，像陈年的老酒，散发出淡淡香味却绵绵悠长。

父亲离世，抛却凡尘俗事，驾鹤仙游，与日月同在，与天地同眠，我却再也看不见爸爸了。想爸爸的时候，我就到纪念馆看看，扫扫墓，以慰藉自己思父之情。

安息吧，我的父亲，儿女们会永远记着您！

例3：

## 清明立碑祭祀父母祭文

时维公元2018年2月10日，值慈母仙逝周年之际，奠之良辰，孝男××率弟弟六人及其子女，为父母亲举行立碑祭奠仪式，以告慰父母在天之灵，铭示我辈勿忘养育之恩。

岁次壬辰之年，辛丑月良辰。

为念父母洪恩，立碑隆重祭奠；儿拜家严慈母，孝男肝肠寸断。

二老养育大恩，孩儿三生难还；父亲一生仁厚，胸中从不藏奸。

为人处世待物，一个义字当先；教育子女有方，小利不看眼前。

深受流浪之苦，更知文盲之难；教儿先学做人，刻苦务把书念。

不论千难万难，从不形色于面；无论再苦再累，从未听过怨言。

父亲是棵大树，撑起家中蓝天；父亲在儿心中，就是一座大山。

不料庚午马年，噩耗飞传北南；父亲戛然而逝，犹如天塌地陷。

儿们都已成人，生活也趋好转；本欲好好尽孝，父却撒手人寰。

哭天喊地不应，父您头都不还；临终未见父面，留下终生遗憾。

从此主意拿定，尽早返回家园；母亲体弱多病，不能再留遗憾。
再唤一声母亲，儿来给您请安；慈母驾鹤西行，转瞬已满周年。
天天心里牵挂，夜夜梦中思念；饭菜口味淡咸，生活是否习惯。
天堂高处寒冷，衣服是否穿暖；身体有无不适，是否及时诊断。
慈母贤良一世，终生与人为善；一生古道热肠，乐于帮困解难。
辛劳勤俭持家，生活精打细算；节衣缩食简朴，从来无悔无怨。
对己能过且过，待人从不寒酸；为了一家生计，常年起早贪晚。
落下一身疾病，晚年不得安然；老年吃药打针，身体倍受熬煎。
不疼花钱看病，只图常把娘伴；有娘就有家在，家在就有温暖。
娘已驾鹤西行，再无有家之感；娘虽仙逝一年，仍觉娘在眼前。
孩儿日日思母，常在梦中相见；陪娘拉拉家常，和娘叙叙冷暖。
请娘天堂放心，儿孙平安康健；今日周年祭母，孩儿泪滚满面。
一头重重点地，儿思母亲容颜；孩儿再磕一头，请母不要挂念。
三头重重点地，愿母天堂平安；父母一生教诲，儿当永记心间。
愿父亲、母亲天堂安息！
伏食尚飨

孝男×× 率众 泣祭

例4：

## 子孙清明节祭祖祭文

维公元二〇一一年四月五日，农历辛卯年三月初三，节序清明，××（注：地名）×（注：姓氏）始祖后裔恭备佳肴美馔，肃立墓前，颔首而祭。曰：

肇始吾祖，降于煌明；修身立业，正值华龄；上承家制，聆命躬行；少小藏志，沥血践铭；孝侍尊亲，膝奉至情；勤农善本，俭风拂庭；慈善修睦，兰草丰盈；夙兴夜寐，乐养贤丁；崇文尚儒，玉结兰亭；蓄产拓基，恤布童庭。慧择燕窝，神佑福临；绵延香火，枝叶繁云；沧桑数百，历久弥新；懿德恢恢，霞披族门；代序迭传，泽润裔孙；世数劫难，族旺至今；抚思追忆，岂敢忘恩；树高千丈，固在根深；水流万里，涌于泉津；我辈族众，感念存心；俱怀恭虔，笃履芳尘；以德律己，诚信待人；秉持善道，誉耀星辰；砥砺节操，惠苣缤纷。适逢盛世，图强奋远；养性修能，决意争先；负重征程，创业挥篇；报效家国，奉献华年；弘扬传统，德昭后贤；耀祖荣宗，善莫大焉！今兹捧读，告祭先祖；昭示族贤，勿稍懈疏；合力奔趋，共同奋努；遗风永驻，吾祖欣殊！

尚飨！

例5：

### 历年生态葬先人公祭祝文

维公元××××年×月×日，岁次己亥，节届清明，谨以鲜花时果清醴之仪，致祭于×××（注：地名）历年生态葬先人之灵，且虔诵祝文曰：

汤汤×水，巍巍×山。乔松苍翠，百卉呈芳。云龙风虎，凤起鹏飏。笃生俊彦，挺秀含章。生于自然，归于自然。万物复萌，惠风和畅。灵爽永恒，如花绚烂。去仍衍庆，豫顺凝庥。营造生态，正气重范。慎终追远，思念情长。竭诚致祭，奉此馨香。来格来兮，伏惟尚飨。

 学习自测

1. 请根据前面各章【情景导入】所给的资料，协助秋冰女士的儿子撰写一篇祭母文。
2. 请根据前面各章【情景导入】所给的资料，协助秋冰女士的学生撰写一篇祭师文。
3. 请协助沿东海某县文明办撰写一篇清明祭奠历年海葬先人的公祭文。

# 第二节　诔辞与哀辞

 一、诔辞的含义

诔辞，又称"诔文""诔状""诔词"等，简称"诔"，是一种专门用于叙述逝者生平、表彰逝者功德的宣读性的哀悼文体。

诔辞是我国古代哀祭文的最早形式，初为表扬逝者德行，以定谥号，后发展为无谥号的致哀文体，叙述世业为主，以四言为多。后世的一切哀悼逝者的祭文，无论是内容还是形式无不深受其影响。

 二、诔辞的特征

（1）**内容上，诔辞突出扬善隐恶**　谥法作为对君主和贵族官僚一生行事的总结概括，虽有"善恶莫之能掩"（《礼记·曾子问》）的规定要求，亦即"必核其人之生平，未尝专著其美而讳其恶"（《陔余丛考》卷十六），因而一般说来还比较公允，但是，就总体来看，古代君臣的谥号以溢美讳恶、褒多贬少者居多。不独诔辞为然，其他种类的哀祭文，也同样以颂扬逝者为主，其褒远远大于贬。这可以说是古代哀祭文的一个突出的传统和特点。

（2）**体制上，诔辞形成述德表哀、散韵结合的标准模式**　在内容布局上，形成了前半述德后半表哀的标准模式。在文体运用形式上，其体例大致为：前列小传，以散体记叙逝者生平，表颂扬之意；后写四言诔辞，以韵体称誉逝者荣耀，寄哀悼之思。

（3）礼节上，诔辞仅仅用于上对下　《礼记·曾子问》："贱不诔贵，幼不诔长，礼也。"这也是由谥法所规定和限制的。因为谥号的赐予是一项严肃神圣的礼制，诔辞代表官方对逝者一生德行的最终、最高的评价，亦即盖棺之定论，所以诔辞仅局限于上对下。

## 三、哀辞的含义

哀辞，也写作"哀词"，是指用来哀悼、纪念逝者的文章，是古代哀祭文中的另一种重要文体，多采用韵文写成。

哀辞是诔辞的旁支。哀辞作为一种独立的哀祭文实用文体，究竟起源于何时，史无明确记载。

就现存文献看，真正意义上的哀辞产生于东汉，最早使用"哀辞"命名的，是东汉的班固。我们目前能够读到的哀辞，实际上已经迟至曹植生活的三国时期。其哀悼的对象是年幼夭亡者，只有个别篇章以成人为对象。

唐代以后，哀辞施于童殇、夭折者的传统也逐渐被打破，已扩展到成人，也不再遵循"情主于痛伤，而辞穷乎爱惜"的古训，而着重描述逝者生平事迹，兼寓悼伤之情，借哀辞以抒哀写衷。

及至清代，皆以成人为其对象，文体一般都是前有散体序文，叙事成分居多；后有骚体哀辞，抒情成分居多；而其序多远远长于哀辞主体。作者往往在简洁的叙事中渗透着自己的爱憎悲喜之情，具有自然有致、耐人品味的特点。其代表性作品有方苞的《徐诒孙哀辞》《鲍氏妹哀辞》《宣左人哀辞》《仆王兴哀辞》《余石民哀辞》等。

## 四、哀辞的特征

① 哀辞的对象主要是"童弱夭折，不以寿终者"。而诔辞的对象主要是王公、贵族、士大夫并以颂赞逝者功德为主。

② 哀辞以抒发生者哀悼之情为主。叙事言悲，皆切于情，哀辞恨恨凄凄，正如《文心雕龙》中刘勰所说："原夫哀辞大体，情主于痛伤，而辞穷乎爱惜"，尤其贵在情文相生，恳恻动人，缠绵往复，隽洁层深。

③ 与诔辞相比，哀辞的篇幅都不太长。

### 范例赏析

例1：

#### 《孔子诔》

【原文】

鲁哀公十六年夏四月己丑，孔子卒，公诔之曰："旻天不吊，不愸遗一老，俾屏余一人以在位，茕茕余在疚。呜呼哀哉！尼父！无自律。"

**【译文】**

鲁哀公十六年四月，孔丘逝世，哀公致诔辞说："上天不善，不肯留下这一位国老，让我一人居于君位，使我孤独无依、忧愁痛苦。呜呼哀哉！尼父，失去您，我就失去了律己的榜样。"

[评语：该文是现存最古老的由官方（鲁哀公）所作的诔辞，全文仅有31字，但言短而情哀，准确地体现了"祭奠之楷，宜恭且哀"的特点，尤其是"旻天不吊""呜呼哀哉"等抒发无可奈何、怨天诅地之情的悲号之词，首开古代祭文首尾形式之先河，后世祭文大多模仿套用，以至于成为一种固定模式，虽然它只有哀终，而无颂文和荣始。]

**例2：**

### 《金瓠哀辞》

**【原文】**

序：金瓠，余之首女。虽未能言，固已授色知心矣。生十九旬而夭折，乃作辞曰：

在襁褓而抚育，向孩笑而未言。不终年而夭绝，何负罚于皇天？信吾罪之所招，悲弱子之无愆。去父母之怀抱，灭微骸于粪土。天长地久，人生几时？先后无觉，促尔有期。

**【译文】**

序：金瓠，是我的长女，她虽然还不会说话，但已能察觉大人的脸色，识别他们的情绪。她出生才一百九十天就夭折了，我心痛难当，于是写下了这篇哀辞。辞文如下：

我可爱的孩子在襁褓中被细心抚育，她只会嬉笑耍闹，还不能言语。为什么她要受到上天残忍的责罚，她还不满一岁，却必须这样死去？一定是我的罪过所招致——有罪的是我，为什么给无辜的孩子报应？就这样永远地离开父母的怀抱，黄泉下她小小的身体，渐渐化成泥。无情的天地长久得没有极限，短暂人生又能蹉跎几个年头？死亡的先后人们无从知晓，心如死灰的我也快要随你而去。

（评语：从本哀辞的小序看，金瓠是曹植的长女，年寿极短，只活了一百九十天。对于爱女的不幸亡故，曹植心中无限悲痛，于是写了这篇哀辞来悼念心爱的女儿。文中运用四言、六言，讲究押韵，写作重点放在察惠、悼加乎肤色上面。同时也抒发了人生苦短的悲叹。）

**例3：**

### 《行女哀辞》

**【原文】**

序：行女生于季秋，而终于首夏。三年之中，二子频丧。

伊上帝之降命，何短修之难裁；或华发以终年，或怀妊而逢灾。感前哀之未阕，复新殃之重来！方朝华而晚敷，比辰露而先晞。感逝者之不追，怅情忽而失度。天盖高而无阶，怀此恨其谁诉！

【译文】

序：我的小女儿行女出生于深秋时节，在第二年四月的初夏死去。短短三年之中，两个心爱的女儿相继夭亡。

上苍赐予人类宝贵的生命，寿命的长短何以这么难猜！有人可以幸运地活到白首，有的人却死在母亲的胎腹。痛失金瓠的悲伤还没有结束，又眼看着行女被尘土掩埋。可怜的孩子像木槿花一样凋落；又像晨露，干得这么快。我想到那凋零的小小的生命，再也无法重来，顿时间失了常态。怨恨天高却没有长梯借我攀缘，我还能向谁诉出我心中的苦哀！

（评语：从本哀辞的小序看，中年丧子是人生的三大不幸，而曹植却是三年之中二子频丧，真可谓是祸不单行。因此，在本哀辞中，增加了述哀成分，哀痛伤悼之情，溢于言表，用"天盖高而无阶，怀此恨其谁诉"来表达，诚如周振甫在《文心雕龙译注》中评价道："情洞悲苦，叙事如传"。）

 学习自测

1. 简述诔辞与悼词的联系与区别。
2. 简述诔辞与墓志铭的区别与联系。
3. 简述哀辞与奠文的联系与区别。
4. 简述哀辞与诔辞的区别与联系。

PPT课件

# 第三部分

- 第十章　　会议文书的写作
- 第十一章　日常事务常用文书的写作

# 第十章 会议文书的写作

## 学习目标

**知识目标**

1. 了解常见的会议文书的概念、特点及类型。
2. 熟悉殡葬礼仪策划文案的写作结构,掌握殡葬礼仪策划文案撰写应注意的事项。

**能力目标**

1. 掌握"通知""开幕词""讲话稿""闭幕词""纪要""简报""通报"等会议文书的写作技法,能根据日常工作的需要,完成相应会议文书的起草工作。
2. 能根据客户要求及逝者的相关信息资料,完成殡葬礼仪策划文案的起草工作,为客户提供切实可行的个性化殡葬礼仪服务。

**素养目标**

培养实事求是的工作态度、踏实认真的工作作风、团结协作的大局观念,加强理论联系实践,践行社会主义核心价值观;培养良好的人文素养、高度的人文情怀,增强对中华民族文化的自信心与自豪感,将殡葬文化和现代殡葬理念运用于殡葬服务,发挥好殡葬活动"慎终追远"的本质功能,提升殡葬文化服务的综合水平。

## 情景导入

6月:×××省殡葬领域突出问题专项整治行动

张帆为××市殡葬管理处办公室一名职员,为有效解决近年来殡葬领域反映强烈的突出问题,决定于2018年6月下旬至9月底,在全市部署开展殡葬领域突出问题专项整治行动,并召开各区、县(市)殡葬管理所、殡葬服务单位专项整治行动动员及部署会议。张帆作为办公室职员,负责筹划和安排会议,为使会议圆满召开,张帆需要做好哪些工作呢?

# 第一节　通知

## 一、通知的概念及特点

### 1. 通知的概念

《国家行政机关公文处理办法》规定：通知"适用于批转下级机关的公文，转发上级机关和不相隶属机关的公文，传达要求下级机关办理和需要有关单位周知或者执行的事项"。通知除了用于国家行政机关之外，企事业单位、社会团体等使用也非常广泛，它是一种适用范围很广、使用频率很高的下行文种。

### 2. 通知的特点

（1）**功能的多样性**　通知的功能很多，可以用来对下级机关下达指示、布置工作、传达有关事项、传达领导意见、任免干部、决定具体问题。上级机关对下级机关可以用通知，平行机关之间有时也可以用通知。

（2）**运用的广泛性**　通知是公文中适用范围最广、使用频率最高的文种之一。上至国家级的党政机关，下至基层的企事业单位，大到重大事件的部署安排，小到单位内部的一般事项，都可以发布通知。

（3）**一定的指导性**　通知具有一定的指导性，用来传达上级指示、发布规章、转发文件，其主要功能在于指导有关机关、企事业单位等认真学习，在规定的时间内完成通知布置的任务，一般适用上级对下级单位。

（4）**较强的时效性**　通知是一种制发比较快捷、运用比较灵活的公文文种，它所办理的事项都有比较明确的时间限制，不得拖延。

## 二、通知的类型

按照其内容和行文目的，通知分为六种。

### 1. 发布性通知

法规性文件经有关部门制定以后，需要用通知的形式予以发布。这类通知的正文一般包括四个方面：文件名称、文件由来、希望要求、附件。

### 2. 批转性通知

上级领导部门转发下属单位的来文，如报告、请示、意见等所用的通知称为批转性通知。有的直接批转，有的加些指示性的意见。

### 3. 转发性通知

上级或者同级的来文要传达到下属单位贯彻执行，需要用通知的形式，这种通知叫作转发性通知。

### 4. 指示性通知

上级单位向下级单位对某一项工作的布置、要求、意见等往往用通知的形式传达。

### 5. 任免性通知

用于告诉人事任免情况。要写明任免人的姓名、职务、任免的依据及任免期限。

### 6. 会议性通知

该类属于常用的通知，用于告知会议的有关事宜。一般应写明会议召开的目的或依据、会期、报名或报到时间、地点、参加人员和参加会议者要注意的事项等。

## 三、通知的结构和写法

通知一般由标题、主送机关、正文和落款四部分组成。

（1）标题　　通常有三种形式。第一种是完整标题，由"发文机关+事由+文种"三要素构成。第二种是"事由+文种"：公文专用纸的稿头已包含发文机关名称时，标题中可省略；机关内部通知，在落款处已注明发文机关的，标题中可省略。第三种是以文种名称"通知"为标题，仅适用于小范围发布、不编文号的通知。

（2）主送机关　　主送机关即收文对象，它可以是一个，也可以是几个，还可以是某类机关或人员的统称，因此，主送机关较多，要注意主送机关排列的规范性。如，"各省、自治区、直辖市人民政府，国务院各部委、各直属机构"，一般在标题下隔一行顶格书写，后面加冒号。

（3）正文

① 通知缘由。它在通知正文的开头，应交代发出通知的背景、目的、理由。

② 通知事项。交代要办理的事项，即工作任务、要求和做法。如会议性通知，要写明会议的名称，召开会议的目的、依据、中心议题，召开会议的具体时间、地点、参加人员、会前准备工作、会议流程及其他事项等。

③ 执行要求。发布指示、安排工作的通知，可以在结尾处提出贯彻执行的有关要求。如无必要，可以没有这一部分。

（4）落款　　在正文的右下方署上发文机关和发文时间。发文机关要写全称或规范性简称（与单位印章一致）。若联合行文，主办机关排列在前。发文时间一般要用数字完整书写"年、月、日"。

## 四、注意事项

① 通知遵行"一文一事"原则，避免收文单位理解和执行上的错误。

② 平行机关或不相隶属的机关之间用通知行文，通常只限于告知某些事项，而不能用于指示或要求执行某些事项。

③ 通知的主送机关可以是一个或多个，收文机关的名称一定要写清写全，以免送达不全、贻误工作。

④ 通知内容较多时，可采用条款式行文。

⑤ 语言要规范准确、简明扼要、通俗易懂。

**范例赏析**

## 关于召开现代殡葬技术与管理专业教学指导委员会殡葬系列教材编写研讨会的通知

各专指委委员单位及成员：

为适应全国民政院校现代殡葬技术与管理专业教学工作的需要，全面提高殡葬专业学生及一线员工的专业素质、服务技能、学历水平。根据全国民政职业教育教学指导委员会现代殡葬技术与管理专业教学指导委员会（以下简称"殡葬专指委"）2018年工作计划，殡葬专指委定于7月20日在×××民政职业技术学校召开殡葬系列教材编写研讨会议。现将会议有关事项通知如下：

一、会议时间

2018年7月20日（19日报到，20日开会）

二、会议地点

×××民政职业技术学校（×××省×××市××区××路×××号）

三、会议内容

研讨殡葬系列教材编写相关事宜。

四、相关要求

（1）因会上需要与各教材主编签订编写协议，请教材主编接到通知后务必参加此次会议，无故不参加者将取消主编资格。欢迎有意愿参加教材编写的人员参加本次会议。

（2）本次会议不收取会议费。交通、食宿等费用由参会单位自理，按相关规定由所在单位报销。

（3）本次会议由殡葬专指委主办，×××民政职业技术学校承办。

（4）参会人员名单回执请于7月5日前发送到专指委秘书处电子邮箱：×××××××@×××.com。殡葬专指委秘书处：×××，联系电话：××××××××××。

附件：参会人员名单回执

全国民政职业教育教学指导委员会秘书处<br>
2018年7月2日

（评语：本文是一则会议通知。这则通知交代了会议召开的目的、指导思想、会议主要内容、会议时间、地点、承办单位、参加会议对象、会议有关事项等，便于参会人员准确参会。）

 **学习自测**

1. 下面这则通知有几处不妥，请找出并进行相应修改。

通知

  为了活跃本殡葬服务中心职工的课余生活，加强社会主义精神文明建设，服务中心团委决定组织一次职工歌咏比赛，请各团支部书记今天下午，讨论有关比赛事宜。望准时出席。
  此致
  敬礼！

2018年6月3日<br/>××殡葬服务中心团委

2. 请根据本章的【情景导入】资料，试以张帆的身份，拟写一份视频会议通知。

# 第二节   开幕词

 ## 一、开幕词的概念及特点

### 1. 开幕词的概念

  开幕词是党政机关、企事业单位和社会团体的领导人，在会议或活动开幕时所作的讲话，旨在阐明会议或活动的指导思想、宗旨、重要意义，向参加者提出会议或活动的中心任务和要求，并对参加会议或活动的人员表示欢迎、祝贺或祝愿，是大会或活动正式开始的标志。

### 2. 开幕词的特点

  （1）宣告性 开幕词是会议或活动的序曲、标志，为会议或活动营造氛围。致开幕词之后，才陆续展开会议或活动的各项议程。

  （2）引导性 开幕词一般要阐述会议或活动的指导思想、目的、意义、任务等，这对整个会议或活动的成功举行起着引导作用。

  （3）期望性 开幕词带着对办好会议或活动的良好祝愿，通过介绍会议或活动的议程和宗旨，激励参加者的参与意识，调动大家参加会议或活动的积极性。

  在语言上，开幕词要求简洁明了，通俗明快，富有感情色彩。在正式的会议或活动中，开幕词语言要庄严郑重和热烈；一般的文娱活动或会议，则要生动活泼。

 ## 二、开幕词的类型

  开幕词按内容一般分为侧重性开幕词和一般性开幕词。侧重性开幕词一般对会议或活动举行的历史背景、重大意义、中心议题等作重点阐述,其他问题简单带过;一般性开幕词则只对会议或活动的目的、议程、基本精神、与会对象等作简要概述。

##  三、开幕词的结构和写法

### 1. 标题

① 由"会议(或活动)全称+开幕词"构成,如《×××代表大会开幕词》。

② 由"致辞人+会议(或活动)名称+开幕词"构成,如《×××同志在××××大会上的开幕词》。

③ 复式标题,正标题概括会议或活动的宗旨,副标题与前两种标题构成形式相同。如《弘扬中华民族扶贫济困美德,倡导社会互助精神——××慈善晚会开幕词(或×××同志在××慈善晚会上的致辞)》。

另外,开幕词的时间,加括号标写在标题下方正中位置。

### 2. 称谓

一般根据会议或活动的性质及与会者的具体情况而定,如党的会议用"同志们",国际会议用"各位嘉宾,女士们,先生们"。称谓要另起一行顶格写,后加冒号。

### 3. 正文

开幕词的正文由开头、主体和结尾三部分组成。

(1) 开头　一般开门见山地宣布会议或活动开幕。可以对会议或活动的规模及参加者的身份等作简要介绍,如"参加这次大会的代表有×××,其中有来自×××",并对会议或活动的举行及对参加人员表示祝贺。需要说明的是,开头部分即使只有一句话,也要单独列为一个自然段,将其与主体部分分开。

(2) 主体　主体部分是开幕词的核心部分。通常包括三项内容:一是阐明会议或活动的意义,通过对以往工作情况的概括总结和对当前形势的分析,说明会议或活动是在什么形势下,为了解决什么问题和达到什么目的举行的;二是阐明会议或活动的指导思想,提出任务,说明主要议程和安排;三是为保证会议或活动的顺利举行,向参加者提出要求。

(3) 结尾　结尾部分是总结概括,提出会议或活动的任务、要求和希望,展望未来,感谢祝愿,提出问题思考或下一次期望。

开幕词的结束语要简短、有力,并要有号召性和鼓动性。写法上常是另起一段,以预示性的概括语言,表达对会议的美好祝愿,多以"预祝大会圆满成功"这一习惯语结束全文。

### 4. 注意事项

① 要全面了解会议或活动的精神及各方面情况,如参加者的身份及数目、会议或活动的全盘安排、会议或活动的宗旨意义及想达到的预期目的等。

② 开幕词的篇幅不宜过长,要简洁明了。对会议或活动的情况要概括介绍,一般情况下,只需向参加者介绍会议或活动的基本精神、内容议程和目的作用,其他一带而过,简而言之,不必面面俱到。

③ 要注重营造庄重热烈的气氛,除庄重严肃外,还要求做到生动且富有感情色彩,具有鼓动性,激励参加者的参与意识,调动其积极性。

范例赏析

## ×××省第×届殡仪服务员技能大赛开幕词

各位专家、领导、裁判员、参赛者：

大家早上好！秋风送爽，稻谷飘香，在这充满收获的金秋时节，我们欢聚在×××省×××大学×××学院，满怀喜悦的心情，以饱满的精神状态，迎来了我省第×届殡仪服务员技能大赛。在此，我代表大赛组委会对本届殡仪服务员技能大赛的成功举行表示热烈的祝贺！对精心筹备本届殡仪服务员技能大赛的所有人员表示衷心的感谢！向全体参赛者、裁判员表示诚挚的问候！

本届殡仪服务员技能大赛的隆重举行，给参赛者搭建了一个交流平台，展示个性技能的舞台。此次技能大赛既是对参赛者心理素质、技能水平的一次考验，更是对我们省殡仪服务员技能的一次大检阅。为使本次技能大赛达到预期目标，我代表大会组委会对全体与会人员提出以下要求：

（1）希望每位参赛者精神饱满，遵守赛程规则，耐心自信，发扬精益求精的专业技能精神，文明参赛，规范参赛，确保大赛顺利！

（2）希望全体裁判员、工作人员忠于职守，勤奋工作，树立热情服务意识、严守规则意识，做到公平公正，为各项比赛创造良好的氛围，保证各项比赛顺利完成。

（3）希望观赛者，服从大会管理，主动服务，文明观看！

各位专家、领导、裁判员、参赛者，通过此次大赛，让我们牢固树立精益求精的精神，加强技能交流，提高专业水平，让我们的技能更上一层楼！

最后，预祝全体参赛者取得优异成绩！预祝本届殡仪服务员技能大赛取得圆满成功！

（评语：本文为常见技能大赛开幕词，第一段直接扼要地对大赛的召开表示祝贺，第二段点明召开大赛的主要精神，之后，说明大赛上的各项要求，最后提出希望和要求，预祝大赛圆满成功，条理清楚、思路明确。）

1. 2018年5月7日，学校开展以"行动起来，减轻身边的灾害风险"为主题的大型防灾减灾日宣传活动，学校主要领导人将在开幕式上致辞，请代为起草开幕词。

2. 试指出下文结构和写法上存在的问题，并修改。

尊敬的离退休老领导、老教师：
你们好！
岁岁重阳，今又重阳。在重阳佳节到来之际，各位老领导、老教师在这里聚集一堂，欢度重阳佳节。请允许我代表学校全体教职员工向各位致以节日的祝贺！

有人说过：童年是一幅画，少年是一个梦，青年是一首诗，中年是一篇散文，老年是一部哲学。——由此，我衷心地祝贺老同志步入了哲学家的行列，并表示真诚的敬意！时光荏苒，岁月如歌。在座的各位老领导、老教师都曾经为祖国的教育事业兢兢业业，勤勤恳恳，贡献了自己的青春和力量。岁月的年轮勾刻了你们的皱纹，三寸粉笔染白了你们的双鬓。可以说没有你们昨天的辛勤汗水，就没有今天教育园地的满园芬芳；没有你们的无私奉献，就没有今天和明天教育事业的灿烂辉煌！

2018年9月9日

# 第三节　讲话稿

## 一、讲话稿的概念及特点

### 1. 讲话稿的概念

讲话稿是指领导人在会议上发表带有宣传、指示或指导、总结性质的会议文书。这是狭义上的讲话稿，即领导讲话稿。广义的讲话稿还包括开幕词、闭幕词、祝词、会议工作报告、会议总结等。

会议文书中，习惯把上级领导在下级会议上发表的讲话或者主要领导人在所属单位专门活动和会议上的发言稿称"讲话稿"，针对普通参加者的称"发言稿"。

讲话稿可由领导人自己撰写，也可由领导授意、秘书代写，最终由领导审定使用。领导讲话稿可以事先准备好，也可以是领导人直接在大会上演说，由别人记录下来形成文稿。

### 2. 讲话稿的特点

**（1）内容针对性**　讲话稿的内容由会议主题、讲话者和受众等因素决定。在写讲话稿之前，必须要了解会议的主题、性质、议题，讲话的场合、背景，领导者的指示、要求，听众的身份、背景情况、心理需求和接受习惯等。

**（2）交流互动性**　讲话稿应通俗易懂，符合口语习惯，多用短句，少用长句，善于把抽象的道理具体化，引导听众明白讲话者的立场和观点，进而引起思想上共识、情感上共鸣，形成良好的互动。

**（3）语言得体性**　为了便于讲话者表达，易于听众理解和接受，讲话稿的语言既要准确、简洁，又要通俗、生动。另外，由于讲话具有现场性，因此撰写领导讲话稿时必须提前考虑和把握现场气氛和场合，注意措辞。

## 二、讲话稿的类型

按照不同的标准，讲话稿可以分为不同的类型。

**（1）按讲话场合的不同**　有会议讲话稿、广播讲话稿、电视讲话稿、集会讲话稿等。

（2）按内容的不同　有工作会议讲话稿、纪念活动讲话稿、祝贺讲话稿、礼仪活动讲话稿等。

（3）按目的的不同　有宣传鼓动性讲话稿、分析指导性讲话稿、总结评论性讲话稿、祝贺性讲话稿等。

（4）按领域的不同　有政治的、经济的、文化的、学术的、军事的讲话稿等。

## 三、讲话稿的结构和写法

### 1. 标题

① 由"讲话人姓名+会议名称+文种"构成，也可以省略讲话人姓名。

② 复式标题是将主要内容或中心思想概括为一句话作主标题，由讲话人姓名、会议名称和文种组成副标题。

### 2. 讲话人和日期

讲话当天的日期和讲话人的职务、姓名，加括号置于标题下方正中央。如果标题中已经含有讲话人的姓名，可以不在此处注明。

### 3. 称谓

根据会议的性质、与会者的身份，可使用"同志们""各位代表""各位专家学者""各位来宾""女士们、先生们"等。

### 4. 正文

正文一般由开头、主体和结尾三部分组成。

（1）开头　开头部分要紧扣会议精神和主旨，用极简洁的文字把要讲的内容概述一下，说明讲话的缘由或者所要讲的内容重点。常见的开头有强调时间、空间，描述会议场面；由原因和目的引到会议中心；开门见山围绕中心话题，阐述自己的观点；提出问题，循循善诱；由身边的故事引出下文；表示慰问和祝贺等。

（2）主体　根据会议的内容和发表讲话的目的，可以重点阐述如何领会文件、指示、会议精神；可以通过分析形势和明确任务，提出搞好工作的几点意见；可以结合本单位情况，提出贯彻上级指示的意见；可以对前面其他领导人的讲话做补充讲话；也可以围绕会议的中心议题，结合自己分管的工作谈几点看法等。

主体部分的结构方式一般有两种：一是并列式结构，就是把主题内容分为几个方面的问题，并按并列顺序排列；二是递进式结构，就是围绕中心逐步将内容展开，各层之间逐层深入。

（3）结尾　结尾用以总结全篇，照应开头，发出号召，或者征询对讲话内容的意见或建议等。同时要注意讲话稿结尾时，意思表达完整，不累赘复述，以免听众感到厌烦。

### 5. 注意事项

① 一文一主题，主题要鲜明、要集中。

② 层次结构要清晰，富有逻辑性。

③ 要注意了解听众心理和关注点，与听众的互动有的放矢。

④ 语言要口语化、规范化、通俗易懂。

> 范例赏析

## 在全县殡葬改革动员大会上的讲话
### （2018年8月27日，×××）

同志们：

我县殡改工作已经推进大半年，半年多来我县殡改工作虽然取得了很大的进步，但离上级部门要求还有很大差距。按照市委市政府安排，我县于2018年5月25日开始进行全县殡葬综合治理，并出台了《关于在全县开展殡葬综合治理的工作方案》，成立了以书记和县长为组长的殡改综合治理工作领导小组。目前治理工作已进行到第三步公益性公墓的规划设计、抓好试点。在未来一段时期内，殡改工作将处于一个深化和巩固的关键时期。

一、正视成绩，查找不足，坚定做好殡葬改革的信心

今年以来，各乡镇、单位按照县委、县政府部署要求，迅速成立领导机构和工作专班，加强了殡葬政策宣传，落实各项殡葬管理工作措施，全面查处殡葬违规行为，全县殡葬改革工作取得了明显成效。截至8月27日，我县共火化遗体××具，火化率为××%。但是市政府要求各县区年底火化率要达到95%，我县殡改工作离市政府要求还有很大差距。8月份以来，我县殡改工作处于下滑状态，经调查，造成这种状态的原因是：①少部分群众的一些传统落后观念依然存在，违规土葬的行为还时有发生，群众违规土葬的手段变得更加隐蔽；②职能部门对殡葬改革工作缺乏积极性和主动性，致使部门资源整合不够，数据互通不及时，相关信息不能共享，形不成工作合力；③殡葬设施投入少，缺乏公益性公墓、骨灰堂等基础设施，对火化后的丧葬事宜不能提供相应服务，制约了殡葬改革工作的进一步开展。

各乡镇、各有关部门必须把这项工作列入当前工作的重要议事日程，作为一项长期性的重点工作抓实抓好、抓深抓细、抓出成效。任何乡镇和部门不能在殡改工作中拖后腿、出问题、有意外，绝不允许任何一个乡镇、一个部门因为宣传不到位、工作不扎实、措施未跟上而影响全县殡葬改革工作的整体推进。

××书记对殡改工作11期简报作出重要批示强调，要加大对殡改落后乡镇督导力度，严格兑现奖惩。下一步，各乡镇、单位要落实好市、县殡改工作部署要求和书记批示精神，认真分析研究殡改工作情况，进一步增强工作责任感、紧迫感，采取强有力措施，确保圆满完成全年殡改工作任务。

二、广泛动员，周密部署，打响全民参与的殡葬改革攻坚战

殡改工作是否能做好关键要看各乡镇、县直各单位是否重视，措施是否有效，力度是否到位。具体来说，要做好以下三个方面工作。

（一）进行再宣传再发动。会后，各乡镇、县直各单位迅速召开干部职工动员会，各乡镇还要召开村队会、党员会，切实把工作部署下去。一要继续开展宣传活动。各乡镇要继续通过

宣传车、书写永久性标语、广播、黑板报、会议、发放明白纸、倡议书等多种方式开展宣传活动。每个乡镇的宣传车要立刻上路，继续进行集中宣传，让全县干部群众认清殡葬改革工作的意义，明白殡改工作的措施；二要注重典型带动，既要大力宣传革除丧葬陋俗、禁止丧事扰民、推行生态葬法中涌现的先进典型事例，又要曝光严重违反殡改政策和不服管理的人和事，不断引导广大干部群众树立现代文明殡葬新观念，增强群众自觉参与殡葬改革工作的自觉性、主动性。

（二）强化工作措施。按照属地管理的原则，乡镇是殡改工作的责任主体，党委书记和乡镇长都是第一责任人，要亲自牵头制定方案、落实责任、加强调度。分管同志要负直接责任，具体抓、一线抓。工作人员要常调研，常走访，对殡改工作中出现的新问题要及时掌握，根据新问题改变工作策略，不能看到工作成绩有所提高就麻痹大意，不过问、不调度，致使殡改工作有所下滑。同时，要加大奖惩力度。各乡镇要制定举报奖励制度，对查证属实的举报偷埋现象及时给予举报人奖励，为举报人保密，并按照相关规定对责任人和当事人严肃处理。有的乡镇对殡改工作很重视，只是碰到难题就不解决，只拿低保五保对象作为工作重点，致使殡改工作一直很被动。下一步，希望各乡镇狠抓反面典型，特别是党员、干部和机关、企事业单位工作人员，不按规定火化、偷埋乱葬、大操大办等违规行为，发现一起，处理一起，并进行公开曝光，抄送纪检部门，从而教育群众，促进工作的推进。

（三）加强服务保障。县政府已下发《关于全面推行惠民政策进一步加强公益性公墓建设的实施意见》，根据要求，各乡镇要加快推进殡葬公共服务基础设施建设，加大资金扶持，调整解决好乡镇公益性公墓建设用地，公益性墓地选址要结合土地增减挂钩政策，选在村庄腾空地或其他建设用地，不得占用基本农田和林地。9月底，每个乡镇要完成规划设计1处覆盖面广、标准较高、管理规范、方便群众使用的乡镇级公益性公墓（或骨灰堂）和若干村级公益性公墓（或骨灰堂），并将建设镇村级公益性公墓或骨灰堂纳入乡村振兴战略和美丽乡村建设规划，本着因地制宜的原则，宜乡镇统一规划布局的，则由乡镇统一规划建设；宜以村为单位建设的，则按照规划标准建设村级公墓；宜建设骨灰堂的，则选择骨灰堂模式。公墓建设工作必须加快进度，各乡镇争取年底前开工建设，力争到2019年6月份，全县的公益性公墓的墓穴（格位）数量能够满足10年以上安葬（安放）需求，节地生态安葬率达到50%以上。

（评语：这则例文为殡葬改革动员大会的讲话稿，开门见山直接说明动员大会的目的，再针对目前现状，肯定成绩，找寻不足，分析原因，点明领导的重要指示精神，最后针对问题，提出举措，明确方向和目标。）

## 学习自测

1. 某区一所学校举办"文明素养教育主题宣传周"活动，假如你是该区文明办的负责人，校方请你在这次活动的开幕式上讲话。请写一篇题为《素质养成，从学会道谢和应对致谢开始》的讲话稿。要求：内容具体，符合实际；对象明确，切合题意；语言生动，有感染力；不超过500字。

2. 学校即将召开科技文化节系列活动，届时，学校领导将要在会上作开幕致辞讲话。请替学校校长起草这份讲话稿。

# 第四节　闭幕词

## 一、闭幕词的概念及特点

### 1. 闭幕词的概念

闭幕词与开幕词相对应，是会议结束时由主要领导人向全体会议代表所作的总结性讲话。致闭幕词的领导人，一般由致开幕词的领导人的同级或下级担任。闭幕词的主要内容是对会议作概括性的评价和总结，并向与会者提出贯彻落实大会精神的要求，向与会单位提出奋斗目标和希望等。

### 2. 闭幕词的特点

具有总结性、概括性和号召性。

（1）总结性　闭幕词是在会议或活动的闭幕式上使用的文种，要对会议内容、会议精神和进程进行简要的总结并作出恰当评价，肯定会议的重要成果，强调会议的主要意义和深远影响。

（2）概括性　闭幕词应对会议进展情况、完成的议题、取得的成果、提出的会议精神及会议意义等进行高度的语言概括。因此，闭幕词的篇幅一般都短小精悍，语言简洁明快。

（3）号召性　为激励参加会议的全体成员实现会议提出的各项任务而奋斗，增强与会人员贯彻会议精神的决心和信心，闭幕词的行文充满热情，语言坚定有力，富有号召性和鼓动性。

## 二、闭幕词的类型

闭幕词和开幕词一样，按照内容可分为侧重性闭幕词和一般性闭幕词两种。侧重性闭幕词通常是对会议的成就、会议要求等作重点讲述，其他问题一带而过。一般性闭幕词只对会议的情况、效果、希望等作简要概述。

## 三、闭幕词的结构和写法

### 1. 标题

闭幕词标题写法与开幕词标题相似，但注意同一会议的闭幕词的标题书写要与开幕词标题一致。

① 由"会议全称+闭幕词"构成。如《××××代表大会闭幕词》。

② 由"致辞人+会议名称+闭幕词"构成。如《×××同志在××××大会上的闭幕词》。

③ 复式标题。正标题概括会议的宗旨、中心内容，副标题与前两种标题构成形式相同。如《我们的文学应该站在世界的前列——中国作家协会第四次会员代表大会的闭幕词》。

闭幕词的时间和讲话人，加括号标写在标题下方正中位置。

## 2. 称谓

一般根据会议的性质及与会者的具体情况而定，如党的会议用"同志们"，国际会议用"各位嘉宾，女士们，先生们"。称谓要另起一行顶格写，后加冒号。

## 3. 正文

闭幕词的正文由开头、主体和结尾三部分组成。

（1）开头　通常简洁地说明"大会经过全体代表的努力，已经胜利完成使命，今天就要闭幕了。"

（2）主体　主体部分是闭幕词的关键部分。主要是对大会进行概括总结，并提出贯彻大会精神的要求和希望。其中概括总结的部分，要列举会议完成的任务和取得的成果，不能过于空泛笼统。提出要求和希望的部分，也要突出会议精神，体现会议宗旨。

（3）结尾　结尾部分往往比较简单，一般以坚定语气发出号召、提出希望、表示祝愿、宣布会议闭幕等，最常见的说法是："现在，我宣布，××××大会闭幕。"

## 4. 注意事项

① 注意开幕词与闭幕词的区别：开幕词是大会序曲，重在阐明大会的任务，为会议打基础、定基调，产生指导、定向和"提神"作用；闭幕词是会议的尾声，着重对会议的主要成果给予评价、总结大会的成绩和经验，强调大会精神对今后工作的指导作用。

② 要对会议内容、会议精神和进程进行简要的总结并作出恰当评价，肯定会议的重要成果，强调会议的主要意义和深远影响。评价要中肯恰当，并与开幕词前后呼应。

③ 要有概括性，应对会议进展情况、完成的议题、取得的成果、提出的会议精神及会议意义等进行高度的语言概括。

④ 要具有号召性。闭幕词的行文充满热情，语言坚定有力，富有感染力和号召力，真正起到促人奋进的作用，切忌空洞单调地说教，篇幅宜短不宜长。

⑤ 对会议中没有展开但已认识到的重要问题，可在闭幕词中适当予以强调，作出必要的补充。

## 范例赏析

### ××省第×届民政殡葬行业技能大赛闭幕词

尊敬的各位代表、各位嘉宾：

在省民政厅和大赛组委会的关心和支持下，本届殡葬行业技能大赛经过近一周的激烈角逐，今天在全体人员的共同努力下终于圆满落幕。在此即将闭幕的时刻，我代表本届殡葬行业技能大赛组委会和全体人员，对本届大赛付出辛勤劳动的筹委会成员、大会工作人员以及参赛代表队表示衷心的感谢！

本次大赛项目虽不多，但对技能要求却很严格。本届大赛由各地殡仪馆和开设殡葬专业的中高职院校选拔的123个代表队参加。大赛共有3个项目，殡仪服务技能、火化技能、防腐整容技能等。大赛共设奖项12名，分别为一等奖2名，二等奖4名，三等奖6名。大赛每个项目采取理论和实操相结合的形式，实操所占比例为70%且采取当场亮分形式，以达到技能交流切磋的目的。本届大赛获得前12名的代表队如下：……，对获奖的各代表队表示祝贺。本次大赛，坚持公平公正公开，做到以赛促学、以赛促教、以赛固技、以赛促创，且顺利圆满地完成了预定的各项任务。

同志们，我们本届殡葬行业技能大赛紧紧围绕"优质育人、追求一流、精益求精、彰显特色"这一主题，组织开展殡葬行业技能大赛。切实贯彻落实民政部职教会议精神和省民政厅关于殡葬改革会议精神，确实推进以赛促学、以赛促教、以赛固技、以赛促创的目的，落实和提高我省殡葬行业技能和服务水平，发扬精益求精的精神，严格执行大赛各项决议，团结一致、同心同德，努力打造一支理论水平高、业务素质强的殡葬行业技能队伍，朝着奋斗目标努力工作，为社会输送更多更优秀的专业技能型人才，为使我省殡葬行业技能更上一层楼而努力奋斗。

现在，我宣布××省第×届民政殡葬行业技能大赛胜利闭幕！

（评语：这篇闭幕词条理清晰，语言简洁明了，首先对参赛的嘉宾和代表队表示欢迎和敬意，再简要点明大赛项目、技能要求、形式、奖项及获奖名单等，并阐明大赛的主旨和意义，最后对此次活动取得圆满成功表示祝贺。）

## 学习自测

1．××职业中专学校举办"职教改革四十年，产教融合育工匠"主题职业教育活动。活动结束时，学校将召开隆重的职业教育活动闭幕式暨表彰大会。请替学校领导起草一份闭幕词。

2．××省民政职业技术学校第六届团代会经过全体代表的共同努力，审议并通过了校团委会的工作报告，顺利进行了换届选举，圆满完成了会议各项议程。请代团委书记拟写一份闭幕词。

## 第五节 纪要

### 一、纪要的概念及特点

**1. 纪要的概念**

纪要是记载和传达会议情况和议定事项时使用的一种法定公文。它的行文方向比较灵活，可以是上行文、下行文和平行文。

纪要与会议记录不同，会议记录只是一种客观的纪实材料，记录每个人的发言，而纪要则集中、综合地反映会议的主要议定事项，起具体指导和规范的作用。会议记录为纪要提供依据和素材，纪要是在会议记录的基础上产生，是对会议记录的概括、总结。

**2. 纪要的特点**

（1）内容的纪实性　会议纪要是在会议记录的基础上概括、总结而成，必须如实地反映会议内容，传达会议议定的事项和形成的决议，它不能离开会议实际或随意更改会议内容或对会议内容进行评论，否则，就会失去其内容的客观真实性。

（2）表达的概括性　会议纪要是根据会议情况综合而成的，因此，撰写会议纪要时应围绕会议主旨及主要成果来整理、提炼和概括。重点说明会议的主要参加者、基本议程、与会者有哪些主要观点、达成了什么共识、形成了什么决定或决议。

（3）会议的指导性　会议纪要传达会议情况和会议精神，并要求与会单位和相关部门以此为依据开展工作，落实会议的议定事项，具有指导工作的作用。

（4）称谓的特殊性　会议纪要一般采用第三人称写法。由于会议纪要反映的是与会人员的集体意志和意向，常以"会议"作为表述主体，使用"会议认为""会议指出""会议决定""会议要求""会议号召"等惯用语。

### 二、纪要的类型

按照会议性质来分，会议纪要大致有办公会议纪要、专题会议纪要、联席（协调）会议纪要、座谈会议纪要等。

（1）办公会议纪要　是记述机关或企业、事业单位等对重要的、综合性工作进行讨论、研究、议决等事项的一种会议纪要。办公会议纪要一般有例行型办公会议纪要，即记述例行办公会议情况及其议决事项的会议纪要，以及现场办公会议纪要，即为解决某重大问题而召集有关方面和有关单位在现场研究、议决或协商的办公会议纪要。

（2）专题会议纪要　是记述专题座谈会讨论、研究的情况与成果的一种会议纪要。其主要特点是主题的集中性与观点意见的分呈性相结合，既要归纳比较集中、统一的认识，又要将各种不同观点和倾向性意见都归纳表达出来。

（3）联席（协调）会议纪要　用于记载协调性会议所取得的共识以及议定事项，对与会各方有一定的约束力。

（4）**座谈会议纪要** 用精练、准确的语言记录某次座谈会的主要内容，以新闻报道的形式发表在报刊上。座谈会议纪要要求内容是符合座谈会宗旨的，按照座谈会的议程、文件、发言情况和成果整理成文，是会议精神的再现，具有议论文的特点。

## 三、纪要的结构和写法

### 1. 标题

（1）**简单式标题** 一般由会议名称、事由和文种组成。如《全国民政系统工作会议纪要》《关于加强机关党建工作座谈会纪要》《全国规范社区标识座谈会纪要》。

（2）**复式标题** 采用正、副标题，正标题概括反映会议的主要精神和要旨，副标题说明会议情况，如《搭建合作交流平台 推动澳门旅游升级——联委会2016年度工作会议纪要》。

### 2. 文号格式和制文时间

（1）**文号** 写在标题的正下方，由年份、序号组成，用阿拉伯数字全称标出，并用"〔〕"括住年份，如〔2018〕67号。办公会议纪要对文号一般不做"必须"的要求，但是在办公例会中一般要有文号，如"第××期""第××次"，写在标题的正下方。

（2）**制文时间** 会议纪要的时间可以写在标题的下方，也可以写在正文的右下方、主办单位的下面，要用数字写明"年、月、日"，如"2018年8月30日"。

### 3. 正文

正文由开头、主体和结尾三部分组成。

（1）**开头部分** 简要介绍会议概况，其中包括：会议召开的形势和背景；会议的指导思想和目的要求；会议的名称、时间、地点、与会人员、主持者；会议的主要议题或解决什么问题；会议的成果和对会议的评价等。

（2）**主体部分** 它是纪要的主要部分，是对会议的主要内容、主要精神、主要原则以及基本结论和今后任务等进行具体的综合和阐述。从会议的具体内容出发，抓住会议中心思想、中心问题、中心工作，抓住会议主要内容；必须概括和总结会议的共同决定，反映会议的全貌。凡没有形成一致意见的问题，则需要分别论述并写明分歧之所在。为了叙述方便、眉目清楚，常用"会议认为""会议指出""会议强调""与会人员一致表示"等词语作为段落的开头语，也有用在段中的，仍起强调的作用。

通常情况下，小型会议侧重于综合会议发言和讨论情况，并要列出决议的事项。大型会议内容较多，主体可以分几部分来写。常见的有三种：一是概括叙述式，二是分列标题式，三是发言记录式。

（3）**结尾部分** 一般写法是提出号召和希望。但要根据会议的内容和纪要的要求去写：有的是以会议名义向本地区或本系统发出号召，要求广大干部认真贯彻执行会议精神，夺取新的胜利；有的是突出强调贯彻落实会议精神的关键问题，指出核心问题；有的是对会议作出简要评价，结合提出希望要求。有的可以在主体后直接结束全文。

### 4. 落款

包括署名和日期，加盖公章。一般纪要不署名，署名只用于办公会议纪要，署上召开会议的领导机关的全称。也可以不要落款，直接把纪要的成文时间写在标题下方。

### 5. 注意事项

（1）"实"　会议纪要的内容要忠实于会议实际，客观、如实地反映会议内容，表述真实意思。会议纪要是在会议记录等材料上的再加工。会议记录是讨论发言的实录；会议纪要则是会议内容的提炼。

（2）"简"　对会议讨论研究及议定的事项等内容进行梳理加工、归纳整理，简洁、集中地反映会议的主要精神。

（3）"精"　围绕会议主旨，深入提炼会议精髓，使其提纲挈领、重点突出、精辟入理，准确恰当地介绍会议成果。

> **范例赏析**
>
> ××××分公司文件<br>关于人性化办理职工供养直系亲属丧葬补助费会议纪要<br>201×年12月2日
>
> 　　201×年12月2日，××××分公司三楼会议室就关于人性化办理职工供养直系亲属丧葬补助费进行专题讨论。职工供养直系亲属丧葬补助费属慰问性质，是企业关爱职工的具体体现，坚持实事求是的原则，按政策规定办事，突出人性化特点，会议决定：
>
> 　　1. 丧葬补助费标准按劳动保险条例第十四条丁项规定执行；
>
> 　　2. 丧葬补助费发放范围按劳社部令（第18号）第二条规定执行；
>
> 　　3. 丧葬补助费由工会、行政财务支付；
>
> 　　4. 为体现分公司对企业骨干的关怀，变被动支付为主动慰问，其供养直系亲属逝世，由分公司领导指派人员前往慰问，丧葬补助费按收尾法保留至千元，购花圈和祭葬品费用200元，用付款申请单在OA（Office Automation，办公自动化）上审批，流程为：工会经办人—工会主席—行政财务报销会计—慰问经办人。一般职工按常规办理。
>
> 　　（评语：这篇会议纪要开头部分对会议时间、地点和议题，召开会议的目的进行简单的概述，主体部分对会议形成的决定事项采用分列式，条理清晰，有理有据，并对物质关怀的具体流程和事项进行解析。）

 学习自测

　　2018年8月22日，××职业中专学校在会议室召开学校征地协调座谈会，届时邀请省厅分管领导、县领导和学校领导班子参加座谈会，会议上充分肯定学校未来五年的发展规划，研究学校二期学生宿舍楼建筑用地情况和专业发展调整。你作为办公室的职员参加会议，在做好座谈会记录的基础上，请草拟一份座谈会议纪要。

# 第六节 简报

 一、简报的概念及特点

**1. 简报的概念**

简报是党政机关、企事业单位、社会团体为及时反映情况、汇报工作、交流经验、传递信息、总结经验、反映问题而写的事务性文书。简报又称动态、简讯、情况反映、工作通讯、要情、快报、内部参考等；也可以说，简报就是简要的调查报告、简要的情况报告、简要的工作报告、简要的消息报道等。

**2. 简报的特点**

（1）新闻性　简报有些近似于新闻报道，特点主要体现在"真、新、快"方面。真，简报所反映的内容、涉及的情况，必须严格遵循真实性原则。新，要反映新事物、新动向、新思想、新趋势，要成为最为敏感的时代晴雨表。快，写作要快，制作的发送也要简易迅速，尽量让读者在第一时间里了解到最新的现实情况。

（2）简明性　简报内容集中、篇幅短小、提纲挈领、不枝不蔓。简报名目之前冠一"简"字，可以看出简洁对它来说是多么重要。

（3）集束性　虽然一期简报中可以只有一篇报道，但更多情况下，一期简报要将若干篇报道集结在一起发表，形成集束式形态。简报所包含的信息量大，要按照一定的顺序将各个内容集束在一起，有点有面、相辅相成、前呼后应，避免内容单薄和混乱。

（4）规范性　从形式上看，简报要求有规范的格式，由报头、目录、编者按、报道正文、报尾等部分组成。其中报头、报道正文、报尾是必不可少的，而且报头和报尾都有固定的格式。

 二、简报的类型

简报的种类繁多，按照不同的分类标准，可以划分为很多不同类型。按时间划分，简报可分为定期简报和不定期简报；按发送范围分，有供领导阅读的内部简报，也有发送较多、阅读范围较广的普发性简报；按内容划分，简报可以分为工作简报、生产简报、会议简报、信访简报、科技简报、教学简报、动态简报等。

下面主要介绍四种常见的简报。

（1）工作简报　这是为推动日常工作而编写的简报。它的任务是反映工作开展情况，介绍工作经验，报告工作中出现的问题等。工作简报又可分为综合工作简报和专题工作简报两种。

（2）会议简报　这是会议期间为反映会议进展情况、会议发言中的意见和建议、会议议决事项等内容而编写的简报。一些规模较大的重要会议，会议代表并不能了解会议的整体情况，譬如分组讨论时的重要发言、有价值的提案等，需要依靠简报来了解会议的基本全貌。重要会议的简报往往具有连续性的特点，即通过多期简报将会议进程中的情况接连不断地反映出来。会议简报一般由会议秘书处或主持单位编写。

（3）科技简报　　这是为反映最新科学技术研究成果，介绍推广新产品、新工艺、新技术、新理论、新动向而编写的简报。这类简报内容新、专业性强，有的属于经济情报或技术情报，有一定的机密性，必要时需加密级。

（4）动态简报　　这是为反映本单位、本系统的思想、政治、经济、文化等方面情况、信息而编写的综合性简报。动态简报着重反映与本单位工作有关的正反两方面的新情况、新动向、新问题，为领导和有关部门研究工作提供鲜活的第一手资料，向群众报告工作、学习、生产、思想的最新动态。

## 三、简报的结构和写法

### 1. 报头

简报的报头位于首页上方，用横线与正文隔开，采用套红大字印刷，由简报名称、期数、编发单位、印发日期、保密提示等项目组成，横线一般用红色。

（1）名称　　位于报头正中，如"××××会议简报"。

（2）期数　　位于名称下方正中，加括号。综合工作简报，一般以年度为顺序编排；专题简报，按专题顺序编排；如有特殊内容而又不必另出一期简报时，就在名称或期数下面注明"增刊"或"××专刊"字样。

（3）编发单位　　位于期数下面、间隔横线上方左侧。一般是"××办公室"或"××秘书处"等。

（4）印发日期　　位于编发单位平行的右侧。

（5）保密提示　　秘密等级在报头左上角标明密级，也有的写"内部文件"或"内部刊物"等字样，也可在首页报头右上角印上份号。

### 2. 报核

报核即正文部分，一般由目录、编者按、报文三部分组成。

（1）目录　　集束式的简报可编排目录。由于简报内容单纯，容易查找，目录一般不需标序码和页码，只需将编者按、各篇标题排列出来即可。为避免混淆，可以每项前加一个五星标志。

（2）编者按　　重要的简报，常常配有编者按，是针对简报所写的说明性、评论性的文字。它可以提供有关背景，说明工作任务来源、本期重点稿件的意义和价值、征稿通知和意见，也可提示要领，以帮助读者深入理解简报等。编者按在有必要时才编写，并非每期都有。编者按要言简意赅、提纲挈领，具有指导性。

（3）报文　　一期简报可以只有一篇报文，也可以有多篇报文，依次排列即可。简报正文的报文和新闻报道类似，由标题、导语、主体、结尾组成。

① 标题。概括简报内容，揭示反映问题的意义、主题，点明主旨。

② 导语。用简短的文字准确概括报道的内容和主要事项，说明报道的宗旨，引导读者阅读全文。

③ 主体。主体是简报的核心部分，是写好简报的关键，用丰富的、典型的、富有说服力的材料把导语的内容写清楚。主体部分要合理安排好层次结构，常见的结构形式有纵式和横式两种形态。纵式结构按事件发生、发展的时间顺序来安排材料；横式结构按事理分类的顺序安排材料。如果内容比较丰富，各层可加小标题。

④ 结尾。简报的结尾有小结全文、概括主旨的；有揭示事情的性质和发展方向的；有提出奋斗目标的；也可以不单写结尾，主体部分话说完就自然结束。

### 3. 报尾

位于简报末页，用间隔横线和正文分开。注明主送、抄送、增发单位及印发份数。

### 4. 注意事项

（1）抓准问题，有的放矢　简报应该围绕本单位的实际，反映那些最重要、最典型、最新鲜、最为群众关心、最需要引起注意的问题。比如围绕领导决策，抓"超前型"问题。

（2）材料准确，内容真实　简报作为加强领导和推动工作的重要工具，内容必须保证绝对真实、准确。

（3）简明扼要，一目了然　简报的写作必须注意做到简短、明快，用尽可能少的文字说清楚必须说明的问题。

（4）讲究时效，反应迅速　简报是单位领导对一些问题作出决策的参考依据之一，也是单位推动工作的一个重要手段。

（5）内容实在，不空洞　简报的写作既不同于文学作品，也不同于评论文章，内容要实在。

---

**范例赏析**

**工作简报**

**第6期**

××中心校办公室　　　　　　　　　　　　　　　　　　　201×年2月29日

倡导文明节俭　推进殡葬改革

——学习×殡改〔2016〕8号文件纪实

我校为了顺利推进××县殡葬改革工作，根据××县殡葬改革工作领导小组文件精神和县教育局殡葬改革宣传动员会议要求，于201×年2月29日16:10在学校多媒体教室召开殡葬改革动员大会，31名在职教师参加会议。

会议由×××校长主持，由校长组织学习×殡改〔2016〕1号文件、《××县殡葬惠民实施办法》和《××县殡葬改革实施方案》等相关文件精神。

> ×××校长在动员大会上指出：一深刻认识殡葬改革的重要性和紧迫性；二强化示范引领，干部带头推动殡葬改革；三加强领导，落实责任，确保取得实效。
>
> 最后，×××校长组织部分教师前往退休老教师家，动员其签订《××县单位职工殡葬改革遗体火化阶段工作责任书》。
>
> 主送：×××
>
> 抄送：×××
>
> （共印发60份）
>
> （评语：这份工作简报只有一篇报文，标题概括内容，点明主旨，开展《倡导文明节俭，推进殡葬改革》活动。导语部分，用简短的文字概括开展工作的内容和意义。主体部分，传达学习文件，动员教职工认识殡葬改革的重要性和部署贯彻。结尾，组织教职工签订责任书。）

学习自测

在职业教育活动周，学校现代殡葬技术与管理专业开展了殡葬改革移风易俗宣传活动，以"建设绿水青山，打造幸福之城"为主题的生态葬先人集中公祭活动、殡仪服务员竞赛、殡仪花篮设计比赛、挽联软笔书法比赛、殡仪话剧表演等活动，请你以学生会宣传部部长身份，为此次职业教育活动周现代殡葬技术与管理专业开展的系列活动制作一期简报。

# 第七节　通报

 一、通报的概念及特点

**1. 通报的概念**

通报是国家机关、社会团体、企事业单位用以表彰先进、批评错误、传达上级重要指示精神或通报有关情况的公文。

通报的应用也比较广泛，可以用于表扬好人好事、新风尚；也可以用于批评错误，总结教训，告诫人们警惕类似问题的发生；还可以用来互通情况，传达上级重要指示精神，沟通交流信息，指导推动工作。

**2. 通报的特点**

（1）典型性　不是任何的人和事都可以作为通报的对象来写的。通报的人和事要具备一定的典型性，能够反映、揭示某些事物的本质规律，具有广泛的代表性和鲜明的个性。这样的通报发出后，才能使人受到启迪，得到教益。

**（2）引导性** 无论是表彰性通报、批评性通报，还是情况通报，其目的都在于通过典型的人和事引导人们辨别是非、总结经验、吸取教训、弘扬正气、树立新风。

**（3）严肃性** 通报的内容和形式都是严肃的。由于通报是正式公文，是领导机关为了指导面上的工作，针对真人、真事和真实情况制发的，无论是表彰、批评或通报情况，都代表着一级组织的意见，具有表彰、鼓励或惩戒、警示的作用，因而其使用十分慎重、严肃。

**（4）时效性** 通报针对当前工作中出现的情况和问题而发，它的典型性、引导性都是就特定的社会背景而言。随着客观情况的变化，一个在当时看来具有典型意义的事实，时过境迁，未必仍具有典型性。因此，通报作用的发挥，与抓住时机适时通报是分不开的。

## 二、通报的类型

根据内容不同，通报可以分为表彰性通报、批评性通报和情况通报三种。

① 表彰性通报，是用来表彰先进单位和个人，介绍先进经验或事迹，树立典型，号召大家学习的通报。

② 批评性通报，是用来批评、处分错误，以示警戒，要求被通报者和大家吸取教训的通报。

③ 情况通报，是在一定范围内传达重要情况的动向，以指导面上工作为目的的通报。

## 三、通报的结构和写法

通报一般由首部、正文和尾部三部分组成。

### 1. 首部

**（1）标题** 通常有两种构成形式：一种是由发文机关名称、事由和文种组成，如《×××办公厅关于对少数地方和单位违反××××的通报》；另一种是由事由和文种构成，如《关于给予不顾个人安危勇于救人的王××同志记功表彰的通报》。此外，有少数通报的标题是在文种前冠以机关单位名称，如《中共××市纪律检查委员会通报》；也有的通报标题只有文种名称。

**（2）主送机关** 除普发性通报外，其他通报应该标注主送机关。

### 2. 正文

通报正文的结构通常由开头、主体和结尾等部分组成。开头说明通报缘由，主体说明通报决定，结尾提出通报的希望和要求。不同类别的通报，其内容和写法有所不同。

**（1）表彰性通报** 一般在开头部分概述事件情况，说明通报缘由，要求把表彰对象的先进事迹交代清楚。主体部分通过对先进事迹的客观分析，在阐明所述事件的性质和意义的基础上，写明通报决定。结尾部分明确提出希望和要求，号召大家向先进学习。

**（2）批评性通报** 在机关工作中使用得比较多，对一些倾向性问题具有引导、纠正的作用。批评性通报又分两种情况。

一种是对个人的通报批评，其写法和表彰通报基本一样，要求先写出事实，然后在分析评论的基础上叙写通报决定，最后提出希望和要求，让大家吸取教训，引以为戒。另一种是对国家机关或集体的批评通报。这种通报旨在通过对恶性事故的性质、后果，特别是酿成事故的原因的分析，总结教训，从而达到指导面上工作的目的，所以写法和表彰性通报略有不同。其正文主要包括叙写事实、分析原因、提出要求和改进措施等项内容。

也有的批评性通报，是针对部分地区或单位存在着的同一类问题提出的批评。这类通报，虽然涉及的面比较广，但因其错误性质基本相同，所以写法上以概括为主，大体和情况通报相近。

（3）情况通报　　主要起着沟通情况的作用。旨在使下级单位和群众了解面上的情况，以便统一认识，统一步调，推动全局工作的开展。正文主要包括两项内容：通报有关情况，分析并作出结论。具体写法：有的是先摆情况，然后进行分析，得出结论；有的是先通过简要分析作出结论，再列举情况，来说明结论的正确性和针对性。

### 3. 尾部

尾部包括发文机关署名和成文时间两个项目内容。有的在通报标题中已标明发文机关名称，这里也可不必再写。

### 4. 注意事项

（1）通报的内容要真实　　通报的事实、所引材料，都必须真实无误。动笔前要调查研究，对有关情况和事例要认真进行核对，客观、准确地进行分析、评论。

（2）通报决定要恰如其分　　无论哪一种通报，都要做到态度鲜明，分析中肯，评价实事求是，结论公正准确，用语把握分寸。否则通报不但会缺乏说服力，而且有可能产生副作用。

（3）通报的语言要简洁、庄重　　其中表彰和批评的通报还应注意用语分寸，要力求文实相符，不讲空话、套话，不讲过头的话。

---

**范例赏析**

#### ××县第一季度殡葬改革工作情况通报

今年以来，各乡镇、单位按照县委、县政府部署要求，迅速成立领导机构和工作专班，落实各项殡葬管理工作措施，全面查处殡葬违规行为，全县殡葬改革工作取得了明显成效。截至3月底，全县共火化遗体×具，火化率×%。全县共有殡葬工作人员×人。

一、工作开展情况

（1）加强了对殡葬工作的组织领导　　自全县进一步推进殡葬改革工作开展以来，县委、县政府对殡葬工作高度重视，把殡葬改革列入了重要议事日程，书记和县长多次在全县大型会议上专门强调，书记对殡葬改革工作中存在的问题多次作出重要批示，及时安排研究解决。县、乡都成立了领导小组和专门工作机构，县纪委、监委及相关部门协同配合，全县上下迅速形成乡镇部门联动、齐抓共管的良好局面。

（2）制定了政策措施　　根据中共中央、国务院、××省相关规定，结合我县实际，相继出台了《中共××县委关于党员干部带头推动殡葬改革的实施意见》《××县关于进一步推进殡葬改革的实施意见》《××县人民政府关于进一步推进殡葬改革的通告》《××县丧事办理制度》《殡改职能部门协作方案》等文件,明确了殡改的方法、目标、任务等。县政府与各乡镇、各单位签订了"目标责任书",全县各级党员干部、机关企事业工作人员均签订了"殡改承诺书",承诺带头执行殡葬改革,遵守殡改政策,包保直系亲属遵守殡改各项规定,做到文明、节俭办丧事。今年以来,全县共有×多名党员干部、机关企事业工作人员去世后火化,为全县人民群众作出了表率。

(3)加强了宣传带动 为使全县殡葬改革工作平稳顺利推进,县政府对殡葬改革宣传工作作了全面安排部署,明确了具体目标任务。1月2日,县委、县政府召开了全县移风易俗殡改工作会议,全县各乡镇、单位主要负责人参加会议,对殡改工作进行了全面部署。1月27日,县政府又召开了殡改工作调度会,进一步落实殡改工作要求。在殡改实施期间,县电视台开辟殡葬改革系列专题报道,各乡镇也通过宣传车、会议、发放明白纸、张贴通告等多种形式开展宣传,深入宣传殡葬改革惠民政策和殡葬改革法规政策,为殡葬改革工作的持续推进奠定坚实的思想基础,营造良好的社会氛围。

(4)强化了火化情况考核通报制度 为了强化乡镇工作责任,县政府按乡镇完成火化率指标进行评分,对火化率实行一月一统计、一月一通报、一季度一总结,有效促进了落后乡镇殡葬改革工作的开展。

(5)加大了殡葬改革执法力度 大部分乡镇都成立了殡改执法队,对辖区内偷埋土葬案件依法进行查处,火化率稳步提升。

(6)落实了殡葬惠民政策 为切实保障人民群众的合法权益,减轻困难群众负担,县民政局为城乡低保对象、农村特困人员实行免费火化政策,1~3月份共为×余位城乡低保对象、农村特困人员减免了约万元丧葬费用。

二、存在问题

(1)个别乡镇仍不重视 个别乡镇在殡葬改革工作中有畏难情绪,工作不主动,没有硬措施、硬办法,仍下不了决心,从思想认识到工作开展都处于被动应付状态,导致全县殡葬改革工作不同步、不平衡、差距大,整体进展不顺利。有的乡镇起步很好,但遇见难题不敢碰硬,造成工作全面滑坡;有的乡镇工作标准低,被动应付,只求不进后三名,至今工作打不开局面;极个别乡镇至今未真正重视,辖区内仍存在丧事中扎纸活、搭戏台、吹响器等违规治丧现象,对全县殡改工作开展造成恶劣的影响。

(2)职能部门工作合力尚未形成 实际工作中,各职能部门对殡葬改革工作缺乏积极性和主动性,致使部门资源整合不够,数据互通不及时,相关信息不能共享,形不成工作合力。

(3)各项配套措施不到位 殡葬设施投入少,缺乏公墓、骨灰堂等基础设施,对火化后的丧葬事宜不能提供相应服务,制约了殡葬改革工作的进一步开展。

### 三、下一步要求

（1）要进一步提高认识　各乡镇、单位要进一步统一思想，提高认识，强化做好殡葬改革工作的信心和决心，强化工作措施，压实工作责任，扭转殡葬改革落后的局面。特别是各乡镇，要立足当前，着眼长远，充分认识到殡改工作不是一时之功，而是需要持之以恒、常抓不懈，每月、每季度、全年任务都非常明确，失去就无法弥补。县纪委、监委将严肃查处全县党员、干部和机关、企事业单位工作人员违反殡改规定的行为以及在殡改工作中不作为的单位和个人。

（2）要加强部门协作　殡改领导小组各成员单位必须密切配合，各司其职，形成齐抓共管的联动机制，按照县殡葬改革领导小组《殡改职能部门协作实施方案》中明确的职责，各单位要认认真真地抓落实，同时管好本单位干部职工，确保本单位人员不出现违反殡改规定行为。

（3）落实好各项惠民政策　学习沂水经验，制定完善各项惠民政策，制定公益性公墓、骨灰堂建设规划，尽快建成一批公益性公墓，彻底革除乱埋乱葬、骨灰装棺再葬、起坟、立碑等丧葬陋习。

附件：一季度各乡镇火化情况统计表

××县民政局<br>2018年4月15日

（评语：这是一则情况通报，首先叙述殡葬改革工作开展的基本情况，其次通报存在的问题，最后是针对问题，结合今后工作提出下一步要求。）

请根据下面的材料写一份通报。

截至2018年10月10日，学生科对开学以来各班各专业的学生进行考勤月统计，对各班级统计情况进行通报。其中A专业班级考勤月统计的分数为倒数第一，学生科要对该专业中王同学旷课超过30学时进行通报，督促班级和个人抓好落实整改。

# 第八节　殡葬礼仪策划文案的撰写

## 一、殡葬礼仪策划文案撰写的前提条件

撰写殡葬礼仪策划文案的工作流程大致如下：业务需求信息（接到举办某种殡葬活动的需求）→策划人员与客户沟通，确定基调（详尽了解逝者情况以及客户诉求）→围绕诉求重点构想创意→撰写文案（综合考虑上述信息及创意来创作文案）→与客户沟通（确定方案）→交设计部设计（确定视觉表现）→给客户提案→客户修改或认可→完成。

礼仪策划文案是仪式成功与否的剧本和前提，策划最终必须要以文案的形式呈现在客户的面前。创意是抽象提炼，文案则是对创意的具象呈现。文案，是丧礼策划人员在策划提供的方向和概念基础上，根据客户的需求，逝者个人的知识涵养、生活背景、气质以及殡仪组织的外部环境、内部条件等资料进行分析，激发创意，为客户设计制作并准备实施的标准格式文书。殡葬礼仪策划文案创作包括活动的主题、软文、平面文案、多媒体文案、公众号文章等各种创意性文字内容。

礼仪策划方案要详尽。就是要求礼仪策划人员在进行方案撰写前，必须全面地、多方位地分析、汇总收集到的诸多信息，看看是否有实现策划目的的最具价值的个性化资料，是否满足达成策划目标的方案规则、构思和设计的需求。所以，在殡仪策划过程中，必须对策划对象资料的了解做到详尽无遗。

##  二、殡葬礼仪策划文案的写作结构

文案是殡仪活动执行的直接依据，它集中展示了殡仪策划的背景以及活动的内容、流程、亮点、预算等与活动有关的核心要素，是创意策划所形成的结果性文书。一个好的殡仪策划文案应具有思路清晰、创意明确、层次分明、结构严谨、要素完整、便于执行等特点。因此，文案的写作对殡仪活动的开展十分重要。

殡仪策划文案没有固定的撰写模式，一般来说，其基本格式和基本要求如下。

（1）标题　丧礼策划方案的标题通常由两部分组成：策划的对象名称+文种，如"某某某同志丧礼策划文案""某某某女士葬礼策划文案"等。

（2）文头　在标题下方依次是策划书的名称、策划者、策划书的目标。其中，策划书的名称和标题相同，策划者除写策划者的名字外，隶属的单位、职位均应注明。对于策划的目标，论述得越具体、明确越好。

（3）正文　由前言和文本组成。前言主要包括策划的缘由、背景资料、问题点、创意点、序言和目录等。文本，主要包括基本事项、丧礼流程及其具体内容设计、策划所需的物品及场地、司仪及其他服务人员安排、策划预算、效果评估等。

文本是策划方案的最重要部分，其内容具体如下。

① 策划的目的。尊重逝者的个性特点，诠释人生文化的理念，增强丧礼现场的感人度，提升殡葬服务的附加值等。

② 主题。提出具有创意的主题并详细阐述其内涵。

③ 组织结构及工作分工。详细列出实施丧礼活动的不同组织及服务人员的职责分配。这部分内容在策划文案中具有很重要的作用，它关系到丧礼活动能否正常进行。

④ 宣传推广计划。针对个性化殡仪活动的主题，拟订出与有关媒体如报纸、广播、网络、电视等的配合计划。文案中宣传推广计划主要适用于有一定社会影响力的人士。

⑤ 经费预算。针对丧礼活动的策划方案和传播计划，分别计算出丧礼的举办费用，以及殡仪组织的公关费用等。经费预算内容最好以表格形式详细列出。

⑥ 效果评估。就策划方案的实施是否达到预期的目的，以及是否对参加葬礼的相关人员产生了震撼和情感共鸣等而设计的一系列评估标准。该内容属于事后总结，目的是总结经验教训，不断提高服务质量。

总的来说，策划文案应该是具体的、可操作的。礼仪策划人员在文案撰写的过程中，应开阔思路，拓宽视野，最大限度地把逝者的信息资料整合到自己的策划文案中，丰富自己的策划书内容，建立多层次、多角度的策划体系。

##  三、殡葬礼仪策划文案撰写应注意的事项

#### 1. 坚持求实原则

策划文案是一项创造性的活动，更是一项操作性很强的工作。在整个工作进程中，必须一切从实际出发，不能超越现有的社会经济基础、社会文化观念，以及丧家的经济承受力等。

#### 2. 坚持弹性原则

殡仪活动策划文案要求科学严谨，但在设计制作的过程中还应考虑到一些可能发生的意外事件，或其他不可预测因素，因此，在撰写殡仪策划文案时，应为可能产生的变化留有余地。

#### 3. 表现手法多样化

为了避免策划文案的生涩难懂，可以插入表格、图形、示例、影像资料等。比如，可在策划书中事先展现通过电脑特技制作的个性化殡仪活动的现场效果。

---

**范例赏析**

例1：

### ×××追悼会策划文案

一、追悼会目的

追思逝去的亲人，安慰亲属。弘扬×××舍己为人、甘于奉献的精神，在平凡的岗位上做出不平凡的业绩，学习他乐于奉献、助人为乐的品质。

二、追悼会流程

① 会前准备。

② 入场。

③ 司仪宣布开始。

④ 全体肃立默哀。

⑤ 领导及来宾致辞。

⑥ 家属致答谢词。

⑦ 瞻仰遗容。

### 三、主要内容

（1）会前准备　司仪等工作人员会前应仔细检查会场布置情况。如有不妥则立即更正。礼仪人员就位。

（2）入场　为家属发放黑纱，为吊唁者分发小白花。引导领导及家属入场并站在正确的位置。

（3）司仪宣布追悼会开始

司仪：×××同志的追悼会准备开始。恭请亲眷、家属在灵堂左侧就位，来宾于灵堂前就位。为了表示对逝者的尊敬，请所有来宾将手机调成振动或关机。请将手中的烟头熄灭。请护灵人员入场（司仪站在灵堂右侧，襄仪站在灵桌两侧，不可以与司仪并排，护灵方队整齐入场分两队站立于灵堂两侧）。

司仪：各位来宾、亲属，今天我们怀着万分悲痛的心情来参加×××同志的追悼会。参加这次会议的领导有×××、……，来宾有×××、……，这里我谨代表××向家属表示慰问（司仪向家属一鞠躬）。向前来参加此次追悼会的各位领导、各位来宾表示感谢（司仪向来宾一鞠躬）。同时我们将以最诚恳的心情以及非常谨慎的态度来承办这场庄严的追悼会。

现在，我宣布，×××同志的追悼会正式开始，请奏乐！

乐毕！

司仪及襄仪向逝者献香。

司仪：请全体肃立！脱帽！默哀！（音乐为《别亦难》）

哀毕！

司仪：灵前献香（右边襄仪送香），请家属上前致奠。谨以清香一炷，向×××同志行三拜礼。一拜、再拜、三拜。（左边襄仪送杳）

司仪：献花！（家属手持花环，以头触花环）

献果！

献茶！

司仪：下面，有请其胞弟灵前致奠。眷属请在灵前恭立。上香于兄长灵，前行三鞠躬。

一鞠躬！

再鞠躬！

三鞠躬！

献花！

献果！

献茶！

司仪：你为与自己毫无关系的人，舍弃了自己的生命，你在生命的最后一刻也不忘惩处坏人，抓住了坏人，却献出了自己年轻的生命。下面请领导××同志致悼词。

（4）领导代表××同志致悼词

各位家属、各位来宾：

×××同志，你虽然只是公司的普通一员。但是你却用你的行动证明了自己的无私与伟大，证明了在平凡的岗位上也可以做出不平凡的事迹。在你年轻的生命里没有什么很大的波折，但你却在平凡中默默无闻地奉献着自己。我们的工作是非常艰苦的，但你从来没有因为条件艰苦而抱怨，一直在自己的工作岗位上默默无闻地做着本职工作。你不仅在公司认真奉献，在业余时间也一直帮助那些需要帮助的孤寡老人，还用自己的一些工资资助贫困山区的儿童。这些事情，在此之前我们没有听你说过。在你的面前，我们深感惭愧。现在你走了，走得这么突然。但是请你放心，我们一定会帮你照顾好你的家属，继续照顾那些你曾经照顾、资助过的老人和贫困儿童。

司仪：在平凡的岗位默默无闻地做着无私的事情。×××用他那结实的双肩托起了一个家庭的幸福。年轻的岁月本应如诗如画，但你却在关键时刻，为了陌生人而献出自己的生命。

下面，有请家属代表××致辞。

（5）家属代表××致辞

再次感谢各位领导及来宾参加××追悼会。敬爱的××，你走了，走得那么轻，轻得像天边的那朵云。你留下的情又那么重，那么重，重得像巍峨泰山。你那坚强的双肩挑起一个沉重的家，挑起一片希望。我们永远爱着你。在平常生活中你没有任何怨言；在工作中，你虽然没有取得什么突出的成就，但一直踏踏实实地工作，任劳任怨，埋头苦干。你用温暖的怀抱保护我们这个家。我们并不富裕，可你却给了我们最好的照顾。关键时刻，你与暴徒搏斗，保护了别人，却献出了自己的生命，表现出平凡中的伟大。

××，我们爱你，你永远不会远去，你永远活在我们的心中！

司仪：在这短短的几年中，你埋头于平凡的工作，没有耀眼的成就，你是一个默默无闻的小卒子。你从不爱跟别人争功夺利，但你却在关键时刻，用你无私的胸怀保护了别人，彰显了一个平凡人的伟大。我们都应该向你学习！现在，请全体亲友及各位来宾，以鞠躬之礼向×××同志作最后的告别。

一鞠躬！

再鞠躬！

三鞠躬！

礼成！

让我们永远感谢他、学习他、记住他！最后，绕遗体一周瞻仰遗容（护灵人员此时从灵堂两侧退出）。

再次感谢各位领导及来宾参加本次告别会。因为时间的关系对各位不能一一答谢。请会后随车一起到××饭馆，有便宴招待大家。再次感谢大家的到来。

现在，本司仪宣布，×××同志追悼会到此结束！

例2：

## ×××小姐××××追悼会策划文案

策划书名称：×××小姐××××追悼会策划文案

策划者姓名：×××；隶属单位：××××；职位：××××

一、背景资料

逝者×××小姐是个温柔可爱、活泼大方、气质优雅的女孩，毕业于国内某音乐学院。从10岁起她就开始登台展现技艺，16岁出国参加世界青少年音乐会，一举夺魁，被很多音乐界人士称作"未来的音乐之星"。2011年12月10日，她因突发性心肌梗死去世，年仅22岁。

二、策划缘由和目标

年轻美貌，英年早逝，白发送黑发，父母痛不欲生，不信女儿逝去，希望举办一个以思念为主题、以逝者生前喜欢的粉红色为主基调的追悼会。

三、策划创意

根据×××父母的意愿，×××的追悼会在自家××××举行。

四、策划书文本

1. 时间和地点

举办丧礼时间：××××年××月××日（星期×）上午10∶00。

举办丧礼地点：×××小姐家××××。

2. 场地及礼厅布置

×××小姐生前最喜爱的颜色是粉红色，会场布置以粉红色系列为主。

从××××铁门开始铺粉红色地毯一直到××门口，地毯两边每隔2米系上淡红、淡粉、米白三种颜色扎成的气球，而在每边气球的间隔处摆放着×××小姐的巨幅照片。在花园的左上方布置一个中型帐篷，帐篷以淡红色和粉色的透纱为纱幔，给人以一种梦幻和活泼感。帐篷里放着一排长形桌，桌上摆着水果、糕点、饮品和鲜花。其余的地方则是小圆桌和软椅，都以淡粉红色相配。而在帐篷外前方则有一块地方摆放着乐器和凳子。

选择×家的客厅作为礼厅，客厅正中间摆放着一张公主床。公主床也是用粉红色的纱幔和床单装饰，总体一定要给人以一种清爽、干净、清新之感。床的后方两侧墙面都是大型投影布，主要用来投影×××小姐生前的独奏表演。床的下方右侧边是司仪台。客厅门口两旁摆着椅子，以方便来宾休息。

3. 丧礼工作人员

司仪一人、解说一人、襄仪两人。

4. 丧礼时间安排

上午10时追悼会正式开始，由引导员引导来宾进入大厅。追悼会开到中午12时，请来宾移步到花园另一侧以种花寄哀思。

在宾客没到齐和追悼会没开始之前，引导员指引来宾先去帐篷内小憩，×××小姐的父母也在那儿等候慰问。参加追悼会的客人中会有×××小姐的同学，届时由解说、司仪告诉他们，可以用那些乐器演奏×××小姐生前喜欢的音乐来表达内心的思念和忧伤之情。

5. 殡仪程序

① 入场，全体肃立，默哀。

② 致悼词。

③ 生前好友或亲属讲话。

④ 父亲或母亲致答谢词。

⑤ 来宾三鞠躬。

⑥ 绕床一周，并慰问家属。

⑦ 自由悼念，追悼会结束。

6. 殡仪现场与流程

开始（司仪站在司仪台前，手持麦克风）。

司仪：为保持灵堂的庄严肃穆，在仪式举行之前，请带手机的来宾暂时关机或调为振动，请戴帽的同志暂时脱帽。谢谢合作。

司仪：×××小姐追悼会现在正式开始！

请全体肃立，默哀！奏乐！（三分钟）

默哀毕！

尊敬的各位领导、各位来宾：

今天，我们怀着万分悲痛的心情聚集在这里，举行一个既简单又温馨的追悼告别仪式，送×××小姐最后一程。

×××小姐因一直忙于她在各地的巡回独奏会，长时间不能得到很好的休息与调整，于2011年12月10日18时48分突发急性心肌梗死，抢救无效，不幸永远地离开了我们，殁年22岁。

对×××小姐的不幸去世，表示沉痛的哀悼，并对家属表示深切的慰问。

今天前来参加×××小姐追悼会的单位及个人有：

……

×××小姐生前演奏会合作过的员工、同事；

×××小姐的亲属及好友等。

司仪：她是音乐界的精灵，她拥有着上帝的手指，她弹奏的乐曲总是一瞬间就触碰到你的心灵最深处，感染着你进入她所描绘的那个宁静而又温暖的世界，她的音乐像是荒芜世界里的清泉、黑暗世界里的烛光。

下面有请××学院院长×××致悼词。（背景音乐）

（悼词）

各位亲友、各位来宾：

×××同学是我最喜爱的学生，每当我和其他老师聊到她时，大家都对她赞不绝口。人们常说站在巅峰的人很容易遭到嫉恨，可是她却没有，同学们都很喜欢她，愿意和她做朋友。真是一个妙人儿啊！

当她那如行云流水一般充满感情的钢琴声响起，听众马上会沉醉其中，特别投入，特别陶醉。从现象上看，她模拟了一种梦幻的情境；在理论上说，她摸准了听众的心灵节拍；于应用上论，她是在做一种心与心的交流。有了这些，她的听众会忘情、痴迷、舒坦，仿佛回到了青春期，甚至回到了童年，对她的演奏无比地依迷、顺从、敬仰和感佩，一种被弗洛伊德称作"利比多"的东西油然而生，它蔓延、笼罩、感染……这正是音乐的魅力，一种纯粹音乐的魅力，一种穿透和打动人的音乐酿造的人性魅力！

她本身总给人一种梦幻甜蜜的感觉，让人怎么舍得伤害她。所以，当我得知她不幸去世的消息的时候，总觉得自己是在做一场梦，怎么会?!这么乖巧的一个女生，居然会这么早早地告别人世，离开我们。可是现实是无情的，我们为之痛心，为之惋惜。现在，我们除了思念还能做什么？只怪上帝也欣赏你的美好，急着把你早早招唤进天堂。虽然你再也不能陪伴我们了，可是你却为我们留下了美好的记忆，它将深深地铭刻在我们的心中。

×××小姐，安息吧！（背景音乐）

司仪：家属请答礼——（一鞠躬）

请回位！

聚不是开始，散也不是结束。莫道男儿心如铁，君不见满山红叶，尽是离人眼中血。

下面有请×××小姐的父亲致答谢词。

（答谢词）

尊敬的各位领导、来宾、亲朋好友：

你们好！

首先，我代表我们全家向各位表示诚挚的感谢！感谢各位在百忙之中来参加我女儿的追悼告别典礼。感谢你们在我女儿去世后给予的帮助。另外，我还要感谢殡仪服务人员为我女儿组织此次告别典礼。对在治丧期间给你们带来的不便致以诚挚的歉意。我衷心祝你们身体健康，一生平安！

我要感谢我的女儿用22年的短暂生命，给我们留下这丰富而又感人的一切，你的父母将永远不会忘记！我们的好女儿，你安息吧！

司仪：人世沧桑，岂会没有分别的痛苦时刻；离绪千种，让人千言万语化作无语。为了再次沉痛悼念×××小姐，请各位来宾以三鞠躬礼寄托我们无限的哀思。

一鞠躬！再鞠躬！三鞠躬！

家属请答礼！——（一鞠躬）

请回位！

漫漫人生路，遥遥总是情。今天，我们殡仪服务人员与各位亲友一起为×××小姐送行，让我们祝愿她一路走好。（司仪后退一步，一鞠躬）

司仪：请各位来宾绕床一周，并安慰家属！

（播放×××小姐生前喜好并演奏的乐曲）

司仪：最后，请我们移步花园区，以种花来表达我们对×××小姐的思念之情。

（继续播放×××小姐生前喜好并演奏的乐曲）

……

司仪：现在，我宣布，×××小姐追悼会到此结束！我作为主持人，诚挚感谢各位对×××小姐的最后关怀，真诚祝愿各位身体健康！

7. 经费预算（略）

（分析：本案的个性化十分突出，也很高雅。而且，本案中的悼念活动没有安排逝者×××睡在温馨的小床上。这是考虑到遗体的细菌含量极高，极易在人际传播。根据有关规定，遗体不能停留在规定以外的场所。这在文案策划中应十分注意。殡仪的个性化策划必须以遵循法规为前提，同时，必须维护公序良俗。因为违背殡葬法规、政策的各种个性化策划，策划单位和策划者最后要承担法律责任。背离公序良俗的个性化策划，可能会在追悼会上引发矛盾的激化，产生不和谐因素。）

**学习自测**

请根据本书所提供的有关秋冰女士的资料，为秋女士的丧礼撰写一篇策划文案。

PPT课件

# 第十一章 日常事务常用文书的写作

## 学习目标

**知识目标**

1. 了解日常事务常用文书的概念、特点及类型。
2. 熟练掌握请示、批复、介绍信、备忘录、邀请信、海报、感谢信、总结、述职报告等日常事务常用文书的结构与写作方法。

**能力目标**

能够根据日常事务工作的需要，独立完成相应日常事务常用文书的撰写。

**素养目标**

培养严谨的工匠精神，从实际出发，以实际工作任务为驱动，科学分析、处理工作中遇到的问题；增强职业素养和职业道德，强化合作精神，树牢"四个意识"，服务社会，增进职业生涯可持续发展的能力。

## 情景导入

9月：校企合作，搭建共建平台。

本着"资源共享、人才互助"的原则，××××陵园礼仪服务有限公司与共建单位××省民政学校开展签约授牌活动，以校企合作、共育共管的方式培养人才。×××作为××××陵园礼仪服务有限公司培训部负责人，负责筹划、安排和宣传校企合作事宜，带着单位介绍信到共建单位××省民政学校，邀请该校的专业教师到公司为员工授课，并给办公室小王留一张备忘录，请他为此次交流授课制作一份宣传海报。

此次交流授课，公司员工受益匪浅，为了感谢共建单位，办公室小王想写一封感谢信。公司要求每年年终要总结这一年以来与学校合作开展情况，并作为公司年度述职报告的重要组成部分。

# 第一节 请示

## 一、请示的概念及特点

**1. 请示的概念**

请示是"适用于向上级请求指示、批准"的公文，属于上行文，是应用写作实践中的一种常用文体。凡是本机关无权、无力决定和解决的事项可以向上级请示，而上级则应及时回复。请示可分为三种：请求指示的请示、请求批准的请示、请求批转的请示。

**2. 请示的特点**

（1）请求性　本机关、本部门打算办理某件事情或解决某个问题，而自己却无权去做，或者没有能力去做，或者不知应不应该办理及怎么办理，在这种情况下，才请求上级指示或帮助。这种祈请上级机关的特点，是请示最突出的特点。

（2）对应性　在公文体系中，请示是为数不多的双向对应文体之一。与它相对应的文体是批复。下级机关的请示报送给上级机关，上级机关无论是否同意请示的事项，无论能不能给予解决或说明，都要给下级机关一个回复。下级机关是在遇到比较重大的应该办理的事项，而又拿不准或无力办理的情况下才请示的，所以上级机关有义务、有责任尽快予以答复。这不仅是下级机关请求的需要，而且是请示这种文体法定的特性。

（3）单一性　公文的一个突出特点就是一文一事，而请示和其他文种相比，这种特性更加突出。在一份请示中，只能就一项工作、一种情况或一个问题进行请示，不得在一份请示中包含几个需要请示的内容。如果需要请示上级机关的问题较多，那就要一个事项发一个请示，各自独立成为一个文件。

（4）时效性　请示内容所反映的事项或问题，一般都是近期需要办理的，所以，文秘人员应该根据领导的安排及时地写作和发文，以便尽早得到上级机关的批复，及时解决应该解决的问题。相应地，上级机关在处理下级机关的公文时，要注意请示的时效性，及时地给予批复。

## 二、请示的类型

根据请示的不同内容和写作意图分为三类：

（1）请求指示的请示　此类请示一般是政策性请示，是下级机关需要上级机关对原有政策规定作出明确解释，对变通处理的问题作出审查认定，对如何处理突发事件或新情况、新问题作出明确指示等请示。

（2）请求帮助的请示　此类请示是下级机关针对某些具体事宜向上级机关请求批准的请示，主要目的是解决某些实际困难和具体问题。

（3）请求批转的请示　下级机关就某一涉及面广的事项提出处理意见和办法，需各有关方面协同办理，但按规定又不能指令平级机关或不相隶属部门办理，需上级机关审定后批转执行，这样的请示就属此类。

##  三、请示的结构和写法

请示一般由标题、主送机关、正文、落款和附注五部分组成。

### 1. 标题

请示的标题一般有两种构成形式：一种是由发文机关名称、事由和文种构成，如《××县人民政府关于××××××的请示》；另一种是由事由和文种构成，如《关于开展春节拥军优属工作的请示》。

### 2. 主送机关

请示的主送机关是指负责受理和答复该文件的直属的上级机关。每个请示只能写一个主送机关，不能多头请示。

### 3. 正文

其结构一般由开头、主体和结语三部分组成。

（1）开头　主要交代请示的缘由。它是请示事项能否成立的前提条件，也是上级机关批复的根据。原因讲得客观、具体，理由讲得合理、充分，上级机关才好及时决断，予以有针对性的批复。

（2）主体　主要说明请求事项。它是向上级机关提出的具体请求，也是陈述缘由的目的所在。这部分内容要单一，只宜请求一件事。另外请示事项要写得具体、明确、条项清楚，以便上级机关给予明确批复。

（3）结语　应另起段，习惯用语一般有"当否，请批示""妥否，请批复""以上请示，请予审批"或"以上请示如无不妥，请批转各地区、各部门研究执行"等。

### 4. 落款

一般包括署名和成文时间两个项目内容。标题写明发文机关的，这里可不再署名，但需加盖单位公章。

### 5. 附注

使用"请示"这一文种时，应出具附注。写法是，在成文时间下一行居左空2字，加圆括号注明发文机关联系人的姓名和电话号码。

### 6. 注意事项

（1）请示应确有必要　遇到新情况、新问题，现行政策无法解决，或对重要的有关文件精神理解不透、把握不准，或按照有关规定必须经请示批准后才能行动，或需经上级机关审批才可得到时，才用请示行文。

（2）理由应充分　写作时一定要抓住关键和本质，简明扼要，文字简练，突出主要理由即可。同时还应考虑可能性，看单位的实际情况和政策、资金、财物等许可的程度，切忌不切实际，随心所欲，给上级出难题。

（3）要"一文一事一主送"　请示内容要求单一，必须就一件事或一个问题提出请示，不可数件事放在一起一同请示，给上级答复造成困难，请示的主送单位只能有一个。受双重领导的单位请示时,要根据请示事项的性质确定主送哪一个上级机关,不能多头主送。

> **范例赏析**
>
> **关于调整殡葬用地规划的请示**
>
> ××市××区人民政府:
>
> 根据《区委办公室区政府办公室关于印发××区全面推进殡葬综合改革实施方案的通知》(×办字〔2018〕40号)和《区委办公室区政府办公室关于印发××区绿色殡葬专项行动方案的通知》(×办字〔2018〕4号)文件精神,为加快我镇殡葬改革工作的顺利推进,现恳请区政府予以同意调整殡葬用地乡级规划,用地面积以最终的测量数据为准。
>
> 妥否,请批示。
>
> ××镇人民政府<br>201×年10月29日
>
> (联系人:×××　联系电话:××××××××××× )
>
> (评语:这篇例文首先交代了请示的依据,随后表明请示的事项,简单明了,条理清楚,结语按照请示的结语要求写"妥否,请批示"。还有落款部分,值得注意的是,请示一般有文号、签发人,在文件最后处,应附有联系人和联系电话,以便联系。)

## 学习自测

1. 以下请示存在较多的问题,请逐一加以分析修改。

**关于要求解决学生宿舍拥挤等问题的请示**

市人民政府、市教育局:

　　我校今年由于住宿生急剧增加,已有的学生宿舍已无法容纳,现在住宿生基本上是一个床位两个人睡,严重影响学生的身心健康。为解决这一困难,我校决定再建一栋学生宿舍楼。另外,我校图书馆也尚未达到省"两基"标准,望上级部门给予适当支持。

　　特此请示,请回复。

2018年8月15日<br>××市二职

2. ××市殡葬服务中心党支部委员会临近届满,作为支部党建工作者,请你为支部换届选举大会的召开,向上级党委拟写一份关于××市殡葬服务中心党支部换届选举大会的请示。

# 第二节　批复

## 一、批复的概念及特点

### 1. 批复的概念

批复"适用于答复下级机关的请示事项"。

批复和请示是相互呼应的一对公文，这在公文中是绝无仅有的。下级机关以请示的形式要求上级机关对请示的事项给予答复，上级机关在接到请示后，要及时研究，予以明确答复。

### 2. 批复的特点

（1）被动性　批复以下级请示为存在条件，先有请示，后有批复；只要有请示，就必有对应批复；下级有多少份请示，上级就要有多少份批复。批复从不主动行文，这个特点是所有公文文种里独一无二的。

（2）针对性　批复是针对下级的请示行文的，它必须针对下级提出的问题来回答，不能所答非所问，要直接就请示的事项明确地作出表态："完全同意"或"部分同意"或"不同意"。

（3）权威性　下级机关用请示来要求上级机关回答，一般都是重大的事项。对于上级机关，撰写批复的依据必须是党和国家的有关的方针、政策，不能靠长官意志。因此，批复对于下级机关来说，具有法律的权威性。

下级机关一旦接到批复，必须依据批复精神办理事项，不得违背和走样。

## 二、批复的类型

根据批复的内容和性质不同，可以分为表态性批复和指示性批复两种。

### 1. 表态性批复

表态性批复是针对下级机关请示而做的直接答复。即哪个机关请示的，就直接给哪个机关批复，并且对下级机关的请示必须明确表态："同意""原则同意""部分同意""不同意"。

### 2. 指示性批复

指示性批复是批复时不仅主送给请示的机关，还同时主送给与请示事项相关的各个下级机关或部分有关下属部门，指示他们都按照批复意见执行。这类批复意见往往包含着一定的指示性，具有普遍的指导意义。

## 三、批复的结构和写法

批复的结构一般由标题、主送机关、正文和落款四部分构成。

1. 标题

标题的写法最常见的是完全式的标题，即由发文机关、事由和文种构成，如《××省人民政府关于××市土地利用总体规划的批复》。在事由中一般将下级机关及请示的事由和问题写进去，如《×××关于××省深化改革扩大开放加快经济发展请示的批复》。

还有一种完全式的标题是"发文机关＋表态词＋请示事项＋文种"，这种标题较为简明、全面和常用。也有的批复只写事由和文种。

2. 主送机关

批复的主送机关一般只有一个，是报送请示的下级机关。其位置同一般行政公文，写于标题之下、正文之前，左起顶格。批复不能越级行文，当所请示的机关不能答复下级机关的问题而需要向更上一级机关转报"请示"时，更上一级机关所作批复的主机关不应是原请示机关，而是"转报机关"。但是，有时上级机关认为请示的事项具有普遍性，那么可以利用其他的办法来处理：一是除批复原请示机关外，并转有关机关，如《国务院办公厅关于深圳特区私人建房问题给广东省人民政府办公厅并福建省人民政府办公厅的批复》；二是将批复抄送给有关机关和单位；三是另用通知行文，将本机关对原请示中反映的普遍性问题的有关意见传达下去。

3. 正文

批复的正文部分一般分为四个层次，即批复的缘起和依据、批复事项、执行意见和批复结语。

（1）批复的缘起和依据　　批复的缘起是批复正文必不可少的内容，一般的写法是在批复的第一句话引叙来文，要完整地引用请示的标题及发文字号，如"你省《关于变更××市行政区域范围的请示》（×政〔201×〕49号）收悉。"

请示的依据一般是批复的第二句话，要写明以下批复的意见是根据什么政策提出的。可表述为"根据××关于××的规定，批复如下："，必要时可以引文件名和发文字号及条款序号，有时也可以引用政策的原文。如果所请示的问题在上级文件和规定中找不到依据，可以写成"经研究，现就有关问题答复如下"。

（2）批复事项　　批复事项也可以称作批复意见，是针对请示所提出的问题，给予明确具体的答复。如果完全同意，就要在复述原请示主要内容后，明确表示肯定性意见。部分同意的，要复述同意的内容，对不同意的那部分内容，还要在复述内容后说明不同意的理由。如果对请示的内容不予批准，也要在否定性意见后说明理由。虽然是对下级机关行文，但是也要注意用词的选择，一般不要过于生硬。如果批复的事项比较多，为了清楚地表述，可以分条来写。

（3）执行意见　　执行意见也可以称作执行要求。这部分内容要看行文需要确定，不是每个批复都必须具备的。如果需要写执行要求，则要简洁明了。有些批复只是批准事项，那么这部分内容就没有必要写了。

（4）批复结语　　一般是"此复""特此批复"等惯用语，并用句号作结。另一种是自然收尾，批复内容和执行要求写完了就结束。

"批转通知"也大致有两种形式：一种是"特此通知"等，用句号作结；另一种也是戛然而止。

### 4. 落款

这部分内容写在批复正文右下方，署发文机关、成文日期并加盖公章，成文日期用阿拉伯数字（注：2012新规）。

### 5. 注意事项

① 批复前要对请示的内容或事项进行研究论证，调查核实，同时应该在权限范围内进行批复。

② 批复要表明态度，切勿玩文字游戏、含糊其词，不管是否同意，都要明确表达、予以答复，针对请示的内容进行回复。

③ 如果有不同意的事项或都不同意，要在引述原文、回复不同意后写明不同意的依据，要合法合理。

④ 批复单位要提高行政效率，依法依规及时批复，如果可预见性地超出法定或请示机关回复的时间，应该及早说明原因。

⑤ 批复机关要针对请示一一回应，而不能对不相关联的几个请示一同在一个批复中回复。

**范例赏析**

关于××市××山公墓殡葬服务中心新建项目初步设计的批复

××市民政局：

你们《关于要求审批××市××山公墓殡葬服务中心新建项目初步设计的报告》，经审查，原则同意××城建规划设计有限公司编制的初步设计，具体内容批复如下：

一、项目选址：××市××街道××路123号。

二、建设规模和内容：项目总占地面积为3333$m^2$，总建筑面积2999$m^2$。建设内容主要包括大悼念厅和中悼念厅各一个、小悼念厅两个、殡葬用品销售厅、业务咨询室及档案馆等。

三、项目投资概算额为888万元，其中工程建设费用770万元，工程建设其他费用90万元，预备费用28万元，资金由业主单位自筹解决。

四、应按照市委、市政府规定控制办公室面积。

五、按照《招投标法》等法律法规，本项目的施工、监理等实行公开招标，招标形式为委托招标。

接批复后请按政府投资项目管理办法做好后续工作，在实施中不得擅自变更设计，增加投资概算；严格按批复组织实施，项目竣工后报我局组织竣工验收。

××市发展和改革局<br>2019年1月9日

（评语：这个案例首先点明了对方请示的事项，直接表明了批复的事项具有针对性，同时，对请示事项的意见表明了态度，最后提出要求。格式规范准确，语言简洁明了。）

> 学习自测

1. 下面是一则批复，请对照批复的写法，找出问题并修改。

批复

生命文化学院党委：
　　2018年6月15日你院的请示中所提出的增补生命文化学院党委委员的事项我们已经收到。经校党委七名常委在7月5日的常委会上反复讨论决定，并举手表决，最终一致通过。现将决定告之你们，我们原则上同意你们上报的两名同志为你院党委委员。
　　此决定。

中共××大学委员会<br>2018年7月5日

2. 上级主管部门××县民政局收到直属单位××县殡仪馆拟开展以"行动起来，减轻身边的灾害风险"为主题的防灾减灾日宣传活动的请示，请你代为起草一份批复。

# 第三节　介绍信

## 一、介绍信的概念及特点

### 1. 介绍信的概念

介绍信是用来介绍联系接洽事宜的一种应用文体，是应用写作研究的文体之一，是机关团体、企事业单位派人到其他单位联系工作、了解情况或参加各种社会活动时用的函件。它具有介绍、证明双重作用。使用介绍信，可以使对方了解来人的身份和目的，以便得到对方的信任和支持。

### 2. 介绍信的特点

（1）介绍性　接介绍信的人，可以凭借此信同有关单位或个人联系，商量洽谈一些具体事宜，而收看介绍信的一方则可以从对方的介绍信中了解来人的职业、身份、要办的事情、要见的人、有什么希望和要求等。

（2）证明性　是机关团体必备的具有证明作用的函件，是联结双方关系的一个桥梁，其目的旨在证明来人的身份，防止假冒。

（3）时效性　介绍信相当于一个在一定时间内的有效证件，它可以帮助对方了解你的身份、来历，同时也赋予了你一定的责任和权利。

## 二、介绍信的类型

介绍信的分类方式可以有很多种，依据不同角度，则可以分为不同的类别。一般来讲，介绍信通常有：

（1）便函式的介绍信　用公用信笺书写的书信式介绍信。
（2）印刷介绍信　印好格式的填表式介绍信，用时按空填写即可。
（3）带存根的介绍信　与印刷介绍信相似，只是在信的上方或左面有存根。

 ## 三、介绍信的结构和写法

### 1. 便函式的介绍信

用一般的公文信纸书写。包括标题、称谓、正文、结尾、有效期限、署名日期六部分。

（1）标题　在第一行居中写"介绍信"三个字。

（2）称谓　另起一行，顶格写收信单位名称或个人姓名，姓名后加"同志""先生""女士"等称呼，再加冒号。

（3）正文　另起一行，开头空两格写正文，一般不分段。一般要写清楚：①派遣人员的姓名、人数、身份、职务、职称等。②说明所要联系的工作、接洽的事项等。③对收信单位或个人的希望、要求等，如"请接洽""请予协助"等。

（4）结尾　写上表示致敬或者祝愿的话，如"此致敬礼"等。

（5）有效期限　指注明介绍信的有效期限，如"×月×日前有效"或"有效期×天"，有效天数必须大写，以防涂改。

（6）署名日期　正文右下方写明出具介绍信单位的全称并加盖公章，署名下方注明年、月、日。

### 2. 带存根的介绍信

这种介绍信有固定的格式，一般由存根、间缝、正文三部分组成。

（1）存根　存根部分由标题（介绍信）、介绍信编号、正文、开出时间等组成。存根由出具单位留存备查。

（2）间缝　间缝部分写介绍信编号，应与存根部分的编号一致。还要加盖出具单位的公章。

（3）正文　正文部分基本与便函式的介绍信相同，只是有的要在标题下再注明介绍信编号。

### 3. 注意事项

① 要坚持实事求是的原则，优点要突出，缺点不避讳，最好是用成就和事实替代华而不实的修饰语，恰如其分地介绍自己。

② 要态度诚恳，措辞得当。用语应委婉而不隐晦，自信而不自大。

③ 篇幅不宜过长，言简意赅，在有限的篇幅中突出重点，同时文字要顺畅，字迹要工整，不能随意涂改。

④接洽事宜要写得具体、简明。要注明使用介绍信的有效期限，天数要大写。

> **范例赏析**
>
> ×× 省民政学校文件<br>介绍信
>
> ×× 市殡仪馆：
>
> 兹介绍我单位×××同志，身份证号：××××××××××××××××，前往贵单位参加殡葬教材研讨会，并共同商讨学生实习安排等事宜。请予以接洽。
>
> （有效期贰天）
>
> ×× 省民政学校（盖章）<br>2018年10月23日
>
> （评语：这是一份便函式的介绍信，用单位公文信纸书写。格式规范，简要说明介绍人的身份、办理事项、希望对方单位予以接洽，以及有效期限，并在正文右下方署单位全称、加盖印章和注明日期。）

××县殡仪馆的5名学生前往××市殡仪馆参观学习。请你以××县殡仪馆的名义起草一封介绍信。

## 第四节　备忘录

### 一、备忘录的概念及特点

1. **备忘录的概念**

备忘录是记录有关活动或事务，起揭示或提醒作用，以免忘却的一种记事性文书。

2. **备忘录的特点**

（1）事务性　记录的事项有两类：一类是记录发生过的事实真相，如谈判中双方表达的承诺、一致或不一致的意见等；另一类是提前记下计划办理的事项，如上级发给下级的工作要点备忘条。

（2）提醒性　具有提示当事人避免忘却的特性，形式灵活，不拘一格。

## 二、备忘录的类型

备忘录的类型主要有个人备忘录、计划式备忘录、交往式备忘录。

(1) 个人备忘录  即属于个人事务的备忘录，记录的事情其他人不参与。

(2) 计划式备忘录  即提醒将来之事的备忘录。

(3) 交往式备忘录  记录人们之间活动的备忘录，这种备忘录必须真实地记录各种情况，包括对当事人有利或不利的情况。商务谈判备忘录是交往式备忘录中比较常用的一种形式。

 ## 三、备忘录的结构和写法

备忘录一般由标题、正文和落款三部分组成。

### 1. 标题

备忘录的标题一般有两种写法：一种直接以文种作标题，即"备忘录"；另一种由单位、事由和文种组成，如"××公司与××集团公司合作开发机电产品会谈备忘录"。

### 2. 正文

个人备忘录和计划式备忘录的正文写法自由，不拘一格，写下事项要点即可。商务谈判备忘录正文一般写法如下：

(1) 导言  记录谈判的基本情况，包括双方单位名称、谈判代表姓名、会谈时间、地点、会谈项目等。

(2) 主体  记录双方的谈判情况，包括讨论的事项，一致或不一致的意见、观点和作出的有关承诺。主体内容的记录类似于意向书的写法，通常采用分条列项式记录方法。

(3) 结尾  多数不另写结尾。

### 3. 落款

商务谈判备忘录落款：各方谈判的代表签字、标明时间。

### 4. 注意事项

① 注意商务谈判纪要与商务谈判备忘录的区别。一是效力不同，商务谈判纪要一经双方签字，具有一定的约束力，而商务谈判备忘录没有约束力，只起提示备忘作用。二是内容不同，商务谈判纪要中记的主要是谈判双方达成的主要的一致性意见，而商务谈判备忘录中记的则不一定是谈判达成的一致意见，可以是为了下一次谈判、洽谈或磋商而提示的问题。

② 内容要翔实、具体而完备。

③ 语言要朴实、准确。

**范例赏析**

× × 殡葬陵园设计与管理调研备忘录

发文人：总经理办公室

收文人：公共关系部

地址：本公司

发文日期：2018年8月3日

主题：提前做好合理的安排和计划

内容：公司拟定2018年9月20日～10月15日，由总经理带队组团赴北京、湖南、重庆、福建等四省（市）进行殡葬陵园设计与管理调研活动，请你部做好如下准备工作。

1. 准备工作的内容

（1）团组在出发前与接待单位的经办人进行交流，明确调研的主要目的、天数和人数、希望调研的学院专业和相关陵园的企业。

（2）接待单位根据团组要求做好建议性计划。

（3）此次调研活动日程要尽量避开寒暑假和周末。

2. 获取相关单位和企业的邀请信

（1）表明调研的诚意。

（2）说明代表团调研的目的、性质、单位背景、成员专业等资料。

（3）注明团员的名单，内容包括姓名、职称级别、单位名称、性别、身份证件号码等资料。

（4）说明预计在各地的时间和预定到达的日期。

3. 调研的行程安排

团组负责人员与接待单位人员沟通交流，调研出发前一周，共同确定最后实施的行程计划。

4. 调研活动注意事项

（1）有公务安排需提前说明。

（2）调研活动过程中礼仪和安全注意事项。

总经理办公室<br>2018年8月3日

（评语：这是一篇计划式备忘录，用来提醒计划和安排要做的事情。正文的导言部分，记录发文人、收文人、发文日期及内容等。主体部分记录计划安排的事项，采用分条列项式记录方法。全文格式规范，体现了备忘录的特点。）

 学习自测

假如你是某陵园行政部门经理的助理,请完成一份备忘录,内容是要求员工遵纪守法,规范着装,注意树立企业形象,并表示公司会在年底对表现优秀者进行表彰奖励。

# 第五节 邀请信

 一、邀请信的概念及特点

**1. 邀请信的概念**

邀请信是由机构、团体、公司、学校等单位或个人举办某些活动时,提前发给目标单位成员前来参加的邀请性质的信件,又称邀请函、邀请书等。一般提前十天左右。

**2. 邀请信的特点**

（1）**文书性**　邀请信的文书性就是指它的书面性。它与一般的通知不同,后者既可以是书面的,也可以是口头传达的,而邀请信只能是书面的,或直接当面呈递,或托人致送,或邮寄。

（2）**广泛性**　邀请信的使用范围相当广泛,可应用于各种社会活动、经济活动、学术活动。属于社会活动的有各种座谈会、联谊会、纪念活动,属于经济活动的有各种博览会、展销会、物资交流会、洽谈会,属于学术活动的有各种学术年会、讨论会、答辩会等,都需要邀请大量有关单位和人士参加,都要使用邀请信这种专用书信。它往往起到增进友谊、联络感情、发展业务、交流创意的作用。

（3）**非保密性**　邀请信与一般的书信不同。一般书信对象性强,只有收信人才有权拆看书信的内容,具有保密性。而邀请信的内容一般情况下则是公开的,是允许被邀请人以外的人看的,在请人托带时,信封常常是不封口的。

此外,邀请信类似于请柬,具有约请性;类似于通知,具有告知性。

 二、邀请信的类型

（1）**邀请参加活动的邀请信**　由于当代社会已经发展到以商品经济为中心的时代,各类经济活动极为频繁,此类邀请信就成为最主要的类型。除上面提到的博览会、展销会、物资交流会、洽谈会之外,各地还大量举办各种文化搭台、经贸唱戏的"××节",如茶叶节、武术节、牡丹节、服装节等,这些活动都需要邀请大量有关单位参加。

（2）**邀请参加会议的邀请信**　这种会议通常是开放性的会议,广邀天下相关人士参加,所以发出的邀请信相当多,只求部分应邀人士能够与会即可,不像通知那样有确定的对象。

（3）**邀请学者主持答辩的邀请信**　这种邀请信一般用于高等院校或学术机构,如硕士研究生或博士研究生的论文答辩,要求必须有外单位的专家参与并主持。

## 三、邀请信的结构和写法

邀请信有比较固定的格式，通常由标题、称谓、正文、结尾和落款五部分组成。

### 1. 标题

标题有两种写法：第一种写法只有"邀请信"三个字作标题，第二种写法则由活动名称加"邀请信"三字组成标题。

### 2. 称谓

如果邀请信有相对明确的邀请对象，就要把邀请对象的名称或姓名标写出来，以示重视，会议邀请信通常是需要写明称呼的。如果面向全社会发出邀请，没有明确的受文者，可以不写称呼这一项，各种经济活动邀请信有时就没有称呼。

### 3. 正文

这是邀请信最为重要的一部分，主要包括以下内容。
① 活动的名称、主办人、举办时间和地点等。
② 开展活动的背景、意义，活动主要项目、采取的主要方式，以及种种与参与者有关的事项。

### 4. 结尾

结尾处要求写上礼节性的问候语，如"恳请光临""致以敬意""敬请莅临""敬请光临""请光临指导"等；也可写"此致"，再换行顶格写"敬礼"；也可省略。

### 5. 落款

邀请信的落款要署上发文单位名称或发文个人的姓名，署上发文日期（发文日期一般提前十天）。邀请单位还应加盖公章，以求慎重。

### 6. 注意事项

（1）**言辞热情、有礼貌** 邀请信的主要内容类似于通知，但又有商量的意思，因而不能用行政命令式的态度，在用词上一定要有礼貌。有些邀请信在开头还应解释一下自己不能亲自面邀的原因，以免引起不必要的误会。

（2）**邀请信务必事项周详** 邀请信是被邀人进行必要准备的一个依据，所以各种事宜一定要在邀请信上显示出来，使邀请对象可以有准备而来，这也能为活动主办的个人或单位减少一些意想不到的麻烦。

（3）**邀请信要提前发送** 要使被邀人尽早拿到邀请信，这样可以使其对各种事务有一个统筹安排，而不会由于来不及准备或拿到邀请信时已过期而无法参加举办的活动。

---

**范例赏析**

**邀请信**

敬爱的×××教授：

您好！我们定于2018年9月12日～17日在××××职业学院举行关于现代殡葬技术与

管理专业系列教材编写第一次审定会议,特邀请您届时参加。

会议统一安排食宿,往返交通费用单位自理。

如果您有要发言的论题,请尽早来函告之,以便会议安排。

希望您届时光临。请尽快来函确认。

××××委员会秘书处<br/>2018年9月1日

(评语:这是一篇会议邀请信。信中交代会议的时间、地点和会议内容等,并在结尾以"届时光临"为结束语,并要求尽快确认是否参会。)

 学习自测

1. 请找出以下邀请信中的错误(至少五处)。

老王:

兹定于2019年2月1日在本馆举行春节老职工团拜会。请务必参加。

××殡仪馆<br/>2019年1月22日

2. 事件:××陵园要举办一场关于生态葬公祭仪式,想邀请张三先生参加。时间:2018年4月1日8:30～11:00。请你代为拟写一份邀请信。

# 第六节 海报

 一、海报的概念及特点

### 1. 海报的概念

海报是主办单位向公众报道举行文化、娱乐、体育等活动的一种事务文书,有着广泛的宣传效果。通常指单张纸形式、可张贴的广告印刷品。海报是极古老的商业大众传播形式之一,非商业组织及公共机构也常用此宣传方式。

"海报"这一名称,最早起源于上海,是一种常见的宣传方式。旧时,海报是用于戏剧、电影等演出或球赛等活动的招贴。上海人通常把职业性的戏剧演出称为"海",而把从事职业性戏剧的表演称为"下海"。作为剧目演出信息的具有宣传性的招徕顾客性的张贴物,也许是因为这个,人们便把它叫作"海报"。正规的海报中通常包括活动的性质、主办单位、时间、地点等内容,多用于影视剧和新品宣传中,利用图片、文字、色彩、空间等要素进行完整的结合，以恰当的形式向人们展示出宣传信息。

### 2. 海报的特点

（1）**广告宣传性**　　海报希望社会各界的参与，它是广告的一种。有的海报加以美术的设计，以吸引更多的人加入活动。海报可以在媒体上刊登、播放，但大部分是张贴于人们易于见到的地方。其广告性色彩极其浓厚。

（2）**商业性**　　海报是为某项活动做的前期广告和宣传，其目的是让人们参与其中，演出类海报占海报中的大部分，而演出类广告又往往着眼于商业性目的。当然，学术报告类的海报一般是不具有商业性的。

## 二、海报的类型

### 1. 从内容分

（1）**电影海报**　　这是影剧院公布演出电影的名称、时间、地点及内容介绍的一种海报。这类海报有的还会配上简单的宣传画，将电影中的主要人物画面形象地绘出来，以扩大宣传的力度。

（2）**文艺晚会、杂技、体育比赛等海报**　　这类海报同电影海报很相似，它的内容使观众可以身临其境地进行娱乐观赏，有较强的参与性。海报的设计往往要新颖、别致，引人入胜，如2008年北京奥运会主题海报《文明北京，和谐奥运》，用象征的手法，由代表北京奥运的体育场馆和经典的北京建筑组成，中国水墨意蕴其间，气韵生动，体育与文化、奥运与中国和谐辉映。

（3）**学术报告类海报**　　这是一种为学术性的活动而发布的海报，一般张贴在学校或相关的单位。学术报告类海报具有较强的针对性。

（4）**个性海报**　　即自己设计并制作，具有明显DIY特点的海报。

### 2. 从用途分

（1）**公共海报**　　公共海报以社会公益性问题为题材，如环境保护、卫生宣传、竞选等。

（2）**商业海报**　　商业海报以促销商品、满足消费者需要等内容为题材，如产品宣传、品牌形象宣传、企业形象宣传、产品信息等。

### 3. 从形式分

（1）**文字海报**　　文字海报是纯文字性的海报。

（2）**美术海报**　　美术海报是指以美术作品等艺术形式呈现出来的海报。

## 三、海报的结构和写法

海报一般由标题、正文和落款三部分组成。

### 1. 标题

（1）**单独由文种名称构成**　　即在第一行中间写上"海报"字样。

（2）**直接由活动的内容承担题目**　　如《舞讯》《影讯》《球讯》等。

(3) 可以是一些描述性的文字　如《×××再显风采》。

## 2. 正文

海报的正文要求写清楚以下一些内容。
① 活动的目的和意义。
② 活动的主要项目、时间、地点等。
③ 参加的具体方法及一些必要的注意事项等。

## 3. 落款

要求署上主办单位的名称及海报的发文日期。

## 4. 注意事项

① 具体真实地写明活动的地点、时间及主要内容。可以用一些鼓动性词语，但不可夸大事实。
② 海报文字简洁明了，篇幅短小精悍。
③ 海报版式可以做些艺术性处理，以吸引读者。

**范例赏析**

**举办殡葬陵园墓地设计学术报告会**

今邀请××大学×××教授来我校进行学术访问并作殡葬陵园墓地设计学术报告，届时将与我校有关专家学者进行学术交流。欢迎广大师生踊跃参加！

报告题目：殡葬陵园墓地设计

报告时间：2017年5月6日（周六）上午8:30－10:30

报告地点：12号教学楼408教室

附件：×××教授简介

生命文化学院<br>2019年3月3日

（评语：这是一则学术报告类海报，也是一则文字海报，简单说明邀请的主讲人，表达欢迎之意，并交代了学术报告会的题目、时间和地点，以及教授的简介，内容较为完整全面。）

**学习自测**

1. ××陵园于2018年10月31日（周三）上午10:00，在业务大楼二楼大会议室，将邀请共建单位××民政学院的×××教授，为全体员工作《临终关怀，圆满人生》的学术报告，请你代为设计一份海报。

2. 请你为清明节期间的公安英烈公祭活动设计一份海报。

## 第七节　感谢信

### 一、感谢信的概念及特点

**1. 感谢信的概念**

　　感谢信是向帮助、关心和支持过自己的集体（党政机关、企事业单位、社会团体等）或个人表示感谢的专业书信，有感谢和表扬双重意思。写感谢信既要表达出真切的谢意，又要起到表扬先进、弘扬正气的作用。它广泛应用于个人与个人之间、个人与组织之间、组织与组织之间，用于向给予自己帮助、关心和支持的对方表示感谢。

**2. 感谢信的特点**
　　（1）感谢对象要明确　　感谢信要有明确的感谢对象。
　　（2）表达事实要具体　　感谢别人要有具体的事由，否则就会显得抽象空洞。
　　（3）感情色彩要鲜明　　感动和致谢的色彩应强烈鲜明，言语里充满感激之情。

### 二、感谢信的类型

　　根据寄送对象不同，感谢信可以分为三种：一种是直接寄送给感谢对象，一种是寄送对方所在单位有关部门或在其单位用于公开张贴，还有一种是寄送给广播电台、电视台、报社、杂志社等媒体用于公开传播。

### 三、感谢信的结构和写法

　　感谢信的结构一般由标题、称谓、正文、结语、署名与日期五部分构成。
　　（1）标题　　写法有三种形式：一是单独由文种名称组成，只写"感谢信"三字；二是由感谢对象和文种名称共同组成，用"致×××的感谢信"的格式；三是由感谢双方和文种名称组成，用"×××致×××的感谢信"的格式。
　　（2）称谓　　顶格书写感谢对象的单位名称或个人姓名。如"××交警大队""×××同志"。
　　（3）正文　　主要写两层意思：一是写感谢对方的理由，即"为什么感谢"；二是直接表达感谢之意。
　　① 感谢理由。首先准确、具体、生动地叙述对方的帮助，交代清楚人物、时间、地点、事迹、过程、结果等基本情况；然后在叙事基础上对对方的帮助作恰贴、诚恳的评价，以揭示其精神实质，肯定对方的行为。在叙述和评价的字里行间要自然渗透感激之情。

② 表达谢意。在叙事和评论的基础上直接对对方表达感谢之意，根据情况也可在表达谢意之后，表示以实际行动向对方学习的态度。

（4）结语　一般用"此致敬礼"或"再次表示诚挚的感谢"之类的话，也可自然结束正文，不写结语。

（5）署名与日期　写感谢者的单位名称或个人姓名和写信的时间。

## 四、注意事项

① 内容要真实，信中要洋溢着感激之情。在叙述事实的过程中，内容必须真实，确有其事，不可夸大溢美，除了要突出对方的好思想和表达谢意外，行文要始终饱含着感情。感情要真挚、热烈，使所有看到信的人都受到感染。

② 用语要适度，叙事要精练。感谢信的内容以主要事迹为主，详略得当，篇幅不能太长；写表达谢意的话要得体，既要符合被感谢者的身份，也要符合感谢者的身份。

③ 感谢信以说明事实为主，用语要求精练、简洁，遣词造句要把握好一个度，不可过分雕饰。

### 范例赏析

感谢信

各位领导及同事：

　　正值儿孙有成、家境渐好之时，本该享受天伦之乐、安度晚年的父亲大人——×××老人家的不幸逝世，令我等倍添哀思，陡起愁云。

　　承蒙各位的关心、帮助与支持，使他老人家的丧事圆满、隆重、成功举办，在此，我谨代表全体孝眷向支持、帮助办理丧事的单位领导、同事表示衷心的谢意！

　　现在，他老人家虽然去了，但他留给我们的精神财富却使我们取之不尽，用之不竭。我们一定会化悲痛为力量，继承他老人家的遗志，为党、为国家作出自己最大的贡献，以报答各位领导和同志们的支持和帮助，告慰他老人家的在天之灵。

孝子：×××携全体孝眷<br/>××××年×月×日

（评语：这封感谢信，简明扼要地交代了感谢的理由、对象等情况，在叙述的基础上对对方的帮助表达感谢之意，行文中饱含真挚情感，有感染力。）

 学习自测

1. 清明期间，来自××学校的青年志愿者积极协助殡仪馆做好引导服务工作，不辞辛苦，任劳任怨。请代表殡仪馆给他们写一封感谢信。

2．××民政学校安排现代殡葬技术与管理专业的学生到××市殡仪馆进行为期3个月的实习工作，收获很多。现请你作为实习生代表，给××市殡仪馆写一封感谢信。

## 第八节　总　结

### 一、总结的概念及特点

**1．总结的概念**

总结是对前一阶段的工作进行回顾、反思和分析研究，找出成绩与问题、经验与教训，用来指导今后工作的一种应用文体。

**2．总结的特点**

（1）回顾性　总结是理性化地对过去"回头看"，并从中梳理出规律性的认识。

（2）客观性　总结的内容必须真实确凿，客观地反映实际情况，不能无中生有、臆造虚构。

（3）概括性　总结必须实现从现象到本质、从感性认识到理性认识的飞跃，不能简单复述和罗列。

（4）指导性　总结的最终目的是提高认识，把握规律，使今后的工作扬长避短，做得更好。

### 二、总结的类型

总结的使用范围很广，党政机关、企事业单位、军队、学校、人民团体都需要使用总结，上至中央，下至基层单位乃至个人，都需要使用总结。

总结的种类较多，按照不同的标准，可以将总结区分为不同的种类：

（1）按照内容对象分　可以分为工作总结、学习总结、思想总结、生产总结、会议总结、活动总结等。

（2）按照内容范围分　可分为集体总结和个人总结，集体总结又可分为全国性总结、地区性总结、部门总结、班组总结等。

（3）按照总结时限分　可分为年度总结，阶段总结，季度总结，月、旬总结等。

（4）按照内容性质分　可分为综合（全面）总结、专题（单项）总结、个人总结等。

我们工作、学习经常用到的是综合总结、专题总结和个人总结。

① 综合总结。也叫全面总结。顾名思义，这种总结是对一个单位或一个部门的一个时期的工作进行全面的回顾和总结。一般说来，它要概括地反映工作的全面情况，涉及的方面较多，篇幅比较长。

② 专题总结。是对工作的某一个侧面的单项总结。这种总结针对性很强，内容比较集

中。它不是在于对工作全貌的展现，而是侧重于对工作的经验或教训的归纳和剖析，目的是给今后的工作或其他部门开展工作提供借鉴。无论是全面工作总结还是专题工作总结，都要注意通过对工作情况的回顾，对经验和教训的提炼，得出规律性的认识，以利于指导今后的工作。

③ 个人总结。是对个人在一定时期或参加一项工作、一次学习的总结。这种总结要介绍工作或学习的经过和收获，但是，不要泛泛地罗列过程，而是要侧重于总结在工作和学习过程中深化和升华的思想认识。

### 三、总结的结构和写法

#### 1. 标题

总结的标题常见以下几种形式。

（1）四项式标题　　即由单位机关名称、时间、事由、文种组成标题，如《××市人事局2018年补充国家机关工作人员考试工作总结》。以上四项可根据需要进行省略。

（2）文章式标题　　如《更新观念培养开拓型人才》，常用于专题总结，可写单行标题也可写双行标题。

#### 2. 正文

这是总结的核心部分。正文由前言、主体和结尾三部分组成。

（1）前言　　概括介绍总结的缘由及依据、所涉及的时间和地点、事情的经过及有关的条件等基本情况。同时，为了让读者对总结有个总体印象，前言里应先总括提出主要的成绩或缺点和突出的体会，为下文做好铺垫。前言要力求简明扼要、紧扣中心、有吸引力。具体有以下几种方式。

① 概述式。概括介绍基本情况，即交代工作的背景、时间、地点、条件等。

② 结论式。先明确提出总结出的结论，揭示总结的重点，使人了解经验教训的核心所在，然后再引出下文。

③ 提示式。对工作的主要内容作提示性、概括性的介绍，它不概括经验，只提示总结的工作内容和范围。

④ 提问式。先提出问题，点明总结的重点，引起人们的关注。

⑤ 对比式。开头对有关情况进行比较，以说明成绩，表明优势，引出下文。

总结也可综合运用几种方式开头，以增强表达效果。

（2）主体　　总结的主体主要包括以下三方面。

① 做法、成绩与经验、体会。这是总结的主要内容。要写明做了哪些工作，采取的措施、方法和步骤，收到的效果，取得的成绩，取得成绩的主观原因是什么，有什么经验和体会。这些内容中，做法、成绩是基础材料，经验、体会是总结的重点，在全文中占有主导地位。写作中要重点突出，点面结合，切忌不分主次，面面俱到。

② 问题与教训。要写出工作中存在的问题与不足以及它们给工作带来的影响、造成的损失；分析出现问题、失误的主客观原因及由此得出的教训。不同的总结对这部分内容的轻重处置不同，比如着重反映问题的总结，就要把这部分作为重点。

③ 今后的工作设想和努力方向。这是在总结经验教训的基础上，针对工作的实际问题，提出改进措施，或者说明今后打算、工作发展趋势，展望工作前景，提出新的目标。也有的总结把这一部分就列为结尾部分。

**（3）结尾** 结尾内容主要是今后的打算、努力的方向，表明决心，展望前景。结尾部分要行文简洁，只提观点，不作展开。

### 3. 落款

在正文的右下方，署上总结者单位名称或个人姓名，在署名的下方标明时间。

总结常用的结构形式有以下五种。

① 分部式。这是按"情况—成绩—经验—问题—意见"或"主旨—做法—效果—体会"的顺序，分成几个大部分，依序来写。

② 阶段式。把工作或经历的整个过程分成几个阶段，分别说明每个阶段的成绩、经验和教训。采用这种方法，便于看清每个阶段工作发展的进程和特点。它适用于周期较长、阶段性很明显的工作总结。运用这种结构形式，注意一定不要记流水账，要突出各个阶段的重点和特点，注意各阶段之间的连贯性。

③ 条文并列式。将总结的内容按性质和主次轻重逐条排列为几部分，每部分既有相对的独立性，又有密切的联系，分别使用"一、二、三"等序号。而在同一条里，又把成绩经验、方法措施、问题教训、意见办法等结合在一起进行阐述。采用这种结构方式，各条之间的逻辑关系比较清楚，适用于专题性的经验总结。

④ 材料式。按材料之间的逻辑关系，把正文分成若干大段，分别列出小标题，每个小标题都是对感性材料理论上的概括。小标题按逻辑顺序排列，或因果，或主次，或条件，或递进，或并列，各部分共同说出一个主旨。采用这种结构方式，提纲挈领，中心明确，适用于经验性的总结或内容较多的综合性总结。

⑤ 贯通式。这种结构方式主要考虑时间和空间的逻辑顺序，紧扣主题，抓住主线，文字前后贯通，一气呵成。采用这种结构方式，不分条款，不用小标题，不分章节，适用于内容比较单一的总结。

### 4. 注意事项

① 表述平实，实事求是。以概括性叙述为主要表达方式，辅之以适当的议论，叙议结合，成绩不夸大，缺点不缩小，必须全面地看问题。这是分析、总结的基础。

② 条理要清楚，突出重点。总结一定要分清主次，条理清楚，突出重点，这样才能达到总结的目的。

③ 要剪裁得体，详略适宜。材料有本质的，有现象的，有重要的，有次要的，写作时要去芜存精。总结中的问题要有主次、详略之分，该详的要详、该略的要略。

> **范例赏析**
>
> ××殡葬管理所上半年工作总结及工作计划
>
> 上半年，××区殡葬管理所认真贯彻上级殡葬管理工作的要求和精神，深入开展宣传教育，

积极规范殡葬管理行为，现将有关工作情况汇报如下：

一、领导重视，落实人力、物力，确保清明节的平安。

为落实民政部全国清明节工作视频会议和××年市清明节工作指挥部会议精神，确保今年清明节期间我区群众出行祭祀活动的安全、文明、有序、和谐，强化安全保障、维护社会稳定，区民政局及早着手做准备工作，以政府办名义印发了《关于做好××年清明节群众祭祀活动工作的通知》文件，进一步完善机制、加强宣传、规范管理、加强监测；同时，为了完善深埋绿化地防火消防设备设施，我局及时下拨了××万元深埋绿化地专项管理经费。

清明节期间，区民政局××副局长带领有关工作人员亲临群众祭祀现场检查督促指导，各级领导对群众祭扫工作也高度重视，各观察点值班人员都能按时到岗。由于早部署，此次行动有力地确保了辖区群众度过一个安全、文明、有序、和谐的清明节。

清明节期间迎接群众祭扫工作自3月31日开始至4月4日，共接待祭扫群众3837多人次、机动车257余辆，工作人员现场值班102人次、免费派发鲜花1800多束、悬挂宣传标语45幅。

二、大力抓好遗体管理，确保"火化率不掉下来"。加强辖区医院和住宅区内死亡人员的遗体管理，严防遗体外流。1～5月份，全区户籍死亡人口305人，全部实行了火化。

三、多次召集××街道办事处、××街道办事处、新村股份公司和××市东深水源保护办公室协调处理新村股份公司新建深埋地的问题并达成一致意见，先由新村股份公司自拆。

四、会同市殡仪馆社区组人员检查了市人民医院、心血管医院的太平房管理工作。

五、协调上级做好殡葬救助服务和及时处置意外殡葬事宜。救助7人，处置意外殡葬事宜3宗。

六、下半年工作计划如下。

1. 加大力度协调新村股份公司新建深埋地自拆事宜；如新村股份公司不按期整改，将要求由××街道办事处强制拆除。

2. 加强辖区医院和住宅区内死亡人员的遗体管理，及时处理有关突发事件，严防遗体外流，确保火化率100%。

3. 大力协助上级，落实殡葬基本服务免费的工作。

4. 加强对深埋绿化地、山地的日常管理，预防新坟冒出来。

5. 加强殡葬用品市场管理，积极协调市场监督管理部门，对辖区内经营殡葬用品的门店进行一次普查统计，为做好管理工作打下基础。

6. 要求卫生部门加强医院太平房管理，做到无遗体从医院非法外运。

7. 发挥殡葬信息联络员制度的作用，以股份公司、社区居委会为单位，加强对住宅小区的管理，及时掌握殡葬动态消息；组织殡葬信息联络员集中培训一次。

××殡葬管理所<br>××××年×月×日

（评语：本文是对××殡葬管理所上半年开展活动的做法和成绩进行的简要总结，

明确指出管理所下半年努力的方向和计划。行文结构上，采用条文并列式，条理清晰，简洁明了。）

学习自测

1. 请结合个人的学习和生活，拟写一份学期总结。
2. ××陵园2019年清明期间开展了多项工作，你作为一个陵园行政工作人员，请对以下资料进行整理与分析，写出一份总结。
（1）3月10日，陵园领导及各职能部门负责人参加由市政府组织的××市2019年"建设绿水青山，打造幸福之城"清明公祭系列活动的动员及安排会议。
（2）3月12日，陵园领导根据市政府的有关部署，召开全体员工的工作安排及动员会议。
（3）3月20日，以清明网信息平台为依托，开展移风易俗、精神文明建设、社会主义核心价值观宣讲活动，并走区入户向群众发放宣传资料。
（4）3月26日，迎接××市移风易俗观摩团一行12人。
（5）3月28日，开展"生态清明"志愿服务队伍的组织及培训活动。
（6）4月1日，举行抗日先烈公祭活动。
（7）4月2日，举行生态葬先人公祭活动。
（8）清明期间，陵园大力倡导无烟祭扫、鲜花祭奠，深得群众认可及支持。

# 第九节　述职报告

## 一、述职报告的概念及特点

### 1. 述职报告的概念

述职报告是任职者向上级主管部门或所属职工群众陈述自己在一定任职时期内履行职责情况的一种事务文书。

述职报告既是任职者对自己任职期间所做工作的总结，又是任职者把自己履行职责情况向上级领导和所属群众的汇报。因此，从总体上来说，撰写和评议述职报告，是实施干部管理科学化、民主化的一种重要方式。

### 2. 述职报告的特点

（1）自我评述性　述职报告是任职者个人向特定对象陈述自己履行岗位职责的情况，一般必须以第一人称的口吻，对自己的工作情况进行自我评述。

（2）内容的规定性　述职报告的内容是根据任职者实际所担任的某一职位和职责的履

职标准，着重汇报个人履行某职的情况。而岗位的职责和目标是国家规定的，因此内容有所限制。

（3）特定的时限性　　述职报告作为一种干部考核的制度，其使用期限也是有一定规范的。这不仅是指要在规定时间内写出述职报告，而且也包括述职报告反映履职情况所具有的特定的时间限制。

##  二、述职报告的类型

### 1. 从时间上划分

（1）任期述职报告　　对任现职以来的总体工作进行报告。一般来说，时间较长，涉及面较广，要写出一届任期的情况。

（2）年度述职报告　　一年一度的述职报告，写本年度的履职情况。

（3）临时性述职报告　　担任某一项临时性的职务，写出其任职情况。比如，负责了一期招生工作，或主持了一项科学实验，或组织了一项体育竞赛，写出履职情况。

### 2. 从内容上划分

（1）综合性述职报告　　报告内容是对一个时期所做工作的全面、综合的反映。

（2）专题性述职报告　　报告内容是对某一方面工作的反映。

（3）单项工作述职报告　　报告内容是对某项具体工作的汇报，这往往是临时性的工作，又是专项性的工作。

### 3. 从表达形式上划分

（1）口头述职报告　　需要向选区选民述职，或向本单位职工群众述职，用口语化的语言写成的述职报告。

（2）书面述职报告　　向上级领导机关或人事部门作的书面述职报告。

##  三、述职报告的结构和写法

述职报告一般由标题、称谓、正文、落款四个部分组成。

### 1. 标题

述职报告的标题一般有三种写法。

（1）直书式标题　　直接写《述职报告》即可，标题下面注明职务和姓名。

（2）概括内容式标题　　即把任职时间放在文种之前，构成"时限+内容+文种"的格式。

（3）文章式标题　　这类标题一般由正、副两个标题构成，正题揭示述职报告的中心思想，副题补充说明何职何人的述职报告。

### 2. 称谓

书面述职报告的称谓，写主送单位名称，如"××党委""××人事处"等。口头述职报告的称谓，写听者的称谓，如"各位领导、同志们"或"各位代表、同志们"等。

### 3. 正文

正文由前言、主体、结尾三部分构成。

（1）**前言** 一般包括三个方面的内容，一是岗位职责，二是指导思想，三是概括评价。岗位职责包括自己从何时起担任何职，主要负责什么工作；指导思想说明自己是在什么样的思想原则、方针政策指引下进行工作的；概括评价是对自己工作的基本评价。这三个方面的内容都要简略地写，一般一个自然段即可。

（2）**主体** 详细具体地总结履行职责的情况，写明任职以来所做的主要工作的成绩、存在的问题、主要经验或教训等。一般写四方面内容：一是任职期间所做的主要工作，取得的主要成绩；二是存在的问题、缺点；三是个人的体会，主要经验、教训；四是今后工作的设想、意见和建议。

（3）**结尾** 是对全文的总结。一般用几句表态性的话结束全文，或写今后的打算，或表述自己尽职尽责、争任职位的决心。有时，可用模式化的结束语结束全文，常用的是"特此报告""专此述职""以上汇报请领导和同志们批评指正"等。

### 4. 落款

述职报告的落款，写上述职人姓名和述职日期或成文日期。署名可放在标题之下，也可以放文尾。

### 5. 注意事项

（1）**标准要清楚** 要围绕岗位职责和工作目标来讲述自己的工作，尤其要体现出个人的作用，不能写成工作总结。

（2）**内容要客观** 必须实事求是、客观实在、全面准确。既要讲成绩，又要讲失误；既要讲优点，又要讲不足；既不能夸大成绩，也不能回避问题。只有客观陈述履行职务的情况，才能有助于上级机关和所属单位群众对自身工作作出全面、准确、客观的评价。

（3）**重点要突出** 抓住带有影响性、全局性的主要工作，对有创造性、开拓性的特色工作重点着笔，力求详尽具体，对日常性、一般性、事务性工作表述要尽量简洁，略作介绍即可。

（4）**个性要鲜明** 不同的岗位，有着不同的职责要求，即使是相同的岗位，也由于述职者个人的个性差异，其工作方法、工作业绩也不相同。因此，述职报告要突出个性特点，展示述职者的个人风格和魅力，切忌千人一面。

（5）**语言要庄重** 行文语言要朴实，评价要中肯，措辞要严谨，语气要谦恭，尽量以陈述为主，也可写一些工作的感想和启示，但不得描写、抒情，更不能使用夸张的语言。

---

**范例赏析**

#### ××年殡仪馆办公室副主任述职报告

尊敬的领导、各位同行：

自1999年6月从××理工大学毕业后，我有幸进入××殡仪馆，成为了一名殡葬职工。工作至今已14年，从最初的服务员到后来的社会服务科副科长，再到如今的办公室副主任，一直从事着与殡仪服务息息相关的工作。在此期间，为提高自身的文化素养，拓宽知识结构，我还学习并完成了××大学行政管理专业的研究生课程。

在工作期间秉承着对殡葬事业的热爱与执着，无论对人还是对事，都尽心尽职做好各项工作，履行好每一项义务与责任，得到了丧属与领导的一致认可。

一、注重技术革新与改造，理论联系实际，取得经济与社会效益双赢。

1. 在担任服务组组长期间，根据我市风俗习惯，以及逝者的年龄、身份，我撰写了适用于不同群体的告别词样板近10份。在开展司仪工作前期，亲自演示、解说，并带领全组人员不断实践、模拟、调整，使每一位服务人员都能担任司仪一职，并将此工作开展得有声有色，也成为了我馆的特色服务之一。通过这项工作的落实与开展，取消了原司仪岗位，为我馆省下近8万元的工资开销，增加司仪业务收入近6成，多创收近6万元。

2. 作为我馆涉外运尸小组的成员之一，主要负责相关资料的翻译工作。我起草并翻译了由我馆出具的"防腐证明"（中英文版）。

3. 全面做好材料整理、总结工作，通过层层筛选，申报并创建了××年度××市级"青年文明号"、××年度浙江省级"青年文明号"、××年度××市级"巾帼文明岗"，使服务组成为我省殡葬行业的一面旗帜，取得了良好的社会效益，更好地开展了殡葬宣传工作，提升了社会地位，树立了良好的社会形象。

二、认真做好各项工作，勇挑艰、难、险等任务，争创工作佳绩。

1. 我先后于××年、××年、××年协同各部门策划、承办了××市第十七、十八、十九次骨灰撒江活动，克服了人员少、工作量大、涉及面广等困难，做好各项接待、审核工作，为开展殡葬改革，改变传统丧葬习俗，节约土地资源、保护环境贡献了自己的一份光和热。

2. 特别是在××年5月筹划、举办"最美司机"××烈士告别会时，克服时间紧、工作量大、与会人员多、影响面广、社会关注度高等困难，圆满完成了政府与社会交给的任务，受到各方好评。

3. 曾先后回复来自人大、政协等关于殡葬改革方面的提案，处理了来自社会各界的意见、投诉等问题，并获得领导的肯定。

三、加强自我学习，撰写论文，积极参加各类培训与竞赛，提高自身综合素质，获得多项荣誉。

1. 曾先后参加了××年9月在××举办的殡仪服务员职业资格培训班；××年10月在××举办的第二期职业技能竞赛和鉴定培训班；××年9月在××举办的殡仪服务员职业技能培训班；××年5月在××举办的殡仪服务员第十二期考评员认证培训班通过考核，获得了殡仪服务员的考评员资格证；××年9月在×××举办的第二期国家职业技能鉴定质量督导员资格认证培训班，获得督导员资格证。

2. 我撰写的《提高素质做好服务——谈服务人员要具备的"三感、四性、五力"》发表于《殡仪馆》××年第3期；《关于殡葬品牌建设的理解与实践》发表于《殡葬文化研究》××年第3期;《谈谈丧葬消费及其服务理念》发表于《殡葬文化研究》××年第4期;《殡仪馆文化建设的若干思考》发表于《殡葬文化研究》××年第3期;《漫谈压力与理解》发表于《殡葬文化研究》××年第4期;《让两个世界的人都满意——××殡仪馆增强服务意识提升服务品质》发表于《中国社会报》××年11月30日第5074期。

3. 先后于××年9月参加了浙江省首届殡仪服务员职业技能竞赛,获一等奖;××年底参加了首届中国民政行业职业技能竞赛,获优秀奖。

4. 由于工作认真,我在××年获得××殡仪馆"优秀职工"称号;××年获得"民政行业优秀技能人才"荣誉称号;××年获得××市级先进个人奖。

四、不断总结理论知识与操作技能,传授技艺,培养徒弟。

1. 我结合中国传统丧葬习俗、××地方殡葬风俗,以及现代殡葬礼仪等相关内容,编写了《礼厅服务知识》,涵盖了告别厅布置、悼念仪式的种类和程序、礼厅服务中的礼貌接待、丧俗小知识、司仪工作要素、消毒知识、卫生防疫知识等多方面的内容,并将其装订成册,每个组员人手一册,集中上课讲解,真正做到理论联系实际,做到人尽其才,为开展殡仪服务多元化奠定了基础。

2. ××年我省建立了殡葬职业技能鉴定站后,我作为"殡仪服务员"的授课老师,分别于××年9月和××年8月给来自全省各地殡仪馆的117名殡仪服务员授课,通过指导、考核,已有76名学员获得了四级资格证书。

经过十几年的磨砺,我已具备筹划大型告别会、各类丧葬仪式的能力,同时具备了对殡仪服务员进行授课、培训的能力,以及应对各类来访人员、新闻媒体的能力。在今后的工作道路上,一方面我还将继续阅读、学习各类相关书籍与资料,不断拓展知识面;另一方面准备着手整理浙江省各地不同的殡葬风俗习惯,以便于在今后的教学中予以引用,更好地服务于广大殡仪服务对象,提高服务质量,提升服务品质,打造殡葬行业的新风尚。

(评语:这篇例文为个人述职报告,从岗位职责到工作成效、从单位工作到个人成长等进行述职,条理清晰,内容翔实感人,格式规范。)

## 学习自测

1. 下面是一篇学生会干部述职报告的残缺稿,试写出残缺部分的提纲。

PPT课件

述职报告

现在,我把自己一年多来的思想、工作情况作一汇报,请予审议。本人自2018年元月至今担任学生会学习部干事……(略)

一、了解工作,明确方向。(略)

二、加强学习,积极培训。(略)

三、踏实工作，积极创新。（略）
四、存在问题与不足。（略）

述职人：××<br>
2018年11月20日

2．××殡仪馆馆长在2018年底要向本馆的全体员工做一个述职报告，请你代为草拟述职报告的主要大纲条目。

# 参考文献

[1] 王夫子. 殡葬文化学[M]. 北京：中国社会科学出版社，1998.
[2] 民政部职业技能鉴定指导中心. 殡仪服务员[M]. 北京：中国社会出版社，2006.
[3] 民政部职业技能鉴定指导中心. 墓地管理员[M]. 北京：中国社会出版社，2006.
[4] 王军，王成栋. 个性化殡仪策划[M]. 上海：上海科学普及出版社，2013.
[5] 李展，雷鸣. 高职应用文写作[M]. 北京：中国人民大学出版社，2015.
[6] 孙树仁. 殡葬改革的破局之道[J]. 中国民政，2016（7）：20-21.
[7] 杨宝祥. 现代殡葬生态文明建设研究[M]. 北京：中国社会出版社，2013.